编委会

策　划	李先乔　黄国威　鲁　瑛
主　任	罗　旋
副主任	鲍　力　杨伦鉴　辛卫东　刘海波　蔡　军　朱守建
编　审	刘玉堂
主　编	朱绍斌
副主编	刘琴琴
协作单位	云梦县政协　大悟县政协　应城市政协　孝昌县政协 汉川市政协　孝南区政协　京山市政协　汉阳区政协 郧阳区政协　曾都区政协　天门市政协
参加编写	陈学安　胡日新　吴汉生　黄清明　萧成强　汪　洋 辛润敏　易千元　陈　明　王小平　邓世超　段家强 侯向东　王　宁

郧国简史

◎ 朱绍斌 主编

中国·武汉

图书在版编目(CIP)数据

郧国简史 / 朱绍斌主编. -- 武汉 : 华中科技大学出版社, 2024. 12. -- ISBN 978-7-5772-1476-4

Ⅰ. K220.7

中国国家版本馆 CIP 数据核字第 20249DA923 号

审图号：GS(2024)4873 号

郧国简史
Yunguo Jianshi

朱绍斌　主编

策划编辑：靳　强　熊　纬	
责任编辑：刘　丽	
封面设计：原色设计	
责任监印：曾　婷	
出版发行：华中科技大学出版社（中国·武汉）	电话：(027)81321913
武汉市东湖新技术开发区华工科技园	邮编：430223
录　　排：华中科技大学惠友文印中心	
印　　刷：武汉市洪林印务有限公司	
开　　本：710mm×1000mm　1/16	
印　　张：26	
字　　数：312 千字	
版　　次：2024 年 12 月第 1 版第 1 次印刷	
定　　价：88.00 元	

本书若有印装质量问题，请向出版社营销中心调换
全国免费服务热线：400-6679-118　竭诚为您服务
版权所有　侵权必究

修史立典,存史启智,以文化人,这是中华民族延续几千年的一个传统。

——习近平《复兴文库·序》

序

习近平总书记指出,"中华文明源远流长、博大精深,是中华民族独特的精神标识,是当代中国文化的根基,是维系全球华人的精神纽带,也是中国文化创新的宝藏"。历史文化遗产承载着中华民族的基因和血脉,必须深化中华文明探源工程,探究文明之源,把跨越时空、超越国度、富有永恒魅力、具有当代价值的文化精神弘扬起来,让收藏在博物馆里的文物、陈列在广阔大地上的遗产、书写在古籍里的文字都活起来,延续历史文脉,坚定文化自信,让中华文明同世界各国人民创造的丰富多彩的文明一道,为人类提供正确的精神指引和强大的精神动力。

安陆,是荆楚大地上的古邑名城,是春秋时期郧子国所在地、楚文化发祥地之一。考古发现证明,大约 5000 年前我们的先民就在这片热土繁衍生息:夏家寨遗址作为新石器时代屈家岭文化的典型代表,距今 4600 余年;距今 4000 多年的胡家山遗址发现的稻谷遗存,佐证远古时期此地就有了发达的农耕文明。西周时期,安陆为郧国。春秋早期,郧国被楚国兼并,成为楚国一个重要的县——郧邑。战国中期,"安陆"之名开始见诸史册。20世纪80年代,荆门包山大冢出土的战国楚简上发现"安陆"一名。秦代,安陆属南郡;西汉析南郡设江夏郡,安陆为属县;两汉、三国至西晋时期,江夏郡治曾长期设在安陆。南北朝时期,刘宋王朝于孝建元年(454年)设安陆郡,治安陆;西魏大统十六年(550年)设安州;隋改郧州;唐设安州都督府;五代时期设安远军。北宋沿袭安州、安远军设置,宋徽宗宣和元年(1119年)升安州为德安府,辖安陆、孝感、云梦、应城、应山等县;元代加领随州。德安府的建制沿袭至清末。

安陆文化璀璨。在数千年的历史长河中,安陆一直是㴐水流域的政治、经济、文化中心。深厚的文化底蕴,秀美的自然风光,令无数名人墨客心驰神往:唐代王维、王昌龄、李白、韩愈、杜牧,宋代张先、欧阳修、苏轼、秦观,元代贯云石,明代王阳明、王世贞等纷至沓来,争相题咏,留下大量脍炙人口的赞美篇章。

安陆人杰地灵。春秋时期楚国令尹斗子文、鄖公钟仪和斗辛,汉代"江夏神童"黄香,唐代簪缨世家"许郝家族"诸人,北宋"四状元"王世则、宋庠、宋祁、郑獬,宋末元初理学名家赵复,明代漕运总督张瓒、贵州巡抚高翀、江西巡抚何迁,晚清民国时期的陆军上将、四川督军陈宧,以及国民党湖北省政府主席张笃伦等,他们或为治国安邦的政治家,或为名动天下的文学家,或为满腹经纶的学者。新中国成立以来,安陆走出了中科院院士池际尚、郭令智,中国工程院副院长、院士李仲平,以及天津大学原校长张国藩等大家。今天的安陆文化繁荣、人才辈出,文学创作、水墨漫画、书法摄影等作品异彩纷呈,全国文化先进单位、全国漫画之乡、中华诗词之乡、诗仙李白故里……联翩而至的美誉纷华照眼,赋予这座历史文化名城以新的内涵。

"出乎史,入乎道。欲知大道,必先为史。"鄖国,是安陆乃至㴐水流域有史可鉴的文明发端。清代道光《安陆县志》记载:"(安陆),春秋时郧子国,郧一作鄖,又作鄖,俱读日云。陆终第三(四)子求言为郧(妘)姓。郧,作'伝、雲、偵、媗、云、妘',古字通用。故《晋书·地理志》作'雲子';《盟会图》作'邧子';《类解》作'妘子'。"

郧人,妘姓,为黄帝之孙颛顼后裔"祝融八姓"之一,是见之于史籍和传说的古老部族,姓氏和源流可追溯到上古时期的女娲氏。其祖先是华夏部落联盟的一支,最初生活在黄河中上游的"昆仑之丘",大约新石器时代东迁至黄河中游的"祝融之墟"。尧舜禹时期,随着华夏部落联盟征伐江汉一带的"三苗",妘姓部族的一支开始南迁江汉地域,开启了跋山涉水、筚路蓝缕的文明发展历程,留下"云梦""云中""云土""云杜"等地名。夏、商时期,随着中原华夏文明进一步向南方拓展,妘姓部族继续南迁,并于商代晚期定居于以今湖北安陆、云梦、京山等为中心的涢水流域。西周初年,郧人所居地域被封为诸侯国,史称郧子国,妘姓嫡裔被封为子爵。春秋初期,郧国统治范围涵盖大洪山以东、大别山以南、汉水下游以至长江之滨的广阔地域。据《左传》记载,郧国见诸史籍已有2700多年。在漫长的历史进程中,郧国是涢水流域乃至鄂中重要的文明之邦。

为贯彻习近平文化思想,传承城市文明、梳理城市文脉、弘扬城市文化,鉴往知来,古为今用,为书写中国式现代化湖北实践安陆篇章提供文化支撑和精神动力,安陆市政协适时启动"郧国史研究"这一地域文明探源工程。该工程得到安陆市委、市政府的大力支持,作为安陆重点文化文史项目予以实施,并聘我任学术顾问。几年来,经过郧国地域范围内各县市区文化文史工作者的精诚合作,《郧国简史》一书得以面世。本书以郧国演变脉络为经,以政治经济发展和社会文化律动为纬,探究郧国发展之史，寻找地域文化之根，延续优秀文化之脉，增强创造现代文明的自信心与自豪感，从而让读者汲取强大的精神动力。全书史料详实，论证严谨，文笔清新，雅俗共赏，相信会得到广大读者朋友的喜爱。

是为序！

2024 年 10 月

目　　录

绪论/1

  第一节　安陆自然环境/2

  第二节　安陆政区沿革/7

  第三节　郧国概说/15

第一章　史前安陆/25

  第一节　旧石器时代的安陆/26

  第二节　新石器时代的安陆/29

  第三节　安陆出土的部分史前文物/35

  第四节　江汉地域部分史前文化遗址/40

  第五节　江汉地域出土的部分史前文物/47

第二章　郧人源流/51

  第一节　郧人溯源/51

第二节　昆仑之丘至祝融之墟——郧人远祖向黄河中游的迁徙/58

第三节　云土梦作乂——郧人先祖向江汉地域的迁徙/71

第四节　郧人南迁江汉地域的动因/79

第五节　才云奠河邑——妘姓部族定居溳水流域/83

第六节　郧人南迁路线/90

第三章　早期郧国/96

第一节　郧人在江汉地域的开拓与融合/96

第二节　西周分封制与郧国立国/103

第三节　从大洪山麓至长江之滨——郧国疆域/110

第四节　根在安陆——郧国都城/117

第五节　"汉阳诸姬"与郧国的地位、作用/125

第四章　郧国衰亡/141

第一节　春秋初期江汉地域列国形势/141

第二节　春秋初期郧、楚关系/144

第三节　春秋初期楚国的扩张/147

第四节　蒲骚之战/152

第五节　郧国灭国时间分析/154

第六节　郧灭国后的遗民迁徙/159

第五章　楚国郧邑/163

第一节　郧、楚文化融合与郧邑经济、文化发展/163

第二节　楚国郧邑管辖范围/168

第三节　晋灭陆浑戎与"陆浑子奔楚"/179

第四节　春秋后期吴、楚"清发水之战"/185

第五节　楚昭王入"云中"与郧公斗辛救楚/192

第六章　安陆肇始/198

第一节　安陆得名与建县时间/198

第二节　秦将白起攻占安陆/203

第三节　战国楚简与秦简里的安陆/205

第四节　秦简中记载最早的安陆官员——喜/209

第五节　秦始皇二过安陆/213

第七章　郧国人文/217

第一节　春秋时期楚国令尹斗子文/217

第二节　郧地走出的楚国斗氏家族/224

第三节　知音世家——楚国钟氏家族/234

第四节　历史上的"郧城"汇考/242

第五节　屈原、宋玉与楚之安陆/254

第五节　郧人留下的非物质文化遗存/261

第八章　郧国影响/267

第一节　与郧人有关的历史地名/267

第二节　安陆境内先秦时期古文化遗址/301

第三节　江汉地域部分先秦时期古文化遗址/305

第四节　安陆出土的部分先秦时期文物/313

第五节　江汉地域出土的部分先秦时期文物/333

第六节　云人之梦——云梦泽/343

第七节　郧国之河——㶏水/349

第八节　郧国之城——古郧城到安陆古城的演变/361

附录　历代与郧人、郧国、㶏水有关的诗文作品/372

主要参考文献/399

后记/400

绪论

安陆,是闻名荆楚的千年古县,楚文化发祥地之一,是历史上郧子国、江夏郡、安陆郡、安州、德安府所在地,荆楚大地久负盛名的历史文化名城。

考古资料证明,大约五千年前,我们的先民就在这片热土上生息繁衍。夏家寨古文化遗址是新石器时代屈家岭文化的典型代表,距今4600余年。巡店镇漳河西岸胡家山遗址发现距今4000多年的稻谷遗存,佐证上古时期这片土地就有了发达的农耕文明。西周时期,安陆为郧国所在地。春秋早期,郧国并入楚国。战国中期,"安陆"之名开始见诸史册。最早出现"安陆"一名的是荆门包山大冢出土的战国楚简。秦代,安陆属南郡;西汉时期析南郡设江夏郡,安陆为属县;两汉、三国至两晋时期,江夏郡治曾长期设在安陆。南北朝时期刘宋王朝设安陆郡,治安陆;西魏设安州;唐设安州都督府;五代时期设安远军,北宋沿袭安州、安远军设置。宋徽宗宣和元年(1119年)升安州为德安府,辖安陆、孝感、云梦、应城、应山等县；元代，德安府加领随州。德安府的建制延续至清末。在数千年的历史长河里，安陆一直是荆楚地区重要的政治、经济、文化中心。

安陆山川秀美。境内有名动天下的李白故居白兆山、钱冲古银杏国家森林公园以及西晋张昌起义旧迹太平寨等风景名胜。深厚的文化底蕴，秀美的自然风光，吸引历代名人览胜赋诗。唐代王维、王昌龄、李白、韩愈、杜牧，宋代张先、欧阳修、苏轼、秦观，元代贯云石，明代王阳明、王世贞等争相题咏，留下大量脍炙人口的赞美篇章。

安陆人杰地灵。春秋时期楚国令尹斗子文，汉代"江夏神童"黄香，唐代政治世家"许郝家族"诸人，北宋"四状元"王世则、宋庠、宋祁、郑獬，宋末元初理学名家赵复，明代漕运总督张瓒、贵州巡抚高翀、江西巡抚何迁，以及晚清民国时期的四川督军陈宧、国民党湖北省政府主席张笃伦等，或为著名政治家，或为成就卓著的文学家，或为颇具影响的学者。新中国成立以来，这里走出了中科院院士郭令智、池际尚，中国工程院副院长、院士李仲平，以及天津大学原校长张国藩等大家。

今天的安陆，文化繁荣、人才辈出，文学创作、水墨漫画、书法摄影等作品异彩纷呈，全国文化先进单位、全国漫画之乡、中华诗词之乡等美誉纷至沓来，赋予这座历史文化名城以新的内涵。

第一节　安陆自然环境

安陆位于湖北省东北部，居府河（涢水）中游，地处大洪山、桐柏山余脉与江汉平原交会地带，东连孝昌县，西与京山市接壤，南与云梦县、应城市毗邻，北与随州广水市、曾都区为邻，史称"北控三关，南通江汉，居襄樊之左腋,为黄鄂之上游,水陆流通,山川环峙"(清代道光《安陆县志》),自古以来为鄂北咽喉、中原门户,历代兵家必争之地,也是涢水流域的政治、经济、文化中心。

安陆地理范围为北纬 $31°04′\sim31°29′$,东经 $113°10′\sim113°57′$。全市总面积 1355 km²,东西长约 61 km,南北宽约 46 km,版图轮廓略似蝴蝶形,辖 9 镇 4 乡 2 个街道办事处和 1 个省级经济技术开发区。2024 年初户籍人口 59.21 万人,常住人口 48.7 万人,城镇化率 59.11%。安陆交通条件优越,境内有 316 国道、汉十高速公路、汉丹铁路纵贯南北,与孝洪高速公路、107 国道、京广铁路连接;南距武汉市天河机场约 80 km,处于武汉城市圈与鄂西生态圈交融地带。

地质资料表明,在太古代(距今约 38 亿年～25 亿年)晚期以前,安陆乃至整个江汉地域全部被原始海洋所覆盖。大约在太古代晚期,因地球构造运动强度加大,火山活动频繁,岩浆不断喷发,地壳上出现了明显的褶皱和隆起,局部地区海水退缩,今湖北境内第一次出现了陆地,但安陆乃至整个江汉地域仍为一片大海。这次剧烈的地球构造运动在地史上被称为"吕梁构造运动"。

吕梁构造运动之后,湖北地壳又发生多次运动,但江汉地域一直处于汪洋大海之中。元古代(距今约 25 亿年～8 亿年)中期以前,地壳运动更为剧烈,至元古代晚期,地壳活动明显减弱,形成华北板块、扬子板块的原型——原地台。直到中生代三叠纪末期(距今约 2 亿年～1.9 亿年)至侏罗纪早期的印支构造运动,使得地壳再次上升为陆地,结束了中国南海北陆的板块构造格局,荆楚大地最终与海洋告别,安陆及江汉地域开始成为陆地。

从中生代晚期白垩纪(距今 1.45 亿年～6600 万年)到新生代初期

4 | 郧国简史

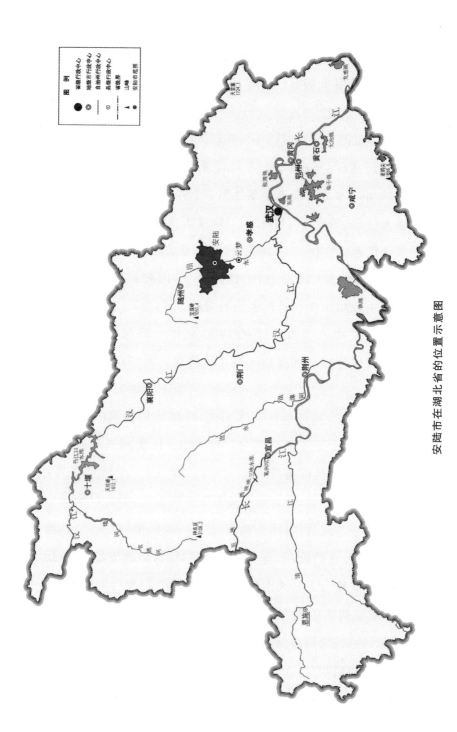

安陆市在湖北省的位置示意图

(距今约6500万年),湖北大地的地貌格局基本形成。受喜马拉雅造山运动和第四纪最主要的构造运动——新构造运动影响,湖北境内中部地区缓缓沉降,形成了三面高、中间低、南部向洞庭湖敞开的地貌景观。总的来说,史前时期的安陆以及江汉地域的地理特征与现在相差不大,南部地势低平,成为早期云梦泽的一部分。秦、汉以后,由于长江和汉水泛滥带来的泥沙沉积,古云梦泽的范围逐渐变小并演变为"平原—湖沼"的地貌景观。到魏晋南北朝时期,古云梦泽已经缩小了一半,最终唐宋时期云梦泽解体为星罗棋布的小湖群。此后,古云梦泽北缘逐渐演变为平原。安陆即位于江汉平原北缘。

安陆地势自西北向东向南倾斜,东部丘陵起伏,南部平畴沃野,西部岩壑幽深,北部层峦秀出。地势呈三个梯级,西北和东北部为海拔 500 m~200 m 的低山丘陵区,处于大洪山、桐柏山及大别山余脉延伸地带;中部和东部为低山浅丘区;南部为平均海拔 35 m 以下的府河(涢水)冲积平原。境内有围山、云雾山、白兆山、大安山、槎山、云山等山峰 20 多座。全市海拔最高点为西北部的太平寨,海拔 517.2 m。辛榨乡的古周湾海拔 31 m,是全市最低点。全长 385 km 的府河(涢水)发源于随州境内大洪山西北麓,由境北注入,自北向南贯穿全境,境内流长 49.7 km。

全市山地面积 21.84 万亩(1 亩约为 667 m²),占总面积的 10.8%,主要分在市西北的钱冲、三冲、太平寨、月落岭、杜垱、双河口、观音冲、六益河、同兴、兔子坡、长冲、易家陡坡、聂家凹、桃子凹、周家大湾,叶家坳水库以北的王义贞镇、雷公镇,以及烟店镇、孛畈镇;其次分布在东北部与广水市、孝昌县接壤的赵棚镇、接官乡。全市浅丘面积 160.4 万亩,占总面积的 79.2%;全市平原面积 20.9 万亩,占总面积的 10%,土地分布为"八分浅丘,一分山地,一分平原"。

安陆属北亚热带季风气候区,春、秋短,各约 60 天,气候温和;夏、冬长,各约 120 天。夏季炎热,雨量充沛,多东南风;冬季干燥寒冷,多西北风。安陆四季分明,年平均气温 15.8℃,南高西北低,冬季(1月)气温最低,平均 2.5℃～2.8℃,夏季(7月)气温最高,平均 27.8℃～28.2℃。全年平均日照时数 2172.7 小时,冬季平均日照 408.9 小时,春季为 497 小时,夏季为 743.8 小时,秋季为 532.2 小时。年平均无霜期 246 天。年平均降水量 1117 mm,春夏多,秋冬少,东南多,东北少,西部介于其间,近 60% 的降水量集中在 5 月到 8 月。年蒸发量平均为 1587.3 mm,蒸发大于降雨。夏季盛行东南风,冬季多西北风。全年北风多于南风。安陆气候四季分明,雨量充沛,温暖湿润,阳光充足,十分有利于人类的生产和生活。

安陆各时代地层发育较全,地下矿产资源较为丰富,已发现的矿产资源有铁、钒、铜、铅、锌、银(金)、铀、重晶石、黄铁矿(硫)、磷、型砂、石煤、石棉、矿泉等。府河、漳河干流均为过境河流,在境内落差不大,全市水力理论总蕴藏量 3.1 万千瓦,可供利用 1.6 万千瓦。因地形地貌多样,自然条件复杂,生物资源比较丰富,粮食作物以稻、小麦为主,大麦、豌豆次之,饲养的家禽家畜以鸡、鸭、猪、牛、羊为主。

优越的地理位置、丰富的物产、适宜的气候,为古代先民提供了得天独厚的生存和发展环境,大约 3000 年前,一个古老的诸侯国——郧国,在这里绽放灿烂的文明之光,留下了浓墨重彩的文明印记。

第二节　安陆政区沿革

关于安陆政区沿革,明末清初顾祖禹《读史方舆纪要·湖广三·德安府》记载:"《禹贡》:荆州之域。春秋时郧国,后属楚。秦属南郡,汉属江夏郡。后汉因之。晋亦属江夏郡。宋置安陆郡。齐因之。梁置南司州。西魏改置安州。后周末改郧州,而安陆郡如故。隋初,废郡,炀帝改郧州为安陆郡。唐武德四年,复曰安州(初置总管府,寻为大都督府);天宝初曰安陆郡;乾元初复曰安州;贞元中,置安黄节度观察使,治安州。五代梁置宣威军;后唐改安远军;后晋复为州;后汉仍为安远军;周显德初,复为州。宋仍曰安州,亦曰安陆郡、安远军。熙宁(应为宣和)初,升为德安府(以旧为潜邸也)。元因之。明吴元年,改德安州;洪武九年,隶黄州府;十三年,复为德安府,领州一、县五。今仍旧。"

一、先秦时期的安陆

安陆历史悠久,夏家寨、胡家山等十余处新石器时代遗址及发掘出土的文物证明,早在约5000年前,我们的先民就在这里安居乐业,种植水稻、饲养牲畜、修建聚落,探索原始农耕文明发展之路。

夏、商时期,按《尚书·禹贡》记载,天下分为九州,安陆属古荆州之域。西周时期,安陆为郧国所在地。孝感博物馆原馆长宋焕文《安陆新考》一文认为,郧国的统治范围,"大致就是今天的江汉平原东北部即今孝感地区一带地方。郧国在当时是一个与楚国、随国势力不相上下的国家"。从搜集到的史料看,春秋初期的郧国疆域大致以安陆、云梦、京山为中心,西以大洪山与楚国为邻,北与随国(今湖北随州)、贰国(今湖北广水)相接,东望大别山区,西南与轸国(今湖北应城)相连,版图延伸至长江之滨,是雄踞江汉地域的一个中等诸侯国。

春秋时期,楚灭郧,置郧邑,至迟战国中期改称安陆县。楚国安陆县管辖范围很广,其地南达长江,北依鄂北"三关"(冥厄、直辕、大隧)与桐柏山相连,东望大别山区,西接大洪山区。秦昭襄王廿九年(公元前278年),秦将白起攻楚,入郢,占领安陆。公元前223年,秦灭楚,原楚国的辽阔地域被秦划分为四郡,今湖北大部分地区属南郡,辖江陵、竟陵、安陆、郢、鄢等14县。安陆县管辖地域与楚之安陆县大致相同,县治设于今湖北安陆。

二、汉代至魏晋时期的安陆

西汉始设江夏郡,属荆州刺史部。班固《汉书·地理志》记载:"荆及衡阳惟荆州。江、汉朝宗于海……江夏郡,高帝置,属荆州。"汉高祖六年(公元前201年),分南郡竟陵以东及长江以北部分地域置江夏郡。因汉水与夏(沔)水在郡境汇合,故名江夏郡。西汉江夏郡治于安陆(今湖北省安陆市),东汉治于西陵(今武汉市新洲区)。西汉末年,江夏郡领14县:西陵、竟陵、西阳、襄、郏、轪、鄂、安陆、沙羡、蕲春、鄳、云杜、下雉、钟武。东汉时省襄、钟武二县,增置平春县、南新市县。但20世纪80年代出土的《张家山汉墓竹简·奏谳书》记载,江夏郡设于汉武帝元狩二年(公元前121年)。潘新藻《湖北省建制沿革》以为:"汉之安陆,包括(今)汉川、孝感、黄陂、汉阳、安陆、云梦、应城、京山等八县。"

自西汉开始,古安陆县辖区开始变动。西汉设江夏郡,析安陆县西南部划设云杜县,成为京山县的发端。

东汉时期,江夏郡迁治西陵(今武汉市新洲区),又治沙羡(今武汉市汉口一带),称为夏口,辖西陵、西阳、轪、鄳、竟陵、云杜、沙羡、邾、下雉、蕲春、鄂、平春、南新市、安陆。

三国时期,由于地处吴、魏相争的拉锯地带,安陆县的归属几经更迭。安陆最初属魏,遭吴人争抢。《三国志·吴书·陆逊传》记载:"军到白围,托言住猎,潜遣将军周峻、张梁击江夏新市、安陆、石阳,石阳市盛,峻等奄至,人皆捐物进城……江夏功曹赵濯、弋阳备将裴生及夷王梅颐等,并帅支党来附逊。逊倾财帛,周赡经恤。又魏江夏太守逯式……遂以免罢。"被吴攻占后,孙权"别遣从弟奂治安陆城,修立邸阁,辇赀运粮,以为军储"。(清代道光《安陆县志》)后来,安陆又被魏占据,因安陆城历经战争浩劫,残破不堪,魏人只得另选战略要地择险筑城。《三国志·魏书·王基传》记载:"基又表城上昶城,徙江夏治之,以逼夏口。由是贼不敢轻越江……安陆左右,陂池沃衍。"魏选择安陆境内的上昶(清代道光《安陆县志》记载,上昶在安陆西北五十三里)筑城,与吴逐鹿江汉。

西晋统一以后,江夏郡治从上昶迁回安陆。《晋书·地理志》:"江夏郡(汉设置,统管七县):安陆、云杜、曲陵、平春、鄳、竟陵、南新市。"这一时期,古安陆县辖区再次发生变化。这次的变化与一个叫朱伺的安陆人有关。朱伺字仲文,勇武有胆识,精通水战,曾在滠口大破"义阳蛮"张昌的军队,在平定张昌之乱中战功赫赫。朱伺因安陆人附贼(张昌)造反,深感愧恨,上疏请求另立新县。晋惠帝永兴二年(305年)析安陆东界立滠阳县(今武汉市汉口、黄陂一带)。《宋书·州郡志》:"晋惠帝世,安陆人朱伺为陶侃将,求分安陆东界为此县。"

东晋时期又析沙羡、安陆两县各一部分,置沌阳县(今湖北汉川南)。古安陆县管辖地域缩小更多。

三、安陆郡的设立

南北朝是中国历史上政权更迭最频繁的时期,江淮流域常常发生大规模的战争,安陆为南北军事要冲,经历无数次战争洗礼,归属几经变更。安陆是抵御北方少数民族南侵的重要屏障,北方汉族不断南迁定居于此,人口剧增,有必要设郡加强管辖,安陆郡应运而生。南朝刘宋王朝孝武帝刘骏大力提倡孝道,孝建元年(454年)将江夏郡一分为二,北部置安陆郡,治今安陆;南部仍称江夏郡,治今武昌。因孝子董永之故,割古安陆县东部置孝昌县(今孝感市区、孝昌县、孝南区)。《元和郡县志》:"宋武帝分江夏,置安陆郡。"《宋书·州郡志》:"安陆太守,孝武帝孝建元年分江夏立,属郢州。"安陆郡的设立,令古安陆县析为安陆、孝昌、应城数县。宋明帝泰始六年(470年),江夏郡之曲陵县改属安陆郡。

南北朝宋后废帝元徽四年(476年),安陆郡改属侨置的司州。南北朝齐时,安陆郡领五县:安陆、应城、新市、新阳、宣化。《南齐书·州郡志》:"司州,镇义阳。宋景平初,失河南地,元嘉末,侨立州于汝南悬瓠,寻罢。泰始中,立州于义阳郡。在三关之隘,北接陈、汝,控带许、洛。自此以来,常为边镇。泰始既迁,领义阳,侨立汝南,领三郡。元徽四年,又领安陆、随、安蛮三郡……安陆郡(寄州治),安陆、应城、新市、新阳、宣化。"南北朝梁时,置南司州,以安陆为治所,析安陆县置平阳县。《太平寰宇记》记载:"梁天监七年于此置南司州,后废州复为安陆县。"

四、安州的设置

西魏文帝大统十六年(550年),杨忠攻陷安陆,安陆郡由梁入魏。

西魏废梁之司州,改置安州,安陆为安州治所,立安州总管府;改平阳县为京池县,析安陆县置云梦县;析应城县置浮城县,立城阳郡,并属安州。

公元557年,宇文氏夺取西魏政权,称北周。北周武成元年(559年),改安州为郧州,仍置总管府。保定二年(562年),复置安州总管府,治安陆,属襄州。南北朝陈太建十二年(580年),改安陆郡置南司州,安陆为属县。北周大象初年(579年),安州再次改名郧州,不久复称安州。隋文帝开皇九年(589年)灭陈,废安陆郡,仍置郧州。隋炀帝大业二年(606年),改京池县为吉阳县,不久省入安陆县。隋炀帝大业三年(607年),改安州为安陆郡。安陆郡领八县:安陆、孝昌、吉阳、应阳、云梦、京山、富水、应山。隋以后,安陆县的管辖范围沿袭至今。

唐高祖武德四年(621年)改安陆郡置安州,置总管府;武德七年(624年)改设安州大都督府。贞观元年(627年)安州隶淮南道,贞观三年(629年)罢都督府。开元年间,安陆又置都督府,天宝元年(742年)改安州为安陆郡。乾元元年(758年)复为安州。贞元三年(787年)安州隶山南东道。唐代安州辖安陆、孝昌、云梦、应城、吉阳、应山等县。

北宋宣和元年以前,仍设安州,属荆湖北路,其间一度属京西路,管辖地域与唐代相同。熙宁二年(1069年),省云梦县为云梦镇,并入安陆县,元祐元年(1086年)复立云梦县。

五代至北宋时期,安陆还为安远军所辖。"军"的级别相当于州、郡,一般设于军事要地,其长官或为节度使,或为防御使。安陆处于襄汉走廊南端,位于东南各地通向西北各地的咽喉要道,战略地位十分重要。五代时期后梁置宣威军,后唐更名安远军,安陆为其所节度。后晋、后汉沿袭。后周罢为防御州。宋代复置安远军,安州与安远军并设。安远军建制存在了三百余年。

五、德安府的设置

宋徽宗宣和元年(1119年),升安州为德安府,治安陆。《湖广通志》记载:"神宗,《宋史本纪》:帝讳顼,英宗长子……庆历八年生于濮王宫……英宗即位,授安州观察使、封安国公。治平三年,立为皇太子。四年,英庙崩,即皇帝位。按,宣和元年,以神宗潜藩安州,升德安府。"宋神宗赵顼早年曾领安州观察使。宋徽宗宣和元年援例升安州为德安府,属荆湖北路,领安陆、应城、孝感(后唐改孝昌为孝感)、应山、云梦五县。南宋高宗建炎四年(1130年)安陆为德安、汉阳镇抚使治所。绍兴三年(1133年)德安府仍隶荆湖北路,治安陆。咸淳七年(1271年),因元军南侵,德安府徙治汉阳城头山,安陆县治随之侨置。

元世祖忽必烈至元十三年(1276年),德安府还治安陆;至元十五年(1278年)加领随州,隶荆湖北道宣慰司。德安府领四县一州,即安陆、孝感、应城、云梦四县和随州一州,析应山县隶随州。至元十八年(1281年),罢湖北道宣慰司,德安府直隶鄂州行省,为散府。至元三十年(1293年),改隶黄州路,后复隶湖北道宣慰司。

明朝初年,因人口锐减,洪武九年(1376年)降德安府为德安州,安陆县省入德安州,隶黄州府,年底属武昌府。洪武十三年(1380年)复置德安府,复安陆县,隶湖广布政使司武昌道。洪武二十四年(1391年)改属河南行省,未久还属湖广行省。明万历三十六年(1608年)隶荆西道。德安府领安陆、云梦、应城、孝感四县及随州一州,应山县属随州。

清代,德安府属湖广布政使司,隶汉黄德道,仍辖安陆、云梦、应城、孝感四县及随州(含应山县)。康熙三年(1664年)湖广分治,德安府属湖北省。雍正七年(1729年),孝感县改属汉阳府。《大清一统志》:"德安北通豫淮,南开江汉。又曰:形势联亘,上接郧、襄,下连凤、泗,西控荆、鄂。《图经》所谓'中路盖汉东一都会也'。"

清朝灭亡后废府,德安府前后存在约800年。

六、中华民国时期的安陆

据1993年《安陆县志》:"清朝晚期,安陆县同时并存府、县两级政权。府为德安府,属湖北布政使司,隶汉黄德道;县名安陆县,为德安府首县。"民国初年,撤销德安府,保留安陆县,从属北洋政府。1912年,安陆设县知事公署,沿袭清制。1913年,隶湖北都督府江汉道观察使公署(后改称道尹公署)。1927年,北洋军阀政府倒台,安陆县旋即归于国民政府。安陆县知事公署改称县行政公署。1928年撤道,安陆属湖北省直辖。1929年,湖北省政府定安陆县为三等县,县行政公署改称安陆县政府。1932—1936年,湖北省政府设11个行政督察区,安陆县政府隶湖北省政府第五行政督察区(驻随州)。1936—1949年,安陆属第三行政督察区(驻随州)。1938年10月,日本侵略军占领安陆,国民党县政府机关先迁随县环潭、安陆西北三里店之凌氏祠,后迁龙窝寺。

抗日战争时期,中国共产党领导人民坚持抗战,在安陆东北部建立了安(陆)应(山)县抗日民主根据地,在安陆西部建立了京(山)安(陆)县抗日民主根据地,在两块根据地上建立了安应县、京安县抗日民主政权。安陆北部为中共安北工作委员会所辖,西部为中共安(陆)随(县)工作委员会所辖;1942年以后,以府河为界,河东属安(陆)应(山)县,河西属京(山)安(陆)应(城)县,均隶豫鄂边区第二行政专员公署。

1945年8月,日军投降。此年冬,国民党安陆县政府机关迁回安陆县城直至解放。解放战争时期,党领导人民在抗战时期两块根据地的大致范围上建立了安(陆)应(山)、京(山)安(陆)应(城)两个解放区。1948年5月以后,国民党安陆县政府先后逃往云梦、应城、孝感等地。

七、新中国成立以后的安陆

1949年3月,安陆县解放。5月,孝感专区成立,各解放区边界政权撤销,大致按照历史形成的行政区划归还建制。安陆县人民政府成立,隶属孝感专区。1959年11月,孝感专区与武汉市合并,安陆县划归武汉市管辖。1960年11月,云梦县并入安陆,仍称为安陆县,治安陆。1961年6月,孝感专区与武汉市分治,安陆县属孝感专区("文化大革命"期间,孝感专区改为孝感地区)。1961年11月,安陆与云梦分治,仍属孝感行署。

今安陆市地理轮廓示意图

1987年9月,国务院批准安陆撤县设市,自1988年1月起行使市建制职能,由孝感地区管辖。

1993年,孝感地区撤销,改为孝感市,安陆市属孝感市代管至今。

第三节 鄖国概说

"万里春应尽,三江雁亦稀。连天汉水广,孤客郢城归。鄖国稻苗秀,楚人菰米肥。悬知倚门望,遥识老莱衣。"

这是唐代著名诗人王维歌咏江汉风景、寄托故友情谊的诗篇《送友人南归》。

自古以来,安陆就被称为鄖国故地。清代道光《安陆县志》载:"(安陆),春秋时鄖子国,鄖一作鄖,又作浧,俱读曰云。陆终第三(四)子求言为鄖(妘)姓。鄖,作'伝、雲、傊、媜、云、妘',古字通用。故《晋书·地理志》作'雲子',《盟会图》作'鄖子',《类解》作'妘子'。"鄖,古体写作鄖,又作妘、云、伝、雲、傊、媜、员、浧、覵等,古音通假。鄖国,西周时期分封的江汉地域诸侯国之一。国君妘姓,封子爵。鄖,甲骨文中作"员"。"员"的甲骨文字体为会意字,上面部首象形"气团",下面部首象形"鼎",字意是"鼎中冒出气体的状态",或为早期鄖人取食或祭祀时的生活写照。

鄖,是一个古老的方国,其远祖是上古时期华夏部落联盟的一支,由黄河中上游的"昆仑之丘"迁徙至今河南中部黄河中游的"祝融之墟",为"祝融八姓"之一。早在尧、舜、禹时期,华夏部落联盟征伐江汉地域的"三苗"部族,鄖人先祖即开启南迁进程,留下"云梦""云中""云土"等地名;夏、商时期,随着南征"蛮荆""楚蛮"的战争,中原文明进一步向南方拓展,妘姓族裔继续南迁至江汉地域,其中的一支于商代晚期

殷墟甲骨文"员"

定居于今湖北安陆、云梦、京山、汉阳等为中心的涢水流域。郧国历史由此发端。

一、郧国源流之谜

清代康熙《鼎修德安府志》记载:"郧国,妘姓,子爵,高阳裔,陆终第三子(应为第四子)求言为妘姓。妘,亦作伝、偩、邧、云、媚、雲、员,古字通用。故《晋书·地理志》作'雲'。此三代'荆豫二州之域也'。《周礼·职方氏》:'泽薮曰云梦。'又云:'荆河之浸,曰溠。'春秋为郧子国,楚灭郧,封斗辛为郧公。郧,南为蒲骚,而随侯居郧西鄙,称汉东大国。"

关于郧人的起源,有与周同源、与楚同源、与秦同源、自成一系等多种说法,甚至有说郧人系巴人的一支。

一种意见认为与周同源,为黄帝一脉。翦伯赞《中国史纲》指出:"黄帝之族,恐怕是由几个胞族组成的一个部族,所以其中有属于一个胞族的五个氏族,是以云为图腾的……"妘(郧)部族是黄河流域华夏部落联盟的一支,是夏、商时期即存在的古老部族。史载"上古八大姓"为"姜、姬、妫、姒、嬴、姞、姚、妘"(一说为"姬、姜、姒、嬴、妘、妫、姚、妊"),均起源于中华民族人文初祖黄帝轩辕氏,"妘"为其中之一。云阳氏族裔曾在今关中云阳之地建立妘氏部族方国,为商朝属国。《散氏盘考释》一文指出:"商代的妘氏国,在云阳。"何光岳《邧子国考》指出:"邧部族起初是以云为图腾的,他们也系黄帝族的后裔。在氏族社会时,于云图腾云旁加女成为妘字,作为姓氏,象征着母氏社会的进展。以后进入父氏社会,也由游牧走向定居时,便出现封国,于是去女旁而加邑旁,成为邡字。"

另一种意见认为郧人与楚同源,系祝融之后。《史记·楚世家》记载,上古时期"三皇五帝"之一的颛顼(高阳氏)是黄帝的孙子。帝喾(高辛氏)继颛顼之后成为华夏部落联盟首领,以颛顼的孙子重黎为火正(专司用火的职官),赐予"祝融"之号,即传说中的火神。重黎后被帝喾诛杀,他的弟弟吴回接替火正之职,仍称"祝融"。吴回的儿子为陆终,传说其妻腹裂而生六子,依序为昆吾、参胡、彭祖、会人、晏安、季连,其后裔繁衍出众多部族,史称"祝融八姓"。楚人系陆终第六子季连之后,芈姓,后被封在荆山。而郧人的祖先,就是陆终的第四子会人,名求言,妘姓,被封于郐(今河南新郑一带)。宋焕文《安陆考源》指出,安陆即西周时期的"郧子国",与楚同封子爵,楚在西,郧在东,常发生战争。

还有学者认为郧人与秦同源,嬴姓之国。南宋罗泌《路史·卷十六》记载:"白、郯、复、巴、寘、谷、糜、邡、葛、祁、谭,皆嬴国也。"明代刘绩《春秋左传类解》载:"郧,嬴姓,祝融之后,封于罗,号妘子,在云杜。若高阳之裔,则若敖父子何以娶郧女?"意思是说,古人遵循"同姓不婚"的原则,郧人如果与楚人同姓,楚国君臣怎会一代代与郧国通婚?

综上所述,郧人祖先是华夏部落联盟的一支,世居黄河流域,大约在原始社会末期开始南迁。商代晚期,妘部族的一支辗转迁徙至今鄂中涢水流域,在以安陆、云梦、京山、汉阳等为中心的鄂中地域繁衍、生息、发展。西周时期,这个妘部族被分封为诸侯国,即郧国,史称郧子国,与楚国"爵位相等,地分东西"。春秋时期,郧国并入楚国,融入楚国的核心地域。从出现在历史舞台,到汇入荆楚文明,郧人存在了两千多年。郧国,是鄂中地域古代文明的发端,是值得珍藏的荆楚文明记忆。

二、郧国演变之谜

郧人远祖作为华夏古族的一支,最早居住在陕西云阳一带,称为云(妘)部族。随着华夏古族的繁衍、开拓和华夏文明的发展、传播,郧人随华夏部落联盟诸部族沿黄河东下,迁移到黄河中游即今河南新郑、新密一带。早在唐尧时期,即存在有郐氏部落方国。在华夏部落联盟征服有郐氏后,古帝颛顼后裔、祝融之后陆终第四子会人入主有郐氏,以妘为姓,成为"祝融八姓"之一。东汉郑玄《毛诗谱》载:"昔高辛之土,祝融之墟,历唐至周,重黎之后,云(妘)姓处其地,是为郐国。"此地妘部族西周初年被封为郐国,直至春秋初期被郑国所灭。妘部族在黄河中游的"祝融之墟"前后定居一千多年。东汉许慎《说文解字》载:"郐,祝融之后,妘姓所封,浍、洧之间,郑武公灭之。从邑,会声。"

尧、舜、禹时期,生活于长江中游一带的"三苗"部族崛起,威胁中原华夏文明的发展。华夏部落联盟发动征伐"三苗"的战争,至大禹时期取得决定性胜利,打开了南下江汉地域的通道。郧人先祖或随中原华夏部落联盟征伐"三苗",或随大禹治水,或被中原政权压迫,因多种原因开启了南迁江汉地域的进程。商代,对江汉一带"蛮荆"的征讨,推动妘姓部族继续南迁。商代晚期,郧人开始定居涢水流域。何光岳《邧子国考》指出:"邧子国是一个出现于唐虞时代的古老部族,为祝融八姓之一,与荆楚同祖。起初,它的部落繁衍,逐渐分成一些支部落,散布在黄河中游一带,即其始祖祝融氏之墟的附近,仍以妘为姓,而妘姓的嫡裔仍以妘姓为国号,周初受封为子爵,乃去女而加邑旁,成为邧子国。在殷商时期,祝融系诸部族遭到殷商的征伐,甲骨文中有'癸酉,来正人方,才云奠河邑'。云部落被迫由东向西南退却,邧子国也由河南迁入湖北,辗转定居于安陆,后来被楚所灭,遗民曾被迁至湖南的茶陵县,一部分被吴国迁到江苏如皋,这个长达两千多年之久的䢵国,是值得进行探本究源的。"

在《楚灭国考》一文中,何光岳进一步解开了䢵人南迁江汉之地的谜团,"䢵人……殷末周初,䢵犹为关中著姓。䢵、妘、嬩字同,故关中出土西周金文,犹多言䢵姓。则䢵地当在今陕西云阳,正位于其祖吴回始居地吴山之东,后才东迁到河南新郑,以姓为国;因不愿臣属商朝,便遭到商的征伐。卜辞有'癸酉,来正人方,才云奠河邑'。这个云即䢵姓国,当在今郐(今河南新郑)的地区。"

商代晚期,纣王暴虐,因不愿臣属商朝,不甘遭受商朝的压迫,部分妘姓部族离开中原地带,南迁江汉地域,来到生存环境相对较好的涢水流域,逐渐安居乐业。也有学者研究认为,䢵人可能受商朝征发调遣,参加南征"荆蛮"的战争,从而迁徙涢水流域。西周初期,䢵人因参加周武王灭商而受到封赐,以族姓"妘"作国名,去"妘"字的"女"旁而加"邑(阝)"旁,成为䢵(郧)国。至春秋初期,它的疆域范围,大体上北至今安陆与随州曾都区、广水市接壤处,西与大洪山区的京山市为邻,涵盖孝感市域,东接大别山区,南至天门市、仙桃市(沔阳)以及武汉市汉阳、汉口一带的长江之滨,幅员广阔,雄踞江汉。

三、䢵国地望之谜

古代文献记载,䢵国核心在今湖北省安陆市。主要记载如下。

东汉许慎《说文解字》:"䢵,汉南之国,从邑,员声。"清代段玉裁《说文解字注》:"䢵,在今湖北德安府。汉水自西北而东南,德安在汉水北,而云汉南者,汉之下游地势处南也。"

北魏郦道元《水经注·涢水》:"辽水又西南,至安陆县故城西,入于涢,故郧城也,因冈为墉,峻不假筑。"清代康熙《德安安陆郡县志》载:"辽水,即随水,出石龙山。山在应山县之东北四十里。其水由马坪港注涢。"

唐代李泰《括地志》:"安州安陆县,春秋郧子之国,后为楚所灭。"

武则天时期《十道志》:"安州安陆郡,春秋郧子之国,云梦之泽在焉。后楚灭郧,封斗辛为郧公,则其地也。"

唐代李吉甫《元和郡县志》:"安州安陆,春秋时郧子国,后为楚所灭。"

唐代杜佑《通典·州郡七》:"安州,理安陆县,春秋郧子之国。"

北宋诗人苏绅题诗:"城郭依然郧子国,山川分得楚王台。"

北宋诗人李通儒《桃花岩诗》:"地势下临郧子国,山光遥射楚王城。惟有桃花岩上月,曾闻李白醉吟声。"

南宋罗泌《路史》:"云、员、䢵,同妘也。妘姓三祖,亦作伝、偵、䢵、郧。《盟会图》云:'䢵子国,在安州。'春秋,郧人楚灭之,封斗辛为郧公。今德安府之安陆有郧乡、郧水、郧城、郧公庙。(北)周为郧州。"

清代顾祖禹《读史方舆纪要》:"德安府:《禹贡》'荆州之域';春秋时䢵子国。䢵一作郧,又作涢,俱读曰'云'。"

清代康熙《鼎修德安府志·古迹》:"郧故城,即桓山县城,旧载在章山,因冈为墉,峻不假筑。辽水经其下,今故址湮灭。"

清代康熙《德安安陆郡县志》:"郧,妘姓,子爵,高阳裔,陆终第三子(应为第四子)求言为'妘'姓。妘亦作伝、偵、媜、䢵、云、雲,古字通用……今德安安陆,古郧国,在鄀之东。"

清代顾栋高《春秋大事表》:"郧,不知何年灭于楚。今德安府治安陆县,为古郧国也。郧、邧、员,三字相通。'若敖娶于郧',即此。"

《大清一统志》:"(郧国)故城在今(安陆)县北。"

清代光绪《德安府志》:"德安府地界汉东,春秋时汉东诸国,唯郧、随最著,后皆属楚……汉晋唐宋,郧或称江夏,称安陆,称安州、郧州。"

《辞源》:"郧,春秋国名,为楚所灭,故地在湖北安陆。"

郭沫若主编的《中国史稿地图集》,其中的"春秋时期黄河长江中下游地区"地图,将郧国标记在今湖北省安陆市。

由于安陆地处襄汉走廊的南部咽喉之地,又居东南吴越之地通往西北陕晋一带的咽喉要道,战略地位非常重要,历代均为军事重镇。中国历史上每一次大的战乱,安陆都未能幸免,安陆古城多次遭到战争摧毁,以至于先秦时期的地面文物遗存寥寥无几。虽然历史记载认为郧国在今湖北省安陆市,但至今未有郧人城邑遗址或国君、贵族墓葬出土,因此郧国国都究竟在哪里,一直是争议话题。其中就有京山说、云梦说、天门说等。但主流观点和权威史学著作,都认为安陆为郧国国都所在地。

关于郧国都城的具体位置,历代文献记载和历代学者说法不一,有的说在安陆城北的江家竹林,有的说在安陆北部的洑水镇,有的说在县北三陂港一带。1981年,考古人员在安陆城北十里处的江家竹林采集到许多春秋战国时期的绳纹陶鬲、绳纹瓦当以及陶豆、盆、罐等器物。该处遗址西临涢水,文化层深约 2 m,发现了夯土建筑遗迹,面积约 60 万 m^2。此后,又于 1985 年在江家竹林以北 2 km 处的洑水镇涢水岸边,发现春秋时期墓葬 20 余座,出土完整的青铜器 25 件,其中青铜鼎 3 件、铜簋 2 件、铜壶 2 件、铜戈 3 件、铜剑 3 件、铜镞 8 件、马衔 2 件、车辖 2 件,从形制、纹饰看,应为春秋中期之物。两处遗址相距很近,地形为平缓山冈,沿涢水展开。此外,洑水镇附近还有余家岗新石器时代古文化遗址、板桥姚家湾商周时期古文化遗址。此后,安陆城北至三陂港涢水沿岸发现多处西周至春秋、战国时期的古墓葬、古遗址,出土了丰富多彩的文物。这些考古成果,以及《水经注》"因冈为墉,峻不假筑"的记载表明,西周、春秋时期,安陆城北至洑水、三陂港一带,应是重要的居民聚落所在地,古䢵国都城极有可能就在这里。相信随着考古工作的进一步展开,䢵国故都之谜终将大白于天下。

四、䢵国消亡之谜

宋焕文《安陆新考》指出:"(西周时期)䢵国在当时是一个与楚国、随国势力不相上下的国家,经蒲骚之战后,就一蹶不振,一直被楚人控制为附庸,不知何年为楚所灭,史无明文。"在强大的周王朝庇护下,䢵人在鄂中涢水流域平静地生活了数百年,直到周王室衰微,于公元前770年东迁洛邑。春秋初期,僻处荆山的楚国强势崛起,不断侵并汉水流域众多诸侯国——"汉阳诸姬"。楚国扩张,兵锋所指的䢵国感受到严重威胁,于是联合遭到楚国欺凌的随国、绞国、州国、蓼国等组成联军,共同抵抗楚国入侵。公元前701年,䢵、楚双方爆发了决定䢵国生死存亡的大战——蒲骚之战。䢵国战败,逐渐消逝于历史的尘埃之中。何浩《楚灭国研究》指出,《左传·宣公四年》记载楚国若敖氏(楚国第十四位君主熊仪,公元前790年—公元前764年在位)娶䢵女为妻,生斗伯比。公元前704年,楚武王于沈鹿(今湖北钟祥东)会盟,䢵国参加。公元前701年,楚国在"蒲骚之战"中击败䢵国,慑服随国等"汉阳诸姬",完全取得在汉水以东的霸主地位。䢵国大约于楚文王时期(公元前689年—公元前675年)被灭。也有学者认为,䢵国灭亡于公元前

584 年钟仪担任郧公之前。总体来说,"蒲骚之战"以后,妘姓郧国再未出现在历史记载中,取而代之的是楚国设置的县——郧邑。

关于"蒲骚之战",《左传·桓公十一年》记载:"春,齐、卫、郑、宋盟于恶曹。楚屈瑕将盟贰、轸。郧人军于蒲骚,将与随、绞、州、蓼伐楚师。莫敖患之。斗廉曰:'郧人军其郊,必不诫。且日虞四邑之至也。君次于郊郢,以御四邑,我以锐师宵加于郧。郧有虞心而恃其城,莫有斗志。若败郧师,四邑必离。'莫敖曰:'盍请济师于王?'对曰:'师克在和,不在众。商、周之不敌,君之所闻也。成军以出,又何济焉?'莫敖曰:'卜之?'对曰:'卜以决疑。不疑,何卜?'遂败郧师于蒲骚,卒盟而还。"

楚国在西周后期开始启动扩张进程,楚武王熊通时期扩张势头更为凌厉,逐步占领江汉平原西部,同时不断以武力侵并江淮地区。地处江汉地域要冲的郧国首当其冲,便联合邻近诸侯国合力抗楚。公元前 701 年春,楚国准备与贰(今湖北广水)、轸(今湖北应城)结盟,包围郧国。郧国联合随、绞、州、蓼等诸侯国,在郧国西部边境的蒲骚之地集结兵力抵御楚军。楚国统帅屈瑕采纳斗廉的建议,派精兵夜袭蒲骚,大败郧军。此战之后,郧国再无还击之力,最终被楚所灭。

楚灭郧国后,郧人不甘臣服,部分郧人沿汉水上溯,迁至麋国(又记作麇国,在今湖北十堰一带)故地,仍称"郧",这就是今湖北郧阳、郧西等地地名的来历;春秋后期吴楚相争,部分郧国遗民东奔吴国,迁居江苏如皋滨海之地;还有部分郧国遗民被楚国驱赶到今湖南茶陵云阳山一带。郧人,写下了一曲悲壮的历史浩歌。

延续数百年的郧国,创造了灿烂的古代文明,有着深远的历史影响。至今,安陆仍被称为郧城,县南的山被称为云山,县北的山被称为云岭;大洪山区至江汉平原最大的河流被称为涢水;涢水流域被称为郧川。安陆物产也打上郧国烙印：安陆出产的稻米被称为涢米,美酒被称为涢酒。安陆周边地区受此影响,广水市有云公城,天门、京山亦有郧城;大洪山古称涢山;长江中游古云梦泽因"云人之梦"而得名。江汉平原古称云中;云梦泽畔古有云杜县（今京山、天门一带）,今有云梦县,附近有云梦宫。何光岳《楚灭国考》指出："这些以'云'为号的地方,都与郧国遗民的活动有关。"

郧国并入楚国后,郧人与楚人及其他诸侯国居民杂居通婚,形成血缘纽带,以中原华夏文化为主体,汲取南方各诸侯国以及"楚蛮"文化,发展出丰富多彩的楚文化。而江汉地域的居民也融合了各部族的文化血液,形成坚韧刚强的南方型华夏族系,为秦汉时期的文明富强提供了基础条件,对中华民族的形成、团结和融合发挥了重大作用,为秦、汉统一天下,移民开拓,奠定了良好基础。

第一章　史前安陆

长江中游地区主体为江汉平原和洞庭湖平原,同时包含周边地区。该区域四面环山,中部在古代为沼泽地带。长江自西向东流过,汉水由北向南汇入长江,奠定了将长江中游地区分为西北部(鄂西北山地及南阳盆地)、西南部(洞庭湖平原及峡江地区)、东部(江汉平原中北部)三个文化区块的地理基础。上古时期,鄡人在逐步南迁江汉地域的过程中,不断与土著"三苗""荆蛮"等融合,在江汉平原中北部创造了璀璨的古代文明。继发现众多旧石器时代文化遗址之后,涢水流域乃至江汉地域又发现星罗棋布的新石器时代遗址,佐证涢水流域是我国农耕文明发祥地之一,古代文明薪火相传。我们的先民在此活动,辛勤地创造了原始文化。南朝梁代文学家刘勰在《文心雕龙·序志》中说:"振叶以寻根,观澜而索源。"追寻安陆历史文化源头,破解鄡国地域文明密码,要从史前的石器时代开始。

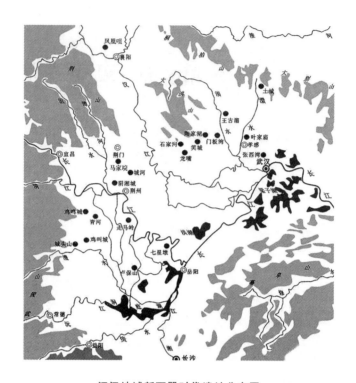

江汉地域新石器时代遗址分布图

第一节 旧石器时代的安陆

旧石器时代是以使用打制石器为标志的人类物质文明发展阶段,地质时代属于上新世晚期到更新世,从距今约300万年前开始,延续到距今1万年左右止。考古发现表明,涢水流域的历史,可追溯到数十万年前的旧石器时代。

早在距今约200万年前,荆楚大地就有先民活动,古人类绵延不绝。据考古发现,距今215万年至195万年之间,今鄂西建始即有直立人生存;距今90万年到80万年之间,鄂西北郧阳一带也有直立人活动；距今 19 万年左右，长阳一带已有早期智人，属于旧石器时代中期的人类；约 5 万年前，早期智人发展成为晚期智人，江陵县鸡公山发现晚期智人活动遗址……这些考古资料表明，湖北是中国古人类发祥地之一。这些重大发现，为认识江汉流域旧石器时代古人类的生存与发展，提供了丰富的实证资料，佐证在遥远的史前时代，江汉地域就成为人类生存的乐园，留下长江中游文明的灿烂成就，彰显江汉地域在中华文明起源和多元一体发展历程中所起的重要作用。

旧石器时代原始人使用的石斧

涢水流域也留下远古人类活动的遗迹。20 世纪 70 年代，汉川乌龟山遗址发现史前纳玛象化石、兽骨化石，距今约 10 万年。这一发现表明，涢水流域在约 10 万年前气候温暖湿润，适宜原始人类生存。1997 年，武汉市汉南区纱帽山发现距今约 5 万年的人类——汉阳人的头盖骨化石，填补了湖北省古人类学研究领域的空白。这是继发现长阳人、郧县人化石后,湖北省内旧石器时代考古研究的又一重大发现。

乌龟山遗址发现的史前纳玛象化石

1981年,安陆县河水区王店村(今安陆市王义贞镇刘岗村)农民在建房挖地基时,发现24枚恐龙蛋化石。恐龙蛋化石在蛋窝中呈不规则排列,蛋体呈红岩色,保存有石化卵体纤维,蛋壳呈树枝窝状,故被命名为"王店树枝蛋"。经鉴定,这批恐龙蛋化石年代属中生代白垩纪(距今约1亿年~6500万年),为研究南方白垩纪时期恐龙蛋的结构、功能和系统演化关系提供了重要的实物资料。

王义贞镇刘岗村出土的恐龙蛋化石

安陆是闻名全国的银杏之乡。银杏出现在地球的历史跟恐龙一样久远。银杏类植物在 3.45 亿年前的古生代石炭纪就已出现。1.9 亿年前的中生代侏罗纪,是银杏类植物生长的全盛时期。银杏,曾经遍布除南极洲和赤道两侧的地球的每个角落。大约 6500 万年前的白垩纪晚期,地球气候急剧变化,银杏类植物开始衰落。约 200 万年前的第四纪冰川时期,银杏类植物从全球绝大部分地方消失,只在中国浙江天目山、湖北大洪山,以及江苏、山东等地残留少量古银杏群落。因银杏仅幸存 1 科 1 属 1 种,因此人们非常珍视这一孑遗物种,称历经劫难的古银杏为植物界的"活化石"、植物界的"大熊猫"。

  20 世纪 80 年代末,中科院武汉植物研究所、华中农业大学、南京林业大学等单位的专家、学者深入安陆钱冲古银杏国家森林公园考察古银杏群落发现,曾经被当地人称为"八卦石"的黑石头,实际是块罕见的古银杏树干化石,是第四纪冰川时期留下的远古信息源。它证明,遥远的史前时代,安陆钱冲已经成为银杏的生长乐园。这一宝贵的植物化石,对研究银杏起源、演化和华中地区的地质、生物演变具有极高价值。

  安陆境内发现恐龙蛋、银杏等生物化石,证明早在旧石器时代,这里已是动植物繁盛生长的沃土,也是远古人类生存繁衍的家园。

第二节 新石器时代的安陆

  湖北是新石器时代城背溪文化、屈家岭文化、石家河文化等考古学文化命名地和主要分布区,湖北境内发现的新石器时代遗址达 2000 多处,其中孝感市域 130 余处。这些遗址大多距今四五千年,处于中华文明形成的关键期,佐证了江汉地域是中华文明起源的重要区域。作为荆楚文明的发祥地之一,安陆文物古迹众多,现有不同历史时期文物点

456 处(古遗址 109 处),其中新石器时代遗址 30 多处、古墓葬 237 处、古建筑 86 处、石窟寺及石刻 2 处。这些古文化遗址、文物展示了涢水流域悠久的文明,展现了一条古代文明传承、发展的道路。主要古文化遗址如下。

一、屈家岭文化时期

屈家岭文化指长江中游的新石器文化,分布地区以江汉平原为中心,距今约 5300~4700 年,因首先发现于湖北京山屈家岭而得名,是新石器时代江汉平原一带农耕文明的代表。其农具和陶器制造工艺均达到很高水平,早期有斧、锛、凿和穿孔石铧等器具;晚期磨光石器增加,双肩石锄是屈家岭文化代表农具之一。这一时期江汉平原以种植水稻为主,家畜饲养以养猪养狗为主,出现了彩陶纺轮。安陆发现众多屈家岭文化时期古遗址,表明约 5000 年前,我们的先民就在这片土地繁衍生息,创造了新石器时代先进的农耕文明。

(一)夏家寨遗址

位于李店镇境内鹿河、汉河交界处的杨棚村,东西长 600 m、南北宽 500 m,残存半圆形土寨,人称古城岗。城址北原有一座土墩,相传为烽火台,今名烟墩湾。20 世纪 50 年代末,有农民耕作时发现陶纺轮、陶豆柄,以及众多陶器、石器,引起文物管理部门关注。1958 年兴修徐家河水库灌溉干渠,为保护地下文物,湖北省文物考古专家对夏家寨遗址进行了考古调查。1976 年至 1981 年,北京大学考古专业学生与湖北省博物馆、孝感地区博物馆考古工作者进行了 3 次刮断调查和试掘,发现遗址范围约 30 万 m^2,文化层厚达 2 m,暴露面积约 303m^2。2009 年 3 月,湖北省考古所测定该遗址是座方圆19.8万 m² 的新石器时代古城。该地除发现石斧、石刀、石凿等工具外,还发掘出杯、盆、罐、缸等生活用具以及陶豆、陶纺轮等器物。该遗址发现了稻谷、稻壳痕迹,表明新石器时代涢水流域已存在成熟的稻作农业,为研究长江中游及江汉地域农耕文明提供了重要物证资料。

夏家寨遗址发掘现场图

(二)熊家咀遗址

位于雷公镇曹岗村何家湾北,遗址为长方形,南北向,南北长约300 m,东西宽约80 m,总面积约2.4万 m²,采集到石斧、石铲、陶球、彩陶杯、纺轮等,陶器以灰陶为主,黑陶次之,有少量红陶和彩陶,具有屈家岭文化特点。

(三)八字坟遗址

位于雷公镇王榨村,高出平地约 2.5 m,东西长约 120 m,南北宽约 150 m,总面积约 1.8 万 m²。1981 年采集到石镰及陶片,有灰陶和红陶。多素面,有的有绳纹。器形有鼎、罐、钵等。

(四)陈徐湾遗址

位于辛榨乡张付村,总面积约 2.4 万 m²,地表 30 cm 冲击壤泥沙土以下,分布有大量陶片,文化层厚约 1.5 m,采集到石斧及陶片,有灰陶、黑陶,多为素面,还有红衣陶、彩绘陶等。

(五)胡家山遗址

位于巡店镇程畈村胡家山湾漳水岸边,东西长约 500 m,南北宽约 140 m,总面积约 7 万 m²。1978 年考察时采集到灰陶、黑陶等碎片。纹饰有绳纹、圈点纹,或为素面。陶器有鼎、豆、纺轮、喇叭杯、网坠、器盖、坩埚片等。石器有打磨精致的石斧。大片烧红土还夹杂着稻谷壳,属屈家岭文化晚期。

(六)王古磂遗址

位于烟店镇双庙村,地处涢水支流挡河西岸的二级台地上,南距安坪公路 1 km,西距白兆山 2 km,北距烟店镇 4 km,遗址呈不规则的长方形。东西长约 1000 m,南北宽约 880 m,总面积约 88 万 km²,文化层厚3m左右。王古磂遗址有呈圆形的红烧土层及灰烬层，可能是当时居住建筑遗迹和灰坑。采集的陶片以夹砂灰陶为主，泥质灰陶、泥质橙红陶次之，少量的泥质黑陶和磨光黑陶，还有彩绘陶及蛋壳陶。陶器以素面为主，有少量的篮纹、弦纹、镂孔纹，附加堆纹、刻划纹和彩绘花纹。采集的石片能看出器形的有石斧、石锛。陶器有纺轮、杯、碗、高领罐等。据湖北省文物考古研究所调查，王古磂遗址北部城垣和壕沟保存较好，可能是一座史前的大型聚落，属屈家岭文化至石家河文化过渡时期。

二、石家河文化时期

距今约4600年～4000年，江汉地区在屈家岭文化的基础上，发展出具有龙山文化特征的新石器时代文化序列，因在天门石家河出土的器物最多，并具有典型意义，考古界称为石家河文化。分布在鄂中一带的石家河文化是一个极为复杂的文化类型，但从文化主体因素进行全面剖析，它是以石家河文化为主体并受到河南、山东龙山文化影响形成发展起来的，其文化属性属于龙山文化。作为南北文化交往的中心地区，安陆境内众多新石器时代遗址具有石家河文化特征，是中原文明在江汉一带传播、华夏文明在这里交汇融合的证明。

（一）庙墩遗址

位于府城办事处张巷村付家湾北，东距原316国道1 km，南距城区5 km，西临府河，汉丹铁路从遗址西约30 m处通过。遗址呈方圆形土台，高出地面约2 m，面积约1万 m²，发现大量烧红土，陶片交错，层层迭压，出土石、陶器多种，有灰陶敞口外弧足碗，扁平直边彩纺陶轮，粗糙磨用过的砺石、石斧。陶片中可辨器形有鼎、钵、杯、澄滤器等,具石家河文化特点。

(二)余家岗遗址

位于洑水镇洑水村,是一处高出四周田野1~3 m的土台地,呈长方形,建在二层台上,高出平地2~4 m,东西宽400 m,南北长500 m,总面积约20万 km²,主要采集有石斧、陶片,陶质以夹砂陶为主,陶色多为灰、黑,器形有纺轮、盆、杯等,主要为生活用具和生产器具。

(三)解放山遗址

1977年发现,出土灰褐色陶片,红陶和黑衣夹砂陶为次,器形有鼎、杯、罐、碗、纺轮等。纹饰有篮纹、绳纹、弦纹等。遗址因修解放山水利枢纽工程遭到严重破坏。

(四)瓦子地遗址

1981年发现,位于雷公镇白鹤村张家湾西。遗址高出地面1 m左右,东西长约90 m,南北宽约70 m。采集到的遗物多为陶片,以夹砂灰陶为主,红陶次之。纹饰有弦纹、绳纹,部分素面。器形有鼎、坩埚等。

(五)陈家墩遗址

位于烟店关堰,长方形,南北宽约300 m,东西长约400 m,总面积约12万 km²。1981年在此采集到陶片,有灰陶和褐陶。

(六)其他遗址

安陆境内其他新石器时代古文化遗址：赵棚镇汤家寨遗址、安陆市开发区何岗村朱家湾遗址、烟店镇周祠村王家庙遗址、烟店镇岔路村肖家湾遗址、烟店镇邓冲村蔡家大湾遗址、烟店镇余寨村余家湾遗址、烟店镇关堰村李家墩遗址、木梓乡江河村王家坳遗址、木梓乡王河村花园遗址、木梓乡王河村下王家河遗址、木梓乡天然村张畈遗址、王义贞镇六益村汉堰台遗址等、王义贞镇汝南村四股台遗址、辛榨乡牌楼村遗址。

第三节　安陆出土的部分史前文物

安陆历史文物十分丰富，安陆市博物馆有不同时期(上至新石器时代下至近代)与不同类型(陶、青铜、玉、瓷、金、银、铁、化石等)馆藏文物5500余件，其中一级文物5件、二级文物142件、三级文物95件。馆藏的商代青铜瓿、觚，西周青铜鼎，春秋战国时的青铜剑、簋、壶、鼎以及其他珍贵文物具有无可替代的考古价值。新石器时代的代表性文物有以下几种。

一、石斧

安陆市烟店镇双庙村工古磡遗址出土，质地为岩石，长9～12 cm、宽5～8 cm、厚2～4 cm，新石器时代人类生产工具。斧体较厚重，采集质地坚硬的岩石磨制而成，一般呈梯形或近似长方形；两面刃，多斜刃或斜弧刃，亦有正弧刃或平刃。

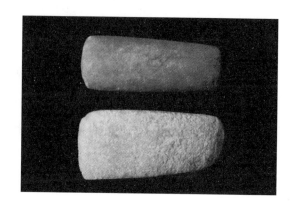

石斧

二、石锛

安陆市孛畈镇龙窝村出土,质地为岩石,新石器时代和青铜器时代人类生产工具。体型厚重,采集质地坚硬的岩石磨制而成;长方形,单面刃,有的石锛上端有"段"(即磨去一块),称"有段石锛";装上木柄用于砍伐、刨土。

石锛

三、石镰

安陆市烟店镇双庙村王古磂遗址出土,质地为岩石,长 19 cm、宽 6 cm、厚 2 cm,新石器时代人类生产工具,主要用于收割庄稼。

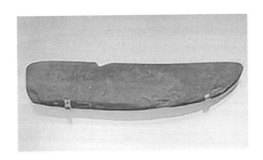

石镰

四、石凿

安陆市李店镇杨棚村夏家寨遗址出土,质地为岩石,新石器时代人类生产工具。

石凿

五、石钻

安陆市李店镇杨棚村夏家寨遗址出土,质地为岩石,长8 cm、径2 cm,新石器时代人类生产工具。

石钻

六、石钺

安陆市棠棣镇桃园村出土,质地为岩石,长16 cm、宽9 cm、厚1.2 cm,新石器时代人类生产砍伐工具、武器、礼器。器身石质坚硬,呈扁平长方形,背后刃薄;背端正中穿单系孔;双面出刃略宽于器身,刃援微弧;通体磨光,呈青灰色。石钺的前身是作为生产工具的石斧,后来演变为武器,最后成为原始部落象征权力和威严的礼器,多为酋长等部落首领所拥有。它是原始社会王者权力的象征,一般捆绑在木柄上,在祭祀祖先或施行巫术等重大活动时舞动,以示庄重、威严。

七、网坠

安陆市巡店镇程畈村胡家山遗址出土,质地为陶,长12 cm、腹径8 cm,新石器时代人类生活渔猎用具。

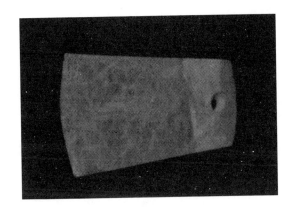

石钺

网坠

八、纺轮

安陆市李店镇杨棚村夏家寨遗址、烟店镇双庙村王古磂遗址、府城张巷村庙墩遗址、洑水镇余家岗遗址等均出土彩陶纺轮,径3~6 cm、厚1~4 cm,新石器时代人类生活纺织用具。

纺轮

彩陶纺轮

第四节　江汉地域部分史前文化遗址

张正明《楚文化史》指出:"江汉地区新石器时代先后诞生的大溪文化、屈家岭文化和石家河文化,似可以三苗的遗迹视之。"上古时期,作为中原华夏族群开拓江汉地域的先行者,郧人先祖以及其他"祝融八姓"部族来到江汉地域,与三苗等土著部族竞争与融合,创造了璀璨的史前文明。今湖北孝感市境内乃至江汉地域发现星罗棋布的新石器时代遗址,留下中原文明与土著文化融合的鲜明印记。

一、大溪文化时期遗址

大溪文化由 1959 年发掘的重庆巫山大溪遗址得名,年代为距今 5100 年~6900 年,属母系氏族公社阶段,其年代约与仰韶文化晚期相当。湖北境内发现大溪文化遗址数百处,遍布江陵、公安、松滋、钟祥、天门、京山等地。根据吴成国主编《孝感文化简史》,孝感境内与大溪文化同时期的古遗址有以下几处。

(一)云梦县龚寨遗址

位于云梦县胡金店镇龚寨村一不规则的圆形台地上,东临涢水,西临漳水,面积约 16 000 m²。在这里采集的卷沿尖唇圆腹釜、篦形罐、有领罐、敛口平沿弧腹盆、盘口双唇鼓腹瓮等,其陶土中都羼以稻谷壳和茎秆,与大溪文化早期的陶器相同,但器形存在着很大差别。

(二)汉川市霍城遗址

位于汉川市城区北缘,面积达 75 000 m²,文化层厚 3 m 以上,出土文物红陶居多,镂孔器不少,可上溯至新石器时代大溪文化时期,延续至西周时期。文物采集有石斧和陶片。新石器时代陶片以泥质灰陶为主,夹砂红陶次之,纹饰有篮纹、方格纹、弦纹,器形有鼎、罐、豆等。周代陶片以夹砂灰陶为主,泥质红陶次之,纹饰有绳纹、弦纹,器形有鬲、瓮等。

(三)孝南区龙头岗遗址

位于孝南区城东约 6 km 的新铺镇幸福村,地处李家湾西约 50 m

的一处坡岗地上，东邻涢水支流滚水，西距澴水河约 7 km。在这里采集的红陶敛口盆、圆锥状鼎足、歛口钵与仰韶文化类型较为接近。

（四）云梦胡家岗遗址

位于云梦城区附近一处岗地上，东临涢水，四面皆为河湖冲积地带。出土陶器无论陶质、陶色、工艺还是纹饰、器形，都与仰韶文化、大溪文化存在着某些一致之处，但其个性特征十分明显。

二、屈家岭文化时期遗址

距今 5000 年左右，即新石器时代晚期，江汉地区与黄河流域一样进入父系氏族公社时期，此时期文化遗址因最早在京山市屈家岭发现而称为屈家岭文化。其中心在以京山、安陆、云梦为中心的涢水流域，影响遍及江汉地区。

（一）屈家岭文化遗址

位于京山县城西南 30 km，面积约 40 万 m²，距今 4800 余年，为我国最早的古城遗址之一。遗址中发现有多处房屋、窖穴、墓葬等遗迹。出土遗物中以彩陶纺轮、彩绘黑陶和蛋壳彩陶最具特色。陶制的鼎、豆、碗等器皿均为双弧形折壁，具有独特的风格。此外，该遗址中还发现有大量生产工具和粳稻谷壳，显示当地出现成熟的稻作农业。屈家岭遗址还发现大量碳化粟，是长江中游地区目前所见年代最早的粟遗存。南方的稻作和北方的粟作在这里相得益彰，使屈家岭成为中国农耕文明的重要组成部分。它的发现对于认识长江中游地区和江汉平原的史前文化具有重要的意义。

孝感市境内屈家岭文化时期的遗址多达45处,主要有安陆市胡家山、夏家寨、汉堰台、八字坟、熊家咀;孝南区叶家庙、吴家坟、王家坟、大台子、回龙寺、碧公台;孝昌县港边程湾、凤凰台、殷家墩、台子湖;大悟县土城、双河墩子畈、吕王城、沈家城、桥头墩、四姑墩;云梦县斋神堡、好石桥东城;汉川市汈东、蔡家嘴、吴台、蓼湖庙台、汪台、甑山;应城市门板湾、前杨湾、苏家台、陶家湖、上王湾、保丰、窑大湾等。

(二)叶家庙遗址

位于孝感市区西北6 km处,孝感至白沙公路从遗址东面通过,西面和西北角为澴水故道。海拔高度28～30 m。遗址总面积约60万 m^2,距今5000余年。叶家庙遗址填补了鄂东北屈家岭文化城址的发现空白。在叶家庙古城遗址周边5 km范围内,发现至少存在11个同时期的新石器时代遗址。在澴水东岸,以叶家庙遗址为中心,存在一个规模巨大的新时代聚落群。遗址不仅有城垣、环壕等防御工事,还发现了与城址有关的供、排水系统,以及居住区、墓地等,对研究长江流域早期社会组织形态、城市的形成具有重要学术价值。2013年国务院将其公布为第五批全国重点文物保护单位。

(三)门板湾遗址

位于应城市城北街道办事处星光村门板湾,大洪山东延余脉向江汉平原北部过渡的连接地带。面积约110万 m^2,文化层厚0.8～2 m。是中国南方稻作农业聚落的典型遗存。遗址中部有屈家岭文化时期的城址一座。城址平面呈长方形,南北长约550 m,东西宽约400 m。城垣底宽约40 m,顶宽约14 m,残高约1～5 m。城垣外有城壕遗迹。城垣外坡陡峻,内坡稍缓。城垣内含有屈家岭文化的彩陶纺轮、彩陶杯、曲腹杯、鼎等残片。城内发现大型建筑基址,迭压在城址西垣之下。由主体建筑、附属建筑及三面围墙组成,面阔四间16.2 m,进深一间5.5 m,残高2.1 m。该遗址出土石器有斧、锛、铲等;屈家岭文化陶器以泥质黑陶为主,泥质灰陶次之,有少量彩陶,器形有鼎、簋、豆、杯及纺轮等。门板湾遗址的城墙与城壕以及大型房屋建筑皆保存较好,在迄今新石器时代考古发现中较为罕见,是中国南方水稻农业聚落的典型遗存,也是江汉地区文明史上具有代表性的文化遗产,突出表现了长江中游地区新石器时代文化鼎盛时期文化发展和社会分化等方面的特征,在研究新石器时代晚期的社会演进、文明的起源以及文化交流中具有突出的地位。

门板湾遗址

(四)陶家湖城遗址

位于应城市区西约 18 km 的四龙河与陶家河交汇处,西距汤池镇 2.5 km,南距汉宜公路 6.5 km,总面积约 67 万 m²。整个城址为土筑城垣,高出地面 1~4 m,西垣保存最好,城垣外有壕沟环绕。该处采集标本多为陶器,器形有鼎、碗、圈足盘、豆、盆、瓮、红陶杯等,据资料,其年代应为屈家岭文化至石家河文化时期。陶家湖古城遗址的发现,为长江中游地区新石器时代的考古提供了新的资料。

(五)吕王城遗址

位于大悟县吕王镇,新石器时代、西周、春秋、战国遗址。面积约 75 万 m²,文化层厚 0.6~4.5 m,采集有石斧、锛、镞、铜镞、带钩、蚁鼻钱、铁器及陶片。新石器时代陶片以泥质灰陶为主,泥质红陶次之,有少量泥质黑陶和夹砂灰陶;纹饰有弦纹、篮纹、方格纹及镂孔、彩绘;器形有鼎、罐、杯、豆、盘、器盖、缸及纺轮等。

三、石家河文化时期遗址

石家河文化所处时期约相当于尧、舜、禹时期。其时中原华夏部落联盟对"三苗"进行多次征伐。"三苗"逐渐衰微,以郧人先祖为代表的中原华夏部族在征伐"三苗"之时,迁徙至江汉地区,与三苗遗裔融合,创造了石家河文化。

石家河遗址位于江汉腹地的天门市石河镇,在约 8 km² 的范围内,密集分布着 40 余处新石器时代遗址,年代为距今 5900 年~3800 年。石家河遗址群是长江中游规模最大、时间跨度最长、等级最高、附属聚落最多的都邑性聚落。该遗址群的文化遗存从相当于大溪文化阶段开始，经屈家岭文化至石家河文化，形成了一个基本连续的发展序列。遗址群的中心为一座由城墙、城壕和外围台岗构成的古城。出土物中以大量陶器、陶塑工艺品和小型玉器最具特色。此外，在遗址中还发现有铜块等，证明石家河文化已进入铜石并用时代。该遗址群的发现，为探索长江中游文明的起源找到了重要的突破口。

郧国疆域所及的地区发现多处石家河文化遗址，如孝南区回龙寺、碧公台、金神庙、徐家坟，孝昌县墩坡、寨王、丁家寨、涨水庙、李家山、黄云埠，云梦胡家岗、斋神堡、好石桥、火龙岗、湿皮湖、淌水嘴，汉川马城台、汪台、甑山，应城苏家台、花园坡、老虎台、董井湾，安陆瓦子地、解放山、张畈、庙墩、牌楼，大悟夏家河、桑园墩、陈家楼、蒲筒地、团墩畈、斜过畈、墩子畈等。

涢水、大富水流域的石家河文化，陶器特点为以夹砂陶和泥质灰陶为主，有少量橙黄陶、橙红陶和磨光黑陶。纹饰素面陶居多，次为篮纹，少量弦纹和附加堆纹。器形有凿式足罐形鼎、夹砂鼓腹罐、高领鼓腹罐、鬶、大圈足浅腹盘、圈足碗、圈足豆等。澴水、溾水中上游地区的石家河文化特点为以夹砂陶和泥质灰陶为主，次为棕色陶，少量橙黄陶；纹饰以篮纹为最多，其次为弦纹、附加堆纹和镂孔纹等，个别遗址的陶器还有彩绘花纹。器类有罐形鼎、夹砂深腹罐、深腹盆、敞口圜底钵、浅盘圈足豆、大圈足盘、鼓腹长颈壶、高领罐、平底斜壁碗、镂孔筒形和三角形镂孔亚腰形器座等。这一地区出土的陶器火候较高，夹砂多，质地坚硬，器壁较厚，制作粗糙，器体高大。上述陶器的基本特征与河南龙山文化有许多相似之处，反映该地石家河文化深受河南龙山文化的影响。

第五节　江汉地域出土的部分史前文物

从出现人类(约距今 260 万年前)到距今 2 万多年前,使用打制石器为主的时代称旧石器时代。大约 2 万年前,冰河时期消逝,气候变暖,人类进入旧石器时代向新石器时代的过渡阶段,即中石器时代。新石器时代在考古学上是以磨制石器为标志的人类物质文化发展阶段,大约从 1.8 万年前开始,至距今 5000 年～2000 年的时期。人类开始从事农业和畜牧业,农耕文明逐步发展,开始出现精神文化需求。新石器时代,石器一直延续至铜石并用时代及青铜器时代,并出现骨器、玉器和陶器。今湖北京山、汉阳乃至天门等地都是郧国核心地域,江汉地域屈家岭文化遗址、石家河文化遗址等出土丰富多彩的各类文物。

一、屈家岭文化时期

屈家岭文化时期生产工具以磨制石器为主,农业生产工具最多。早期石器有斧、锛、铲、刀、凿等。代表性器物为磨制较粗糙的大型柱状石斧和大型黑灰陶纺轮。彩陶纺轮是屈家岭文化中最具特色的生产工具。生活用器均为陶器。早期以黑陶为主,灰陶次之。主要器形有圈足甑、薄胎黑陶小鼎、蛋壳黑陶杯、有领罐、朱绘纹黑陶罐、曲腹杯、圈足碗、弧腹钵、壶形器、三足碟、圈钮器盖等。晚期以灰陶为主,黑陶次之。器形有锅、甑、鼎、碗、钵、豆、杯、碟、罐、壶形器、盂形器、器盖等,出现了蛋壳彩陶器皿及大型缸形器、筒形器等。薄如蛋壳的彩陶器皿,表现了屈家岭文化的制陶工艺特色和技术水平。双弧腹的卷边高扁足鼎、圈足碗、高圈足豆是这一文化陶器的典型特征。器盖的应用比较普遍,已出现有榫器盖。

(一)陶双腹鼎

1956年京山屈家岭出土,高15.4 cm,口径24 cm。

(二)陶锅

1956年京山屈家岭出土,高33 cm,口径86 cm,为该遗址出土的最大陶器。

陶双腹鼎　　　　　　　　陶锅

(三)陶盖鼎

2002年随州金鸡岭出土,高33 cm,口径27 cm。

(四)陶鼎

1965年武汉放鹰台2号墓出土,高10.6 cm,口径7.8 cm,腹径9 cm。

陶盖鼎

陶鼎

二、石家河文化时期

新石器时代,涢水流域成为南北文化交往的中心地带。涢水、大富水一带的石家河文化,深受仰韶文化、大溪文化影响,陶器特点为陶质陶色以夹砂和泥质灰陶为主,少量橙黄陶、橙红陶和磨光黑陶。纹饰素面陶居多,次为篮纹,少量弦纹和附加堆纹。器形有凿式足罐形鼎、夹砂鼓腹罐、高领鼓腹罐、鬶、大圈足浅腹盘、圈足碗、圈足豆等。澴水、㴔水一带的石家河文化则受山东龙山文化影响,陶器特点为陶质陶色以夹砂和泥质灰陶为主,次为棕色陶,少量橙黄陶;纹饰以篮纹为最多,其次为弦纹、附加堆纹和镂孔纹等,个别遗址的陶器还有彩绘花纹。陶器火候较高,夹砂多,质地坚硬,器壁较厚,制作粗糙,器体高大,与河南龙山文化有许多相似之处。澴水、㴔水下游地区陶器普遍火候较低,质地较软,与山东龙山文化有相似之处。

(一)彩陶壶形器

1956年天门石家河出土,高15 cm,口径8.3 cm,腹径14.8 cm。

(二)陶鬶

1955年天门石家河出土,高21.5 cm,袋足宽14 cm。

彩陶壶形器

陶鬶

(三)玉人头像

1955年谭家岭石家河文化遗址出土,青玉质,五官清晰、匀称,耳朵为一对飞鸟,耳垂部穿孔,口中露出两排牙齿,口角上下各有一对獠牙。

玉人头像

第二章 鄅人源流

鄅，古籍中也记作妘、邳、员、雲、娟、云等，古音通假。

妘，是上古时期出现于史籍和传说的古老部族，上古八大姓——姬、姜、姒、嬴、妘、妫、姚、姞（或姬、姜、姒、嬴、妘、妫、姚、妊）之一，其姓氏和族源可追溯到传说中的女娲氏，是华夏部落联盟的重要一支。妘姓，出自黄帝之孙颛顼后裔"祝融八姓"。妘姓部族曾聚居黄河中游的"祝融之墟"，大约在尧、舜、禹时期开始南迁江汉，商代晚期定居溳水流域，建立部族方国。

第一节 鄅人溯源

关于鄅人源流，有以下说法。

一、郧，与周同源，上古部族，源出女娲氏

女娲氏，又称娲皇、女皇氏，是中华民族的人文始祖，与伏羲氏、神农氏共同开启中华民族农耕文明先河。女娲氏处于母系氏族社会向父系氏族社会过渡的时期，传说女娲氏"抟土造人""炼石补天"，继伏羲氏之后统领华夏各部族，教人民织网、耕种、渔猎、畜牧，进一步传承和发展农耕文明。

女娲氏是雲姓之源。《路史·卷十一·后纪二》载："女皇氏炮娲，雲姓，一曰女希。蛇身牛首，宣发。太昊氏之女弟，出于承匡（今河南商丘睢县），生而神灵……"明人所编《通鉴纪事本末前编·卷一·女皇之立》："女皇氏炮娲，雲姓。"

周为姬姓，传承自上古时期的女娲氏。古史记载，炎帝、黄帝父系都出自上古部族少典氏，母系都出自上古部族有蟜氏。而少典氏和有蟜氏又都源自传说中"人首蛇身"的伏羲氏和女娲氏，是在游牧时代后期从女娲部落的"两分组织"（男性组织和女性组织）中分离发展出来的两支世代通婚的胞族。少典氏与有蟜氏通婚，娶有蟜氏部族的女子女登，生下炎帝神农氏，为姜姓；其后，少典氏又与有蟜氏通婚，娶其女子附宝，生下黄帝轩辕氏，为姬姓。炎帝部族和黄帝部族都传承了女娲氏的血脉。

《国语·晋语》记载："昔少典氏娶于有蟜氏，生黄帝、炎帝。"

《史记·黄帝本纪》记载："黄帝者，少典之子。姓公孙，名曰轩辕。"

《帝王世纪》记载："黄帝有熊氏，少典之子，姬姓也。母曰附宝，其先即炎帝，母家有蟜氏之女，世与少典氏婚，故《国语》兼称焉。及神农氏之末，少典氏又取附宝，……生黄帝于寿邱，长于姬水，因以为姓。"

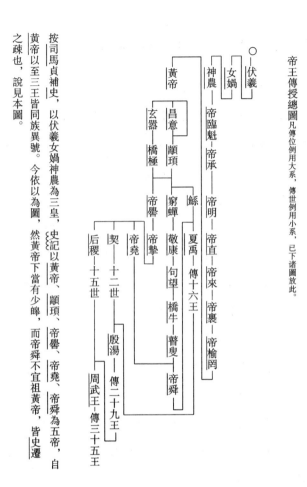

上古时期华夏世系传承示意图

史料记载,周人祖先曾被舜帝赐以妘姓。《路史·卷二十一》记载:"帝舜有虞氏,……申锡群后,封弃百里之骀,赐姓妘氏。"周人始祖名"弃",即后稷,被舜封于邰(今陕西关中平原),并赐姓"妘"。也就是说,姬、妘同祖,郧人先祖与周人同源。

二、郧，黄帝族裔，自成一系，源出缙云氏

《姓苑》记载："雲，缙云氏之后。"

《古今图书集成·云姓部汇考》引宋人郑樵《通志》："雲氏，缙云氏之后也。黄帝时官名以云纪者，为缙云氏。"又载："郧（妘）国之后，去邑为云……缙云氏之后。""缙云"是黄帝时期的一种职官之名。《史记·五帝本纪》："黄帝者，少典之子，姓公孙，名曰轩辕……迁徙往来无常处，以师兵为营卫。官名皆以云命，为云师。"《今本竹书纪年》记载，黄帝轩辕氏为天下共主二十年，天上出现了"景云之瑞"，所以就用"云"来命名文武百官，春官为青云，夏官为缙云，秋官为白云，冬官为黑云，中官为黄云，各司其职，管理华夏部落联盟事务。

翦伯赞《中国史纲》说："黄帝之族，恐怕是由几个胞族组成的一个部族，所以其中有属于一个胞族的五个氏族，是以云为图腾的。""雲"为华夏古姓，出自黄帝部落联盟的缙云氏一支，是黄帝时夏官之后，以官名为姓氏，是正统的炎黄传人。在传承过程中，郧人将"缙云"的"缙"字省去，简称为"云（雲）"氏。何光岳《妘子国考》指出："《史记·五帝本纪》说黄帝的'官名皆以云命，为云师'。《集解》应劭曰：'黄帝受命，有云瑞，故以云纪事也。'……妘部族起初是以云为图腾的，他们也系黄帝族的后裔。在氏族社会时，于云图腾之旁加女成为'妘'字，作为姓氏，象征着母氏社会的进展。以后进入父氏社会，也由游牧走向定居时，便出现封国，于是去女旁而加邑旁，成为郧字。"

三、郧，与秦同源，少昊之后，源出云阳氏

少昊，又记作少皞、少暤，黄帝长子，称云阳氏，与高阳（颛顼）、高辛

（帝喾）、陶唐、虞舜列为"五帝"，少昊为"五帝"之首。少昊系黄帝正妃嫘祖所生，名玄嚣，代黄帝而有天下，担任华夏部落联盟的首领，其统治时期约相当于新石器时代晚期龙山文化时期。《今本竹书纪年》载："帝挚少昊氏，母曰女节，见星如虹，下流华渚，既而梦接意感，生少昊。登帝位，有凤凰之瑞。或曰名清，不居帝位，帅鸟师，居西方，以鸟纪官。"

郧人与秦人均出自少昊云阳氏一脉。《路史·卷三》载："少昊，一曰云阳氏。"《路史·卷十六·少昊篇》："白、郯、复、巴、寅、谷、糜、邧、葛、祁、谭，皆嬴国也。"此外，宋人郑樵《通志·氏族略》也记载："邧氏，亦作坛，亦作郧，又去'邑'作'云'，嬴姓，子爵，祝融之后……号郧子……其地在今安州。"清代康熙《鼎修德安府志》："德郡封爵首传郧子。……郧，皋陶之后，子爵。"

秦人，嬴姓，舜帝、大禹时期的伯益为嬴姓之祖。而伯益又是皋陶之子。《史记·秦本纪》记载："秦之先，帝颛顼之苗裔孙曰女修。女修织，玄鸟陨卵，女修吞之，生子大业。大业取少典之子，曰女华。女华生大费，与禹平水土。已成，帝锡玄圭。禹受曰：'非予能成，亦大费为辅。'帝舜曰：'咨尔费，赞禹功，其赐尔皂游。尔后嗣将大出。'乃妻之姚姓之玉女。大费拜受，佐舜调驯鸟兽，鸟兽多驯服，是为柏翳。舜赐姓嬴氏。"《路史·卷十六》载："初，帝（少昊）裔子取高阳氏之女曰修，生大业。大业取少典氏女曰华，生繇……伯翳（伯益）者，少昊之后皋陶之子……嬴姓之祖也，书传嬴姓，实出少昊，其源甚著……"综上所述，秦人先祖出自上古时期的少昊氏，母系出自上古时期的颛顼氏。伯益在舜帝时期，受命掌管山川原野、湖泽水面、草木鸟兽，因辅佐大禹治水有功，舜赐姓嬴氏。

四、鄅，与楚同源，祝融之后，源出颛顼氏

《说文解字》："妘，祝融之后，姓也。从女，云声。"妘姓，起源于"祝融八姓"，系"上古八大姓"之一。

颛顼，上古时期"五帝"之一，黄帝之孙、昌意之子，都于帝丘（今河南濮阳一带），继少昊之后担任华夏部落联盟首领，号为高阳氏。《史记·五帝本纪》："黄帝居轩辕之丘，而娶于西陵之女，是为嫘祖。嫘祖为黄帝正妃，生二子，其后皆有天下：其一曰玄嚣，是为青阳，青阳降居江水；其二曰昌意，降居若水。昌意娶蜀山氏女，曰昌仆，生高阳，高阳有圣德焉。黄帝崩，葬桥山。其孙昌意之子高阳立，是为帝颛顼也。帝颛顼高阳者，黄帝之孙而昌意之子也。静渊以有谋，疏通而知事；养材以任地，载时以象天，依鬼神以制义，治气以教化，絜诚以祭祀。北至于幽陵，南至于交阯，西至于流沙，东至于蟠木。动静之物，大小之神，日月所照，莫不砥属。"

颛顼之后，其族子帝喾高辛氏继任华夏部落联盟首领。《史记·五帝本纪》记载："颛顼崩，而玄嚣之孙高辛立，是为帝喾。帝喾高辛者，黄帝之曾孙也。高辛父曰蟜极，蟜极父曰玄嚣，玄嚣父曰黄帝。自玄嚣与蟜极皆不得在位，至高辛即帝位。高辛于颛顼为族子。高辛生而神灵，自言其名。普施利物，不于其身。聪以知远，明以察微。顺天之义，知民之急。仁而威，惠而信，脩身而天下服。取地之财而节用之，抚教万民而利诲之，历日月而迎送之，明鬼神而敬事之。其色郁郁，其德嶷嶷。其动也时，其服也士。帝喾溉执中而遍天下，日月所照，风雨所至，莫不从服。"

帝喾以颛顼后嗣重黎（或重氏、黎）担任"火正"之职，称为"祝融"，

后世尊其为火神。《左传·昭公二十九年》:"木正曰句芒,火正曰祝融,金正曰蓐收,水正曰玄冥,土正曰后土。"《国语·郑语》:"夫黎为高辛氏火正,以淳耀敦大,天明地德,光照四海,故命之曰'祝融',其功大矣。"上古时期"火正"的职责有三项:一是观象授时,二是点火烧荒,三是守燎祭天。

后来,同为华夏部落联盟的、出自炎帝部族的共工氏作乱,帝喾派重黎率部征讨共工氏。重黎虽然平定了动乱,但没有对共工氏部族斩尽杀绝。帝喾因此诛杀重黎,让重黎的弟弟吴回继任火正,仍称"祝融"。《吕氏春秋·孟夏》:"其神祝融。(东汉高诱注:祝融,颛顼氏后,老童之子,吴回也,为高辛氏火正,死为火官之神。)"吴回的儿子陆终娶鬼方氏之女,剖胁而生六子:长子昆吾,次子参胡,三子彭祖,四子会人,五子安(曹姓),六子季连。陆终的后裔繁衍形成己、董、彭、秃、妘、曹、斟、芈等部族,通称"祝融八姓"。

"祝融八姓"是华夏部落联盟的重要组成部分。鄘人、楚人都出自"祝融八姓"。《史记·楚世家》记载:"楚之先祖出自帝颛顼高阳。高阳者,黄帝之孙,昌意之子也。高阳生称,称生卷章,卷章生重黎。重黎为帝喾高辛居火正,甚有功,能光融天下,帝喾命曰祝融。共工氏作乱,帝喾使重黎诛之而不尽。帝乃以庚寅日诛重黎,而以其弟吴回为重黎后,复居火正,为祝融。吴回生陆终。陆终生子六人,坼剖而产焉。其长一曰昆吾;二曰参胡;三曰彭祖;四曰会人;五曰曹姓;六曰季连,芈姓,楚其后也。"《路史·卷十七》记载:"帝颛顼,高阳氏,姬姓,名曰颛顼,黄帝氏之曾孙,祖曰昌意……卷章取棍水氏曰娇,生黎及回,黎为祝融……黎辛,帝喾以回代之,回食于吴,是曰吴回。生陆终,取鬼方氏,曰嬬。三年,生子六人,曰樊,曰惠连,曰籛,曰求言,曰晏安,曰季连。……来

(求)言,妘姓,封於郐(会),是为会人。……有侩氏、郐氏、会氏。偃(鄢)、路、云、邬、偪、夷皆郐分也。"也就是说,楚人为陆终第六子季连后裔,郧人为陆终第四子会人(求言)的后裔。

祝融八姓

族姓	始祖	分支	故墟
己姓	樊	苏、顾、温、董	卫
董姓	惠连	飂夷、豢龙	韩
彭姓	篯(铿)	彭祖、豕韦、诸稽	彭
秃姓		舟人	
妘姓	求言	邬、郐、路、偪阳	郑
曹姓	晏安	邹、莒	邾
斟姓		无后	
芈姓	季连	夔越、蛮芈、荆	楚

(注:《世本》载:一曰樊,是为昆吾,二曰惠连是为参胡,三曰篯铿是为彭祖,四曰求言是为会人,五曰晏安是为曹姓,六曰季连是为芈姓。)

梳理中国上古神话传说和史籍的记载,从女娲氏至郧人的世系传承大致为:华胥氏—女娲氏—少典氏—黄帝—昌意—颛顼—称—老童(卷章)—重黎、吴回—陆终—会人(妘姓始祖)。

第二节　昆仑之丘至祝融之墟——郧人远祖向黄河中游的迁徙

自人类诞生以来,族群迁徙就成为常态。大约新石器时代中晚期,妘姓部族远祖作为华夏古族的组成部分,从华夏族群发源地——黄河中上游的"昆仑之丘",东迁渭水流域;大约新石器时代晚期,炎帝、黄帝部族分别东迁黄河中游的"陈之宛丘""轩辕之丘"。黄帝后裔颛顼高阳氏、帝喾高辛氏统领华夏部落联盟之时,华夏部族迎来大发展时期,包括妘部姓族在内的"祝融八姓"占据中原腹地的"祝融之墟"。大约尧、舜、禹时期,妘姓部族开启向江汉地域迁徙的进程;大约商代晚期,妘姓部族的一支定居浈水流域。

一、昆仑之丘——中华民族起源地

中国是世界最早的文明古国之一,自古就有盘古开天辟地、女娲抟土造人的传说,伏羲氏、神农氏等上古华夏先民开农耕文明之先河。根据古籍记载和传说,中华民族起源于昆仑之丘,也称"昆仑之墟"。昆仑之丘是中国古代传说中的神山,是华夏古族的始居地和早期生存之地,一般认为在今黄河中上游陕西、甘肃东南部等所处的黄土高原与青藏高原接合部。这是上古华夏先民的起源中心,也是中华文明的发祥地。

《山海经·大荒西经》载:"西海之南,流沙之滨,赤水之后,黑水之前,有大山,名曰昆仑之丘。有神,人面虎身,有文有尾,皆白,处之。其下有弱水之渊环之,其外有炎火之山,投物辄然。有人,戴胜,虎齿,有豹尾,穴处,名曰西王母。此山万物尽有。"

《山海经·海内西经》载:"海内昆仑之墟,在西北,帝之下都。昆仑之墟,方八百里,高万仞。上有木禾,长五寻,大五围。面有九井,以玉为槛。面有九门,门有开明兽守之,百神之所在。在八隅之岩,赤水之际,非仁羿莫能上冈之岩。"

《尔雅》:"河出昆仑墟。"

《史记·禹本纪》:"河出昆仑……其上有醴泉瑶池。"

《水经》:"昆仑墟在西北,……河水出其东北隅。"

郧人远祖作为华夏古族的一部分,最初繁衍生息于"昆仑之墟"。姜亮夫《楚辞学论文集·说高阳》指出,楚之先祖高阳氏颛顼发祥于西北"昆仑之墟",大约原始社会末期东迁黄河中游的中原地带。

二、华夏古族的迁徙

(一)从昆仑之墟到渭河流域

距今 8000 年～6000 年的新石器时代,生活于陇东高原与渭水流域接合部的伏羲氏、女娲氏部族掌握了旱作农业技术,建立了强大的氏族部落。后来因族群繁衍、气候变迁及资源紧张,各部族开始为争夺生存空间。由于邻近的渭河流域气候温和、土地肥沃、宜农宜牧,所以华夏古族逐渐向渭河流域以及秦岭山系拓展。伏羲氏部族东迁渭水下游,后向黄河中游迁徙;与伏羲氏同出一源的女娲氏部族则东迁渭河下游以及陕南、豫西、鄂西北的秦岭地域。

今甘肃天水、河南西华以及湖北竹山等均称为"羲皇故里""娲皇故里"。《太平寰宇记·卷十》载:"(西华)县西二十里,古老传云女娲氏之都,本名娲城。"《读史方舆纪要·卷四十七》载:"娲城,在西华县西,女娲之都也。"明代碑刻记述:"西华,治北十五里有城遗址,半就湮没,传为女娲故墟也。"黄河中上游地区对应发掘出土了大量新石器时代的古文化遗址,主要有:传说为伏羲氏、女娲氏故地的甘肃天水大地湾古文化遗址;传说为太昊氏之地的甘肃临洮马家窑文化遗址;传说为炎黄部落联盟中心的陕西西安半坡遗址;传说为黄帝部族聚居之地的甘肃齐家古文化遗址等。

(二)从渭河流域到中原腹地

大约新石器时代晚期,源出伏羲氏、女娲氏,生息繁衍于渭河流域的少典氏部族逐渐强大。少典氏部族首领先后娶有蟜氏之女任姒、附宝为妻,分别生下炎帝和黄帝。《国语·晋语》记载:"昔少典氏娶于有蟜氏,生黄帝、炎帝。黄帝以姬水成,炎帝以姜水成。成而异德,故黄帝为姬,炎帝为姜。"炎帝部族生活在今陕西宝鸡姜水一带,黄帝部族生活于今陕西宝鸡岐山姬水(又称岐水)一带,所以炎帝部族以姜为姓,黄帝部族以姬为姓。

轩辕黄帝像

随着生产力发展和人口繁衍,以黄帝部族、炎帝部族为核心的华夏部落联盟由渭河流域东下,逐步向黄河中下游迁徙。炎帝部族沿渭河、黄河向东发展,到达今黄淮和山东一带,都于陈之宛丘——今河南淮阳,与东夷、九黎等族群杂居融合。黄帝部族沿太行山南麓东出,到达华北北部及黄河中游。黄帝族群居于以轩辕之丘——今河南新郑一带为核心的中原地带,成为华夏文明的中心。所谓"轩辕之丘"即今河南新郑一带。黄帝系诸部族之所以选择在这里建都,主要是因为这里山水形胜、气候温和、土地肥沃、水草茂盛,适宜生存,利于农业发展。以黄帝部族为中心的黄河中游中原地区成为华夏文明重要发源地,成为中华古代文明的摇篮。《史记·五帝本纪》记载:"黄帝居轩辕之丘,而娶于西陵之女,是为嫘祖。嫘祖为黄帝正妃,生二子,其后皆有天下。"

为争夺黄河中游地区的控制权,炎帝族群与黄帝族群爆发了"阪泉之战"。《帝王世纪》载:"及神农氏衰……黄帝于是修德抚民……诸侯咸叛神农而归之。黄帝于是乃扰驯猛兽,与神农氏战于阪泉之野,三战而克之。"《史记·五帝本纪》载:"黄帝者,少典之子,姓公孙,名轩辕。……炎帝欲侵凌诸侯,诸侯咸归轩辕。轩辕乃修德振兵,治五气,艺五种,抚万民,度四方,教熊、罴、貔、貅、䝙、虎,以与炎帝战于阪泉之野。三战,然后得其志。"当时炎帝部族侵凌其他部族,各部族于是归附黄帝。黄帝顺应民心,内修政治,安抚百姓;外抚四夷,整顿军旅;驯服熊、罴、貔、貅、䝙、虎等猛兽,征伐不义的炎帝部族,经过多次交战,取得大捷。黄帝部族征服了炎帝部族,实现了华夏古族的第一次大融合。

大约4600年前,以黄帝部族、炎帝部族为核心的华夏部落联盟在黄河中游占据主导地位后,又与九黎部族首领蚩尤领导的东夷部落联盟进行了"涿鹿之战",击败东夷部落联盟,将华夏文明扩大至黄河下游地区。从兴起于黄河中上游的陕西、甘肃一带到定居黄河中游的中原地带,以黄帝部族、炎帝部族为核心的华夏部落联盟将中原文明传播到整个黄河中下游地区,并与东夷部落联盟进一步交流、碰撞,实现了华夏古族的第二次大融合。

《山海经·大荒北经》记载:"蚩尤作兵伐黄帝,黄帝乃令应龙攻之冀州之野。应龙蓄水。蚩尤请风伯雨师,纵大风雨。黄帝乃下天女曰魃,雨止,遂杀蚩尤。"《史记·五帝本纪》记载:"黄帝者,少典之子,姓公孙,名曰轩辕……蚩尤作乱,不用帝命。于是黄帝乃征师诸侯,与蚩尤战于涿鹿之野,遂禽杀蚩尤。而诸侯咸尊轩辕为天子,代神农氏,是为黄帝。"唐代张守节《史记正义》引《龙鱼河图》:"黄帝摄政,有蚩尤兄弟八十一人,并兽身人语,铜头铁额,食沙石子,造五兵仗刀戟大弩,威振天下,诛杀无道,不慈仁。万民欲令黄帝行天子事。黄帝以仁义不能禁止蚩尤,乃仰天而叹。天遣玄女下授黄帝兵信神符,制伏蚩尤。帝因使之主兵,以制八方。蚩尤没后,天下复扰乱。黄帝遂画蚩尤形象以威天下。天下咸谓蚩尤不死,八方万邦皆为弭服。"

华夏部落联盟迁居中原地带后,面临黄河下游地带东夷部族的威胁。传说东夷九黎部族首领蚩尤十分强悍,有八十一个兄弟,他们全是猛兽的身体,铜头铁额,吃的是沙石,凶猛无比。他们已进入金属时代,能制造戈、矛等各种兵器,常常侵掠别的部族。蚩尤最初侵扰炎帝部族,炎帝起兵抵抗,被蚩尤打得一败涂地。炎帝向黄帝求救。黄帝召集天下各部族,在涿鹿之地与蚩尤部族展开决战。关于这次大战,有许多神话传说。据说黄帝驯养熊、罴、貔、貅、虎等猛兽,在打仗的时候就把这些猛兽放出来助战(有人认为这传说中的六种野兽实际上是以野兽命名的六个部族)。蚩尤部族虽然凶悍,也抵挡不住,纷纷败逃。黄帝带领兵士乘胜追击,蚩尤请来"风伯雨师"助战,一时狂风暴雨,令黄帝部族无法前进。黄帝请天女旱魃相助,驱散风雨,最终打败了蚩尤部族。还有一种传说,说是蚩尤用妖术制造了一场大雾,使黄帝的兵士迷失了方向。黄帝发明指南车指引,带领兵士追击蚩尤,取得了征讨蚩尤的胜利。华夏部族与东夷部族进一步交流融合,加快了中原文明发展进程。

位居中原腹地的轩辕之丘又称有熊之丘,成为上古时期华夏文明的中心。《说文·华部》:"华,荣也。"《说文·夊部》:"夏,中国之人也,以别于北方狄、东方貉、南方蛮闽、西方羌、西南焦侥、东方夷也。夏,引申之义为大也。"文化的融合与认同促成族群的形成,华夏文明影响遍及今甘肃、陕西、山西、河南、河北、山东以及淮河流域等广阔地域,并随着华夏民族的大融合逐渐向外扩展。黄河流域被视为天下中心,"中原"成了黄河中游地区的代名词、华夏文明的中心地域。

三、"祝融八姓"中妘姓部族在中原地区的繁衍与发展

上古时期,妘姓部族出自黄帝后裔颛顼。妘姓始祖会(郐)人,名求言,系上古时期"祝融"吴回的后裔,陆终第四子,其后裔衍生出郐、郧、邬、路、鄢、鄅、夷、偪阳等诸侯国。先秦史籍《世本》记载:"(陆终之子)四曰求言,是为郐人。郐人者,郑氏。"东汉末年学者宋忠注:"求言,名也。妘姓所出,郐国也。"何光岳《邬子国考》指出:"郐国的妘姓亲族,如邬、路、偪阳、鄢、鄅、夷,都是求言之后的支族所建立的小国。"

(一)"祝融之墟"——妘姓诞生之地

新石器时代,华夏先民迁居黄河中游以后迎来了大发展时期,相传黄帝孙子颛顼(高阳氏)有子八人。《左传·文公十八年》载:"昔高阳氏有才子八人,苍舒、隤敳、梼戭、大临、龙降、庭坚、仲容、叔达,齐圣广渊,明允笃诚,天下之民谓之八恺。高辛氏有才子八人,伯奋、仲堪、叔献、季仲、伯虎、仲熊、叔豹、季狸,忠肃共懿,宣慈惠和,天下之民谓之八元。此十六族也,世济其美,不陨其名。"

颛顼后裔的一支祝融氏,居于以今河南新郑为中心的"祝融之墟",不断发展壮大,部族繁衍出己、董、彭、秃、妘、曹、斟、芈八个支族,组成强大的祝融氏部落集团。祝融,一般指重黎(或简称黎),又称祝诵氏,相传黄帝曾孙帝喾高辛氏时期被任命为专司用火的职官——夏官火正,后世尊为火神,认为他能昭显天地之光明,生柔五谷材木,为民造福。妘姓,为祝融之后"祝融八姓"之一。

《史记·楚世家》记载:"楚之先祖出自帝颛顼高阳。高阳者,黄帝之孙,昌意之子也。高阳生称,称生卷章,卷章生重黎。重黎为帝喾高辛居火正,甚有功,能光融天下,帝喾命曰祝融。共工氏作乱,帝喾使重黎诛之而不尽。帝乃以庚寅日诛重黎,而以其弟吴回为重黎后,复居火正,为祝融。吴回生陆终。陆终生子六人,坼剖而产焉。其长一曰昆吾;二曰参胡;三曰彭祖;四曰会人;五曰曹姓;六曰季连,芈姓,楚其后也。"

"祝融八姓"兴起于帝喾(高辛氏)时期,于尧、舜、禹时期进入繁盛期,各部族势力不断壮大,逐渐成为华夏部落联盟一大威胁,因而不断遭到华夏部落联盟的征讨。其中一些部族受到致命打击:有邻氏遭尧打击;董姓灭于夏,彭姓灭于商,秃姓舟人灭于周。到西周末年春秋初期,"祝融八姓"只剩己、妘、曹、芈四姓。《国语·郑语》记载:"夫黎为高辛氏火正,以淳耀敦大,天明地德,光照四海,故命之曰'祝融',其功大矣。夫成天地之大功者,其子孙未尝不章……祝融亦能昭显天地之光明,以生柔嘉材者也,其后八姓,于周未有侯伯。佐制物于前代者,昆吾为夏伯矣,大彭、豕韦为商伯矣,当周未有。己姓,昆吾、苏、顾、温、董;董姓,鬷夷、豢龙,则夏灭之矣。彭姓,彭祖、豕韦、诸稽,则商灭之矣。秃姓,舟人,则周灭之矣。妘姓,邬、郐路、偪阳;曹姓,邹、莒,皆为采卫,或在王室,或在夷狄,莫之数也,而又无令闻,必不兴矣。斟姓,无后。(祝)融之兴者,其在芈姓乎?……蛮芈蛮矣,唯荆实有昭德,若周衰,其必兴矣。"

"祝融八姓"最初聚居于今河南新郑一带,史称"祝融之墟"。这里也是黄帝时期的都城"轩辕之丘"的所在地。"祝融八姓"活动的核心地域大致包括今河南新郑、新密、登封、郑州一带。《汉书·地理志》记载:"新郑,本高辛氏火正祝融之墟也。"《通典》:"祝融之墟,黄帝都于有熊,亦在此。"《路史·卷八》记载:"祝诵氏,一曰祝龢,是为祝融氏……以火施化,号赤帝。故后世火官因以为谓,都于郐,故郑为祝融之墟。"

祝融之墟,是妘姓始祖会人的封地。妘姓自唐、虞、夏、商以至西周末年,一直居住在其始祖祝融氏的故地,即今河南新郑与密县交界一带。"祝融之墟"是郧人起源之地。

(二)"祝融八姓"中妘姓分布及其演变

西周、春秋时期妘姓诸国包括偪阳、郐国、鄢国、邬国、鄅国、夷国、路国、郧国等。妘姓衍生的姓氏包括有郐氏、会氏、路氏、云氏、邬氏、偪氏、鄢氏、员氏、郧氏、阳氏、夷氏、侥氏、诸氏等。《路史·卷十七》称:"偽(鄢)、路、云、邬、偪、夷皆郐分也。"

1. 妘姓郐国

郐,史书也记作脍、桧,是"祝融八姓"之一的妘姓部族所建立的方国。史载唐尧曾征伐有郐氏。西周时期,郐国统治区域大致包括今河南省密县、新郑、郑州、禹州一带。

《世本》记载:"陆终娶于鬼方氏之妹,谓之女嬇,生子六人……四曰求言,是为会(桧)人。……居两水之间,食溱洧焉。徐广曰:邻在密县,妘姓矣。"《毛诗谱》记载:"桧者,高辛氏之火正祝融之后,妘姓之国也。其封域在古豫州外方之北、荥波之南,居溱、洧之间。祝融之古墟。是子男之国,后为郑武所并焉。王云:周武王封之于济、洛、河、颖之间,为桧子。桧,又作邻。"郑玄《诗谱》:"桧者,古高辛氏火正。祝融之墟——桧国,在《禹贡》'豫州:外方之北,荥波之南,居溱洧之间'。祝融氏,名黎,其后八姓,惟妘姓桧者处其地焉。"

何光岳《楚源流考》指出:"远古妘姓之人,以姓为国名。……'殷末周初,邻犹为关中著姓。邻、妘、娟字同,故关中出土西周金文,犹多言邻姓。则邻地当在今陕西云阳,正位于其祖吴回始居地吴山之东,后才东迁到河南新郑,以姓为国。'……殷商卜辞甲骨文有'癸酉,来正人方,才云奠河邑'。这个云即邻姓国,当在今邻(今河南新郑)的地区。"

邻国,也是春秋时期第一个被灭的小诸侯国。《汉书·地理志》载:"幽王败,桓公死,其子武公与平王东迁,卒定虢、邻之地。"《水经注·洧水注》引《竹书纪年》:"(晋文侯)二年,周惠王子多父伐邻,克之,乃居郑父之丘,名之曰郑,是曰桓公。"西周晚期,邻国政治腐败,国君骄侈淫逸、贪财好利,群臣离心离德,百姓怨声载道。周平王二年(公元前769年),邻国被东迁的郑国所灭。邻国在五帝后期到西周时期,共存在一千余年。

1972年陕西扶风出土西周晚期青铜器《会妘鼎》《会姒鬲》二器。其中《会妘鼎》铭文有"会妘作宝鼎"记载。此鼎应为嫁于邻国的妘姓女即邻君夫人所作之器。今故宫博物院馆藏西周晚期青铜器《叔上匜》,系郑国大内史叔上为其女叔妘所制的陪嫁器物。此匜宽流,曲口,鋬作夔龙形,口衔匜沿作探水状。器腹饰兽带纹。匜的前两足上部饰兽首,后两足上部作兽尾形。匜内底有铭文:"唯十又二月初,吉。乙巳,郑大内史叔上作叔妘媵匜。其万年无疆,子子孙孙永宝用之。"

西周《叔上匜》(又称《叔妘匜》)

2.妘姓郹国

郹,春秋时国名,故址在今山东省临沂市北。《世本》记载:"郹,为妘姓。"《百家姓考略》记载:"郹,惠连(会人)妘姓之裔,封于郹,即春秋郹国,其后为妘氏,望出琅邪。"《左传》记载,周武王灭商后推行分封制,以今山东临沂地界分封郹国,为邾国附庸,国君为子爵。春秋时期,郹国被邾国所灭,后来其地并入鲁国。《康熙字典》:"郹,《广韵》《集韵》:王矩切,音禹。《说文》:妘姓之国。《春秋·昭十八年》:邾人入郹。注:郹国,今琅琊开阳县。"

3.妘姓夷国

夷,西周初期分封的诸侯国,妘姓,在今山东即墨区西。《读史方舆纪要》:"夷,今山东胶州即墨县西,废壮武城,即古夷国。"夷,有学者认为即史书中的东夷,杨伯峻《春秋左传注》:"夷,国名……卜辞有'人方',亦即夷国。"商朝后期,东夷日渐强盛,侵扰商朝东部国境,帝辛(商纣王)亲率大军征讨"人方"(东夷)。周武王灭商后,分封夷国为伯爵诸侯国。春秋初期,夷为纪国(今山东寿光)所灭。《左传·鲁隐公元年》:"八月,纪人伐夷。夷不告,故不书。"西晋杜预《春秋左氏经传集解》:"夷国,在阳城庄武县(今山东即墨区西庄武故城)。"一种意见认为夷在今安徽省亳州市,如《路史·卷二十六》称:"夷,妘姓,诡诸邑,楚灭之,今亳之城父,陈之夷邑(今安徽亳州东南城父村)。"

4. 妘姓鄢国

鄢,妘姓,国君为子爵,与郧国同出于祝融之裔会人(求言)之后。《古今图书集成·勋爵部汇考十》:"鄢:会人之分有鄢国。……鄢、路、云、邬、偪、夷,皆郧分也。鄢侯纳仲仁,贪冒爱吝,蔑贤简耐,而灭于郑。"鄢国原地在今河南许昌鄢陵县西北四十里,在古郐国之东南,春秋早期与郐、邬等小国被郑武公所灭。其后,古鄢国遗民南迁至今湖北宜城境内鄢城、鄢水一带,重建鄢国,与祝融系的罗国相近,亦与同姓的郧国相邻。春秋时期,鄢国被楚国所灭。

5. 妘姓偪阳

偪阳,妘姓,是一个古老方国,西周时国君封为子爵,在今山东枣庄峄城区南,春秋时期被晋悼公所灭。《左传·襄公十年》:"逼(偪)阳,妘姓也。"《古今图书集成·山东总部汇考二》引郑樵《通志》:"偪阳,妘姓,子爵,祝融之后,陆终第四子求言之后。鲁襄公十年,晋会诸侯于柤,荀偃、士匄请伐偪阳而封宋。向戌、荀莹曰:'城小而固,胜之,不武;不胜,为笑。'固请,乃围之。弗克。荀偃、士匄请班师。知伯怒。荀偃、士匄乃帅卒攻偪阳,亲犯矢石,五日灭之。以与向戌,向戌辞。乃与宋公,以偪阳子归,献于武宫,谓之夷俘。国在沂州丞县,今峄县是也。"

春秋时期,晋国称霸,吴国在南方策应,夹击楚国,但是偪阳国挡在中间,桀骜不驯,使得晋吴不得交通。偪阳国虽然不大,但是城池坚固,军民悍勇善战,于是,霸主晋悼公一声令下,晋、齐、鲁、宋、卫、曹、莒、滕、薛、杞、郳、倪等国的联军对偪阳城发动猛攻,但是久攻不下。宋鲁勇将叔梁纥、秦堇父等,加强攻势,偪阳城突然打开城门,联军将士潮水般涌入,偪阳军民放下城门口的千斤闸,欲形成关门打狗之势,全歼入城的联军。眼看联军将士将遭灭顶之灾,宋国勇将叔梁纥(即孔子的父亲)身长十尺,勇力绝伦,关键时刻力举千斤闸,联军将士这才得以逃生。

6. 妘姓邬国

邬国,西周时期妘姓古国,一说在今河南偃师,一说在今山西介休。邬、郐都是邻近郑国的小诸侯国,春秋初期均被郑武公所灭,后并入晋国。《古今图书集成·勋爵部汇考十》载:"邬,会人之分有邬国……鄢、路、云、邬、偪、夷,皆郐分也。"

7. 妘姓路国

路国,又称"潞国",妘姓,在今山西潞城区东北,由郐的北邻迁去,后被赤狄所灭,重建的诸侯国仍称潞国,西周分封为子爵,春秋时期被晋国所灭。《左传·宣公十五年》记载:"潞子婴儿之夫人,晋景公之姊也。酆舒为政而杀之,又伤潞子之目,晋侯将伐之,诸大夫皆曰:'不可,酆舒有三俊才,不如待后之人。'伯宗曰:'必伐之。狄有五罪,俊才虽多,何补焉。不祀,一也。嗜酒,二也。弃仲章而夺黎氏地,三也。虐我伯姬,四也。伤其君目,五也。怙其俊才,而不以茂德,兹益罪也。后之人,或者将敬奉德义,以事神人,而申固其命,若之何待之?不讨有罪。曰将待后,后有辞而讨焉,毋乃不可乎?夫恃才与众,亡之道也。商纣由之,故灭。天反时为灾,地反物为妖,民反德为乱,乱则妖灾生。故文反正为乏,尽在狄矣。'晋侯从之。六月,癸卯,晋荀林父败赤狄于曲梁。辛亥,灭潞。酆舒奔卫,卫人归诸晋,晋人杀之。"

8.妘姓郧国

何光岳《楚国灭国后的移民与民族融合》指出:"邧,又作妘、云、郧,(国君为)子爵、妘姓,亦系祝融氏吴回之子陆终第四子求言之后,与楚同祖。……南迁于安陆,那里有郧乡、郧公庙和郧国城,北周置郧州,近地有大小涢水和涢山(今大洪山)。应山县有云公城,南邻有云梦泽,这一带叫云中,泽畔古有古杜县,今称云梦县,还有云梦宫,都因邧居此而得名。楚君若敖父子都娶邧国之女为妻,可见他们之间初期关系密切,但后来两国矛盾激化。公元前701年以后,楚灭了郧国,作为吞并汉东的军事重地。"郧国,位于以今湖北安陆、云梦、京山为中心的涢水流域,西周初期被封为郧国,国君为子爵,春秋初期"蒲骚之战"败于楚,在公元前701年至公元前584年之间被楚国所灭。

《括地志》:"安州安陆县城,本春秋郧国城。"

《中国历史大辞典》:"郧,春秋国名,即今湖北安陆市。郧,一作邧,求言之后封国。"

第三节　云土梦作乂——郧人先祖向江汉地域的迁徙

妘姓作为"祝融八姓"之一,大约从尧、舜、禹时期即随着华夏部落联盟对南方"三苗"的打击,开始南迁进程,成为中原文明在江汉地域的探路者;夏、商时期,妘姓部族的一支或随中原王朝征伐"荆蛮"开拓江汉地域,或作为中原王朝屏藩中原文明的部族方国,或为传播中原文明和捍卫青铜通道,逐步迁居江汉地域,并于商代晚期定居涢水流域,建立妘姓部族方国——郧国。

一、上古时期中原争战,拉开华夏先民南迁序幕

新石器时代晚期,以黄帝、炎帝部族为核心的华夏部落联盟在"涿鹿之战"中战胜九黎首领蚩尤率领的东夷部落联盟,巩固了对中原地区的控制权。随着部族繁衍,中原地区为争夺生存地域而产生的内部矛盾日益激化。黄帝后裔颛顼、帝喾统治华夏部落联盟时期,源自炎帝一系的共工氏部族不断壮大,侵扰邻近的华夏部落联盟各部族。颛顼、帝喾先后率领华夏部落联盟征讨共工氏,维护了华夏部落联盟的统治秩序。

共工氏系华夏部落联盟的部族,相传系炎帝后裔,其首领曾任黄帝时期的水师,后世尊为水神。《左传·昭公十七年》:"共工氏以水纪,故为水师而水名。"颛顼时期,华夏部落联盟与共工氏爆发了激烈战争。《列子·汤问》载:"故昔者女娲氏炼五色石以补其阙,断鳌之足以立四极,其后共工氏与颛顼争为帝,怒而触不周之山,折天柱,绝地维。故天倾西北,日月星辰就焉。地不满东南,故百川水潦归焉。"

共工氏部族居住在黄河中游河西地区(约在今河南辉县一带),在颛顼氏部族的上游。当时,黄河经常泛滥,祸及百姓。共工氏率领部族修筑西岸河堤,防治水患。但大水冲毁东岸河堤,殃及下游颛顼氏部族。双方为此冲突不断,并衍生出规模宏大的战争。这场因水利而引

发的大战延续至帝喾时期。帝喾登基第十六年,率领华夏部落联盟彻底击败共工氏,消除了中原地区面临的生存威胁。

《淮南子·原道训》载:"昔共工……与高辛争为帝,遂潜于渊,宗族残灭,继嗣绝祀。"帝喾高辛氏击败共工氏,巩固了帝喾及其部族在中原的领导地位。而击灭共工氏的主力之一,就是"祝融"重黎率领的祝融氏部族。帝喾令"祝融"重黎率部征讨共工氏。重黎因本部族与共工氏部族有亲缘、血缘关系,没有赶尽杀绝。帝喾于庚寅日诛杀重黎,令重黎的胞弟吴回继任火正(祝融),彻底消灭了共工氏。华夏部落联盟经过多次战争,巩固了对黄河流域地区的控制权,华夏文明影响从今陕西、河南、河北南部扩大至黄河下游以及江淮地域。东夷部族集团不得不向东南方的淮河流域迁徙,繁衍出众多东夷、淮夷部族;蚩尤氏九黎族裔以及共工氏族裔则南迁长江中游以至更远的南方山区,繁衍发展成为"三苗(有苗)""蛮荆"部族。

二、"祝融八姓"遭排斥与征伐,被迫开启南迁进程

《史记·五帝本纪第一》记载:"帝喾高辛者,黄帝之曾孙也。高辛父曰蟜极,蟜极父曰玄嚣,玄嚣父曰黄帝。自玄嚣与蟜极皆不得在位,至高辛即帝位。高辛于颛顼为族子。"帝喾,是黄帝曾孙、玄嚣孙子、蟜极之子,名俈,继颛顼之后为华夏部落联盟首领。帝喾时期,"祝融八姓"遭到华夏部落联盟的排斥与征伐,有多方面原因。

一是"祝融八姓"与华夏部落联盟的劲敌"三苗"有亲缘、血缘关系。在上古世系传承中,妘姓与"三苗"都源出黄帝时期的"缙云氏"。《〈尚书·尧典〉释文》载:"(三苗)国名也,缙云氏之后。"此外,"三苗"部族也传承自古帝颛顼一系。《山海经·大荒北经》载:"西北海外,黑水之北,

有人有翼,名曰苗民。颛顼生驩头,驩头生苗民。苗民,厘姓,食肉。"也就是说,驩头(一说驩兜)是三苗首领,与"祝融八姓"同为颛顼后裔。

二是"祝融八姓"与华夏部落联盟另一劲敌共工氏也有亲缘、血缘关系。《山海经·海内经》载:"炎帝之妻、赤水之子听訞生炎居。炎居生节并,节并生戏器,戏器生祝融。祝融降处于江水,生共工。"从史籍记载和上古传说来看,共工氏既是炎帝部族的一支,又传承了祝融氏的血脉。帝喾命火正(祝融)重黎率众征伐共工氏,重黎因本部族与共工氏有亲缘、血缘关系,因而对共工氏"诛之不尽",触怒帝喾而被诛杀,连带其弟吴回也被砍掉一臂。何光岳《楚源流史》指出:"(重)黎作为一个原始氏族和部落,先后为东夷、华夏、南蛮所取代。它由于族众繁多,衍分为九黎。后来,颛顼系之裔祝融氏担任了黎部族的首领,因而他的名字也被称为'黎'。从此,祝融氏与九黎部族便紧紧联系在一起。共工氏与九黎部族均出自炎帝之裔。此时,华夏部落联盟与共工氏为世仇,而属于祝融系的有郐氏部族与共工氏存在亲缘关系,并与共工氏关系密切,因此也遭到征伐与驱逐。"

三是"祝融八姓"部族繁衍迅猛、势力增长过快,对华夏部落联盟中居统治地位的黄帝嫡系部族造成威胁。"祝融八姓"聚居之地"祝融之墟",正是中华文明诞生之地"轩辕之丘",地处黄河中游腹地,生存条件优越。"祝融八姓"繁衍壮大极快,部族从河南中部扩展到山东南部、河北南部、江苏北部,逐步成为华夏部落联盟统治者的一大威胁,因此遭到华夏部落联盟征讨。主要史籍记载了如下战争。

(一)帝喾灭郐

帝喾担任华夏部落联盟首领,面对"祝融八姓"快速崛起的巨大威胁,实行"以夷制夷""借刀杀人"的策略,让"祝融"重黎率部族攻灭同出一源的有郐氏。《今本竹书纪年·帝喾高辛氏》记载:"帝喾高辛氏,……代高阳氏王天下……居亳。十六年,帝使重(黎)帅师,灭有郐。"《逸周书·史记解》:"昔有郐君,啬俭灭爵,损禄群臣……重(黎)氏伐之,郐君以亡。"

(二)唐尧伐郐

尧,帝喾之子。《史记·五帝本纪第一》记载:"帝喾娶陈锋氏女,生放勋;娶娵訾氏女,生挚。帝喾崩,而挚代立。帝挚立,不善(崩),而弟放勋立,是为帝尧。"

尧担任华夏部落联盟首领之时,"祝融八姓"与华夏部落联盟矛盾更加尖锐。尧继续打击与征伐"祝融八姓"部族。《庄子·齐物论》记载:"故昔者尧问于舜曰:'我欲伐宗、脍、胥敖,南面而不释然,其故何也?'舜曰:'夫三子者,犹存乎蓬艾之间。若不释然,何哉?昔者十日并出,万物皆照,而况德之进乎日者乎!'"《庄子·人间世》又载:"昔者尧攻宗、脍、胥敖。"宗、脍、胥敖,是帝尧时期的三个部族小方国,在今河南郑州、新郑、新密一带。因遭受华夏部落联盟的压迫与排斥,"祝融八姓"各个部族被迫南迁,如楚人先祖迁徙至丹水、淅水流域。郐人先祖也追随其他南迁的中原部族的脚步,向江汉地域进发,寻求新的生存和发展空间。

三、征伐三苗——中原华夏部族南迁江淮的新动力

大约新石器时代晚期,黄河流域、淮河流域、江汉流域逐渐形成华夏、东夷、苗蛮三大部族集团。自尧、舜、禹时期至夏、商、周时期,华夏

部落联盟和中原王朝不断发动征伐东夷、三苗以及"荆蛮""楚蛮"的战争,打开了华夏文明南下淮河流域、长江流域的通道,中原各部族逐渐形成南迁江淮地域的大潮。

三苗,又称"有苗",是尧、舜、禹时期南方众多部族的总称,是"九黎"蚩尤氏于"涿鹿之战"战败后南迁至长江中游一带繁衍的族裔。尧、舜、禹时期,三苗大致分布于桐柏山、大别山以南以至洞庭湖、鄱阳湖之间的广阔地域,今湖北江汉地区是三苗腹地。《尚书·舜典》:"三苗,国名,缙云氏之后,为诸侯,号饕餮。"《左传·召公元年》记载:"虞有三苗……"《周书》载:"蛮者,盘瓠之后,族类蕃衍,散居江淮间,汝豫之郡。"《战国策·魏策》:"昔者三苗之居,左彭蠡之波,右洞庭之水。"《礼记注疏》郑注:"有苗,九黎之后。颛顼代少昊,诛九黎,分流其子孙,为居于西裔者三苗。"江汉地区的新石器文化,即年代较早的屈家岭文化和年代较晚的石家河文化,以及鄂西地域年代更早的大溪文化,都属三苗文化遗存。

上古时期,三苗是华夏大地唯一能与中原华夏部落联盟分庭抗礼的部族集团,长期受华夏部落联盟的打击。征服三苗的战争贯穿整个尧、舜、禹时期。范文澜《中国通史简编》指出:"(三)苗也是大族,退到南方后,势力还很强盛,占有的土地西起洞庭湖,东到鄱阳湖,与北方黄炎族对抗……黄帝以下诸帝,以攻黎攻苗为主要事业,到禹才完成了这个事业。"

(一)唐尧时期对三苗的征伐

《史记·五帝本纪》:"三苗在江淮、荆州,数为乱。于是舜归而言于帝,请流共工于幽陵,以变北狄;放驩兜于崇山,以变南蛮;迁三苗于三危,以变西戎;殛鲧于羽山,以变东夷:四罪而天下咸服。"尧,因封地先在陶后迁于唐,故称陶唐氏、唐尧。唐尧为抵御南方三苗部族的侵犯,集结中原华夏部落联盟力量,在丹水(今陕、豫、鄂交界的丹江流域)打败三苗部族联盟,初步解除了三苗对黄河流域的威胁。

(二)帝舜时期对三苗的征伐

钱穆《国史大纲·夏代帝王及年历与虞夏大事》指出:"虞、夏大事最要者,厥为舜、禹与苗之斗争。舜、禹征三苗,屡见《尚书》……《战国策》……《墨子》《荀子》《韩非子》《贾子新书》《淮南子》《盐铁论》《说苑》诸书,必为古代一大事。"帝舜时期,三苗逐渐从丹水之战的惨败中恢复过来,并再次骚扰和进犯中原。《说苑·君道》:"当舜之时,有苗氏不服。其所以不服,大山在其南,殿山在其北,左洞庭之波,右彭蠡之川,因此险也,所以不服。"帝舜一方面休养生息、发展经济,巩固华夏部落联盟内部的团结,致力于以文教感化三苗,以期让三苗畏服;另一方面加强武备,厉兵秣马,强化威慑,以武力征服、分化瓦解三苗。

《尚书·大禹谟》:"三旬,苗民逆命,帝乃诞敷文德,舞干羽于两阶。七旬,有苗格狃相狎也。"

《太平御览》:"有苗氏负固不服,禹请征之。舜曰:'我德不厚,行武非道也。吾其敷吾德也。'乃修教三年,执干戚而舞之,有苗请服。"

《今本竹书纪年》:"帝舜有虞氏……三十五年,帝命夏后征有苗,有苗氏来朝。"

征伐三苗贯穿了帝舜整个执政时期。史载帝舜亲征三苗,直至今湖南洞庭湖一带,死于征讨三苗的路上,葬于今湖南九嶷山。《淮南子·修务训》:"(舜)南征三苗,道死苍梧。"苍梧,即今湖南九嶷山。

(三)大禹时期与三苗的决战

大禹时期,华夏部落联盟与三苗部族的矛盾更加激化,大禹最初效法帝舜对三苗实施怀柔政策,尝试以"德""教"感化三苗,但三苗不愿服从华夏部落联盟的统治,不愿接受中原文化。大禹不得不开展大规模的南征,给三苗以毁灭性打击。当时,三苗所居的长江流域出现天灾人祸。大禹抓住三苗遭受严重自然灾害、内部发生动乱的历史性机遇,发动了中原华夏部落联盟与三苗的决战。

发兵之前,大禹举行了祭祀祖先和上天的仪式,并召集各部族盟誓——《禹誓》,指出征伐三苗不是为了掠夺财富和杀戮敌人,而是为了追求天下兴盛的大任,除去为祸的三苗逆贼,是为"仁人之事"。《尚书·大禹谟》记载:"帝曰:'咨,禹!惟时有苗弗率,汝徂征。'禹乃会群后,誓于师曰:'济济有众,咸听朕命。蠢兹有苗,昏迷不恭,侮慢自贤,反道败德,君子在野,小人在位,民弃不保,天降之咎,肆予以尔众士,奉辞伐罪。尔尚一乃心力,其克有勋。'三旬,苗民逆命。益赞于禹曰:'惟德动天,无远弗届。满招损,谦受益,时乃天道。帝初于历山,往于田,日号泣于旻天,于父母,负罪引慝。祗载见瞽瞍,夔夔斋栗,瞽亦允若。至诚感神,矧兹有苗。'禹拜昌言曰:'俞!'班师振旅。帝乃诞敷文德,舞干羽于两阶,七旬有苗格。"

战争过程见于《墨子·非攻下》:"昔者有三苗大乱,天命殛之,日妖宵出,雨血三朝,龙生于庙,犬哭乎市,夏冰,地坼及泉,五谷变化,民乃大振。高阳乃命玄宫,禹亲把天之瑞令以征有苗,四电诱祗。有神人面鸟身,若瑾以侍,搤矢有苗之祥,苗师大乱,后乃遂几。"大禹率领华夏部族大军长驱南下,直抵江汉一带,士气高涨,作战勇猛。深陷内忧外患的三苗部族奋力迎战。战争残酷而血腥,交战开始,互有胜负。后来,天色大变,雷电交加,三苗军队阵容大乱,其首领被射死。三苗群龙无首,四散逃亡。此战,三苗惨败并被彻底征服。三苗大部分开始融入华夏文明,一部分南迁武陵山区、云贵高原甚至更远的中南半岛,成为今天苗族、瑶族等少数民族的祖先。

大禹乘战胜之威,不仅成为华夏共主,而且逐步控制了黄河流域、长江中游一带,为中华大一统王朝——夏的建立奠定了坚实基础。为了镇抚三苗遗族,加强对南方长江中游的控制,传播和扩展中原文明,一部分中原部族开始南迁江汉地域,与大禹部族有着密切亲缘、血缘关系的"祝融八姓"成为南迁主力。勇于开拓的妘姓部族,成为中原文明南迁江汉地域的先锋和探路者,在与江汉地域土著部族竞争、融合的过程中,将中原文明的种子撒播到长江中游,从而留下众多与"云(郧)"人有关的地名与历史遗迹。

第四节 郧人南迁江汉地域的动因

从炎黄时期就开始,延续至尧、舜、禹时期的征伐"三苗"的战争,最终以黄河流域的华夏部族取得胜利而告终。华夏部落联盟解除了南方的威胁,打开了中原文明南下发展的通道。郧人成为北方华夏族群南下的先行者。妘姓部族南迁,主要有以下原因。

一、参与华夏部落联盟征服三苗的战争,扩大生存空间

郧人作为华夏部落联盟的一支,不可避免地参与了对东夷、三苗的征伐战争,从而开启了南迁江汉地域的进程。《史记·五帝本纪》载:

"天下有不顺者，黄帝从而征之。……南至于江，登熊湘。"为了镇抚四夷、安定中原，从黄帝时期开始，至尧舜禹时期以至夏、商、周时期，中原华夏政权的统治者都会不断迁徙，并让子嗣、同族或亲近部族迁徙到被征服的部族地域。其根本原因是生产力和军事力量有限，没有建立起有效的政权，征服者和统治者一旦离开，被征服的部族往往产生动乱和叛乱。

从生存繁衍的角度看，南方的自然地理环境优于北方。以炎黄集团为代表的中原华夏部族迁徙至黄河中游以后，人口增长与资源束缚的矛盾，驱使华夏部落联盟向东、向南发展，众多部落、方国和家族寻找新的生存空间，鄂人祖先只是其中的一支。在征讨南方诸部族的战争中，妘姓部族开启了南迁江汉地域的进程。在战胜三苗后，大禹实现了"神民不违，天下乃静"的战略目标，为了维护中原华夏政权的安全，镇抚江汉地域的三苗残余，当然要安插中原华夏部族在江汉地域留居。史载尧帝之子丹朱部族遭帝舜放逐而迁徙到南方苗蛮地区。《古本竹书纪年》："五十八年，帝使后稷放帝子朱于丹水。"从"云梦泽""云中""云土"等《尚书》中出现的早期江汉地域的地名来看，显然在夏、商之前，"祝融八姓"中的芈姓、妘姓部族已开始迁移到江汉地域。

二、传播中原华夏文明，融合南方诸蛮族

唐尧至大禹时期，华夏部落联盟有意识地南迁一些部族，作为华夏文明在南方的探路者和桥头堡，传播中华文明，促进族群融合，镇抚蛮族侵扰，捍卫中原的安全。《庄子》曰："北门成问于黄帝曰：'帝张咸池之乐于洞庭之野，吾始闻之惧，复闻之怠，卒闻之而惑。荡荡默默，乃不自得。'帝曰：'女殆其然哉！吾奏之以人，征之以天，行之以礼义，建之

以太清。'"《尚书·周书·吕刑》引周穆王云:"若古有训,蚩尤惟始作乱,延及于平民。罔不寇贼,鸱义奸宄,夺攘矫虔。苗民弗用灵,制以刑,惟作五虐之刑,曰法,杀戮无辜。……皇帝哀矜庶戮之不辜,报虐以威,遏绝苗民,无世在下。"

随着中原诸部族逐渐征服和驱赶东夷、三苗,包括郧人在内的华夏诸部族也不断南迁,将中原文明带入江淮一带的广阔地域。华夏文明传播至江汉地域,促使荆楚一带由野蛮时代向文明时代嬗变。随着中原文化渗入荆楚一带,夏商周时期江汉地域分布大量新石器及商周时期古文化遗址,出现大量的方国与诸侯国,为荆楚文明的兴盛、融合以及楚文化的形成并融入华夏文明奠定了基础。

有学者研究认为,妘姓部族的一部分应该是大禹为镇抚南方蛮族而派遣或令其迁徙到南方的江汉地域的。因为在战胜"三苗"后,禹达到了"神民不违,天下乃静"的高度,拥有指挥中原各部族的威望和实力。同时,中原地区人口繁衍,造成资源紧张,部族之间互相争夺土地资源,而江汉地域地广人稀、空间广阔,一部分妘姓部族在征伐南方的过程中,被江汉地域优越的自然条件吸引,有可能主动要求移居到这里。余伟超《楚文化的渊源与三苗文化的考古学推测》一文指出:"在淅川下王岗和黄陂盘龙城找到的二里头文化遗物,显然不是从青龙泉三期或易家山、季家湖下层、桂花树上层那种文化系统发展来的,说明此时有一支来自黄河中游的力量,通过南阳盆地,沿着随枣走廊,直抵长江之滨。"不断南迁的郧人等华夏诸部族逐渐同三苗等当地诸部族融合,对江汉地域的开发作出了积极的贡献,从而加速了该区域的文明化进程。

三、随着大禹治水，寻找更加适合的生存地域

《山海经·海内经》载："洪水滔天，鲧窃帝之息壤以堙洪水，不待帝命。帝令祝融杀鲧于羽郊。鲧复生禹，帝乃命禹卒布土以定九州。"

《诗经·商颂·长发》："濬哲维商，长发其祥。洪水芒芒，禹敷下土方。"

西周青铜器《遂公盨》铭文："天命禹敷土，随山浚川，乃差地设征，降民监德，乃自作配乡（享）民，成父母。"（天命禹治水，开山浚川。奉旨征伐，降服下民，监行德政。禹亲自举行祭祀，民称其如父母。）

大禹在治水的过程中，得到其他部落首领、贤才能士的大力相助，练就了与各部落间紧密合作的统筹能力。之后，大禹利用部落联姻的方式使其彼此融合，通力合作，打破了相邻部落各自为政的局面。各部落、族群之间逐步合并，分工合作，开疆拓土，人口及土地空前扩展，各民族联合体构成了华夏部族的雏形。

《庄子·天下篇》："昔者，禹之湮洪水、决江河而通四夷九州也。名山三百，支川三千，小者无数。禹亲操橐耜而九杂天下之川。腓无胈，胫无毛，沐甚雨，栉疾风，置万国。禹，大圣也，而形劳天下也如此。"

鄢人随着大禹治水，来到大洪山与云梦泽之间的广阔地域，这里山水相依，地貌奇特，北部山峦起伏，沟壑纵横，深谷密布；中部丘陵平缓，地势开阔；南部平畴沃野，水网密布。江汉一带属亚热带湿润季风气候，年平均降水量 1200～1400 mm，年平均气温 15 ℃左右，无霜期为 270 天左右，气候宜人，物产富饶，优越的生态条件非常适合人类居住和生活。鄢人迁徙到这里以后，既可在北部山区狩猎采集，又可在水中捕鱼捞虾，还可以在肥沃的平原开荒种地。因此，鄢人开始在这片热土定居，建立新的家园。

第五节　才云奠河邑——妘姓部族定居涢水流域

上古时期对"三苗"的战争,至大禹时期以华夏部族取得决定性胜利而告终。其后,史书未见"三苗""有苗"的活动记载。夏代后期,"三苗"遗裔经数百年发展,势力又强盛起来,江汉地域出现新的部族集团——"蛮荆",也称"楚荆"。《毛诗正义》云:"蛮荆,荆州之蛮也。"妘姓部族在南迁江汉地域的过程中,成为中原政权征服南方的强大支持力量,成为华夏文明在江汉地域的探路者和文明前哨。

一、夏对"蛮荆"的征伐

为解除南方疆域的威胁,加强对周边地区和族群的控制,夏朝中后期发动了对淮河流域"淮夷"和江汉地域"蛮荆"的征伐战争。

《今本竹书纪年》记载:"(夏)帝相即位,处商丘。元年,征淮夷;二年,征风夷及黄夷。""风夷"(今湖北天门、潜江一带)、"黄夷"(今河南潢川、光山一带)都是淮河流域及江汉地域的"蛮夷"部族。《今本竹书纪年》又载:"帝癸(夏桀)……二十一年,商师征有洛,克之。遂征荆,荆降。"在夏朝南征"蛮荆"的过程中,作为夏人忠实的盟友,包括妘姓在内的"祝融八姓"成为夏朝南征大军的主力,加入了中原部族先行南迁的行列。

夏朝时期,鄂人先祖南迁的另一个原因,与夏朝太康失国、寒浞当国有关。《左传·襄公四年》《史记·夏本纪》记载,夏朝开国之君夏启死后,太康继位,骄纵淫逸,被有穷氏后羿驱逐。后羿部下寒浞杀后羿,大力剪除亲夏势力。与夏人同盟、居于夏人统治中心中原地带的"祝融八姓"首当其冲。包括妘姓部族、昆吾部族、芈姓部族在内的众多"祝融八姓"部族相继踏上南迁征途,中原地区的先进生产技术、意识形态等随之向江汉地域传播和发展,对长江中游地区文明程度相对落后的"荆蛮"部族造成巨大冲击,推进了江汉地域的文明发展进程。

二、商对"荆蛮"的征伐

商朝,三苗遗裔"荆蛮"繁衍发展,部族复兴,重新成为中原文明的严重威胁。商朝不断发起对江淮一带的东夷、淮夷和江汉地区的"荆蛮"的征服战争,以巩固中原地区统治、扩大中原文明影响。

商朝是我国历史上第二个奴隶制王朝,政治、经济、军事、文化均有很大的发展,不断对周边地区进行征服战争。尤其地处江汉地域的"荆蛮"或降或叛,威胁商朝"南乡"和青铜资源通道安全,因此常遭征讨。商汤时期即已开始征讨"荆蛮"。《越绝书·吴内传》:"汤行仁义,敬鬼神,天下皆一心归之。当是时,荆伯未从也,汤于是乃饰牺牛以事,荆伯乃愧然曰:'失事圣人礼。'乃委其诚心,此谓汤献牛荆之伯也。"

"荆蛮"虽常遭商朝征伐,但叛服无常。整个商代,对"楚荆"、淮夷等南方蛮族的征伐屡见于记载。其中商王武丁南征"荆楚"见于《诗经·商颂·殷武》:"维女荆楚,居国南乡。昔有成汤,自彼氐羌。莫敢不来享,莫敢不来王,曰商是常。"《今本竹书纪年》载:"武丁……三十二年,伐鬼方,次于荆。"《毛诗谱》注:"殷武,殷王武丁也;荆楚,荆州之楚蛮也。"随着商王朝对荆楚地区的征伐,先进的商文化也传播到江汉地域。今湖北省武汉市盘龙城遗址的发现,说明商朝的政治、军事势力和文化影响深入到荆楚及长江中游以南地区。

商朝南征"荆蛮",甲骨文屡见记载。鄂人作为中原文明在江汉地

域的前哨,成为商朝征伐"荆蛮"的重要支持力量。商代中期,武丁曾南征虎方。卜辞《掇续》载:

"乙未〔卜〕,贞:立事〔于〕南,右比〔我〕,中比舆(举),左比曾。"

"乙未卜,贞:立事〔于南〕,右比我,〔中〕比舆(举),左比〔曾〕。十二月。"

据专家解读,卜辞中的"立",即莅;事,即"国之大事,在祀与戎"的戎事。"立事于南",意思是商王武丁曾亲率右、中、左三军,在"我""举""曾"三个南方部族方国的配合下征伐"荆楚"蛮族。"我""曾""举"均为商代方国。据清华大学李学勤教授等考证,"曾"在今湖北枣阳、随县、京山到河南西南的新野这一范围内;"举"在汉水以东举水流域;"我"的地望不可考,当与"曾""举"相邻。据上述甲骨文记载推测,"我"当位于大洪山与长江、汉水之间,也即在鄅人所处之地。可见,商代中晚期,先期南迁江汉的妘姓部族已成为江汉地域颇具影响力的一支部族。

三、晚商时期,鄅人定居涢水流域

从殷商甲骨文卜辞"才云奠河邑"的解读,可以解开妘姓部族南迁江汉、定居涢水流域之谜。解读大致有几种不同意见。

(一)主动南迁,捍卫商朝

李学勤《殷商甲骨文卜辞解读》一文认为,"才云奠河邑"的解读是:"才",在;"云""奠""河邑",都是地名。这句甲骨文卜辞要联系《帝辛十祀》甲骨文卜辞整体解读。"云""奠""河邑"三处地名都是帝辛(商纣王)十年东征"人方"(即夷方,东夷、淮夷部族)获胜后,一路回师大邑商(商朝旧都,有说即今河南商丘)的路线。甲骨文卜辞《帝辛十祀》完整

记录了商纣王十年出征"人方"、凯旋的经过与路线:

"癸巳[王卜],[贞]旬无[祸],在十月,王征人方,在□。"

"癸丑[王卜],[贞]旬无[祸],在十月又一,王征人方,在亳。"

商纣王"帝辛十祀"征"人方"的历程,大体可以分为四段:一是以占卜"己亥。卜,贞:王于淮往来亡灾"决定征人方;二是十祀九月甲午,因"正人方,告于大邑商"开始出师,至十一月已巳南下至"攸";三是十祀十二月癸酉自"舊"(旧)返至"攸";四是十祀正月癸卯四月癸酉,由"攸"返"商",至"云、奠、河邑"。

"癸酉,来正人方,才云奠河邑"记载的是帝辛东征"人方",班师归来,回到"大邑商"之前,于四月癸酉,最后在"云""奠""河邑"三处驻留。"云"就是妘姓部族聚居的"郐"地,也即轩辕之丘、祝融之墟(今河南新郑、新密一带);"奠"通古体"郑"字,即今河南郑州一带,与"云"邻近;"河邑",上古地名,在今河南与山东沿黄河交界一带。上述三个地方都在商朝统治的腹地。

陈絜《漫谈商周史研究》一文的解读虽与李学勤有异,但总体思路相同,指出晚商时期出现大量方国,这些方国形态总体上表现为规模小、结构简单,属"小国寡民"。一个基础聚落群由一个中心聚落及其周边的若干边鄙村落组成。甲骨文卜辞"才云奠河邑"的解释是:"奠"和"鄙"的词义相当,一般"聚"东西称"鄙"、南北称"奠","云"与"大邑商"一样,都是方国的中心聚落,而"河邑"则是中心聚落的周边小邑。这种都鄙(奠)结构的聚落群,是商、周方国空间结构的典型形态。

上述对"才云奠河邑"卜辞的解读表明,妘姓部族所居的"云"地处商王朝统治的核心地域,妘姓部族从属于商朝,成为商朝统治的核心力量之一,并参加商朝大军征伐东夷、淮夷,得到商王朝赏赐。或许商王朝奖励妘姓部族开拓新的土地——江汉地域。处于中原文明圈边缘地带的江汉流域,分布着大量"荆蛮""楚蛮",需要镇抚和安定。这种政治地理格局为中原族群南迁提供了发展空间。妘姓部族在商朝征伐大军打通南迁道路以后,在先期南迁部族的影响下,主动南迁至江汉地域,承担镇抚"南乡"蛮族、保护青铜资源大通道的重任,为族群拓展繁衍发展新的空间。由此,一个妘姓部族建立的新方国——鄖,至迟于商代晚期出现在涢水流域。

(二)被商征发,保护青铜通道

铜是人类最早利用的金属之一,青铜器的冶铸术是人类社会继制陶术之后又一重要的科技进展,这一技术能够生产出硬度高、熔点低、抗磨性强的生产工具、生活器皿以及兵器等,大大改变了人类的生产生活条件。青铜器的出现被视为文明起源的标志之一。中国历史上的"青铜时代",贯穿夏商周整个上古时期,直至秦汉时期。

《史记·封禅书》:"黄帝采首山铜,铸鼎于荆山下。"

《左传·成公十三年》:"国之大事,在祀与戎。""祀",指祭祀活动;"戎",指战争。先秦时期国家政治、军事行为的两大核心要素,都离不开用铜料铸造的青铜器。夏、商时期,中原地区开始迈入青铜文明。争夺铜矿资源,成为众多华夏部族南迁的重要动因。

商朝无论神权,还是王权,都要靠青铜器来支撑。商人以铜为"金",称南下掠铜为"俘金",贸易为"贡金"。商朝有更高超的青铜冶炼技艺和更发达的国家机器,对南方铜矿的控制延续整个朝代。商朝早期即在江汉地区建立了以盘龙城为中心的殖民据点,此后依托盘龙城多次南征,以控制长江中游今湖北铜绿山、江西瑞昌等地的铜矿资源。

商朝大军征伐江汉地域,必然伴随着人口的迁徙、定居和长期繁衍。商朝征发众多中原部族南迁,建立城邑作为军事据点,以加强和巩固对"荆蛮"的统治,维护青铜资源通道安全。

与楚人先祖南迁丹水、淅水流域同时,"祝融八姓"的另一支——妘姓部族也"空降"江汉地域,从而改变了江汉地区的部族构成与文明格局。

(三)遭商征伐,被迫南迁

这里,不得不说商人与"祝融八姓"的族源矛盾。商人先祖——契是帝喾高辛氏之后。《史记·殷本纪》:"殷契,母曰简狄,有娀氏之女,为帝喾次妃。三人行浴,见玄鸟堕其卵,简狄取吞之,因孕,生契。"《诗经·商颂·玄鸟》:"天命玄鸟,降而生商,宅殷土芒芒。"传说契的母亲是帝喾次妃,在水边沐浴的时候吞食玄鸟掉下的卵而生下了他。契长大后,因辅佐大禹治水有功,帝舜封之于商。由契至汤,共传十四代。公元前1600年,商汤率军灭掉夏朝,建立商朝。

灭夏之前与商朝建立之后,"祝融八姓"都是商部族的主要打击对象之一。"祝融八姓"与夏部族都是颛顼后裔。《史记·夏本纪》记载:"夏禹,名曰文命。禹之父曰鲧,鲧之父曰帝颛顼,颛顼之父曰昌意,昌意之父曰黄帝。禹者,黄帝之玄孙而帝颛顼之孙也。禹之曾大父昌意及父鲧皆不得在帝位,为人臣。"根据古史记载,"祝融"重黎、吴回大约与大禹同时。《国语·周语》记载:"昔夏之兴也,融降于崇山。其亡也,回禄信于聆隧。"融就是祝融,崇山就是今河南嵩山,回禄是传说中"火神"吴回、陆终的合称。也就是说,夏朝始祖大禹兴起的时候,与夏部族同出一源的"祝融八姓",聚居于今河南新郑一带的"祝融之墟",繁衍出众多部族,成为夏朝的重要支持力量。也正是由于这一原因,商灭夏,"祝融八姓"成为被排斥与打击的主要对象之一。

商汤早在灭夏之前,就已开始征伐"祝融八姓"中的昆吾氏部族。《史记·殷本纪》记载:"夏桀为虐政淫荒,而诸侯昆吾氏为乱(《史记正义》注:'帝喾时,陆终之长子封于昆吾。夏之昆吾,即其后也。')……汤自把钺以伐昆吾,遂伐桀。"《史记·楚世家》载:"昆吾氏,夏之时尝为侯伯,桀之时汤灭之。"《今本竹书纪年》载:"夏仲康六年,锡仲康命作伯。帝廑四年,昆吾氏迁于许。帝癸二十八年,昆吾会诸侯伐商。三十年,汤乃兴师率诸侯自把钺以伐昆吾。于是,昆吾为汤所灭。"

商朝建立后,与夏部族有着密切亲缘、血缘关系的"祝融八姓",或联夏抗商被灭,或委曲求全附庸于商而遭排斥和打击,因此,纷纷踏上迁徙求生之路。鄙人、楚人先祖被迫自"祝融之墟"向南方迁徙,寻求生存与发展空间。楚人先祖南迁丹、淅,居住在汉水上游及荆山一带。鄙人先祖经大别山区,辗转南迁到大洪山南麓的涢水流域。经过长期的艰苦开发,并与"蛮荆"等土著部族竞争与融合,鄙人终于在江汉一带广阔的烟水草泽、山林蛮荒中找到立足之地。鄙人、楚人及其他部族长期相互影响,华夏文化、楚蛮文化、百越文化、巴濮文化等因此融合而成瑰丽新奇、丰富多彩的荆楚文化,以至于今湖北中东部一带留下大量与妘(云)姓诸部族有关的地名和文化遗存。

由此,对于甲骨文卜辞"才云奠河邑",出现了另一种解读。商代,聚居于中原核心地域的"祝融八姓",一直与商人存在征服与同化的矛盾。商王武丁时期,为消除"祝融八姓"对商朝统治中心的威胁,曾发动过三次对"祝融八姓"的征伐战争。不肯归附商朝的"祝融八姓"部族被迫南迁,辗转流徙,最后到达江汉地域。"才云奠河邑",意思是商朝大军占领了"云""奠""河邑"等"祝融八姓"聚居地,妘姓部族被迫逃离,越过秦岭—淮河一线,辗转南迁到大洪山、桐柏山余脉夹峙的以今天安陆、京山、云梦等为中心的涢水流域。李玄伯《中国古代社会新研》指出:"……祝融团中有一部分被商人征服,所以卫尚余有'己'姓,邹尚余有'员'姓,曹朴尚有'曹'姓,其余则纷纷南窜……东周的郧国当系'员团'窜居之地。"

第六节　郧人南迁路线

《尚书·夏书·禹贡》:"荆及衡阳惟荆州。江、汉朝宗于海,九江孔殷,沱、潜既道,云土梦作乂。"上古时期,江汉地域出现众多与郧(云)人有关的地名如"云梦泽""云中""云杜""云土",说明"祝融八姓"中的妘姓部族早在尧、舜、禹南征三苗时期,即已开启南迁进程。关于郧人南迁路线,史料记载阙如。学界主要有两种意见,即"西迁—南迁"说与"东迁—南迁"说。

一、"西迁—南迁"说

部分学者根据史籍碎片化的记载以及扑朔迷离的上古传说,分析认为郧人先祖自"祝融之墟"南迁今鄂西北郧阳一带,然后沿汉水走廊南迁至今涢水流域的安陆、云梦、京山一带。

今鄂西北郧阳为古郧子国的说法,最早出自东汉建安年间学者李奇的《汉书注》,后被北魏郦道元《水经注》采用。《水经注·沔水》记载:"(沔水)又东经郧乡县故城南,谓之郧乡滩。县故黎也,即长利之郧乡矣。《地理志》曰有郧关,李奇以为郧子国。晋太康五年,立以为县。"明末清初顾祖禹《读史方舆纪要》继承了这一说法:"郧县,古郧子国,汉为郧关,属汉中郡长利县地。建安末蜀先主封申耽为郧乡侯,即此。晋太康五年立郧乡县,属魏兴郡。"

将"西迁—南迁"说具体化的是何光岳教授,他认为商代晚期居住在"祝融之墟"的郧人,因遭商朝征伐被迫南迁,溯淮河而上,经南阳盆地,南迁至今鄂西北的郧阳,然后再度南迁至今涢水流域。其《郧子国考》指出:"郧人,据张筱衡说:'殷末周初,郧犹为关中著姓。郧、妘字同,故关中出土西周金文,犹多言妘姓。则郧地当在今陕西云阳,正位于其祖吴回始居地吴山之东,后才东迁到河南新郑,以姓为国。'因不愿臣属商朝,便遭到商的征伐。卜辞有'癸酉,来正人方,才云奠河邑'。"关于郧人南迁路线,何光岳《郧子国考》"郧子国的迁移与衰亡"一章指出:"自郧国分出的一支,因不愿臣属商朝,便以姓为国,向南迁至今湖北郧阳县,《水经注》云:'(沔)水又东经郧乡县故城南,谓之郧乡滩,'……《地理志》曰:'有郧关,李奇以为郧子国。晋太康五年立为县。'……郧子国后又向东南迁于平原沃野安陆县。"

但郧人自郧阳南迁安陆的说法,与史料记载相悖。

西周初期,今汉水上游以及秦岭—大巴山区除"筚路蓝缕,以启山林"的楚人外,尚有"西土八国"。《尚书·牧誓》记载:"武王戎车三百两,虎贲三百人,与商战于牧野,作《牧誓》。时甲子昧爽,王朝至于商郊牧野,乃誓。王左杖黄钺,右秉白旄以麾,曰:'逖矣,西土之人!'王曰:'嗟!我友邦冢君御事,司徒、司马、司空,亚旅、师氏,千夫长、百夫长,及庸、蜀、羌、髳、微、卢、彭、濮人。称尔戈,比尔干,立尔矛,予其誓。'"参加周人伐纣的"西土八国"与楚国同在秦岭—汉水上游一带。庸,在今湖北竹山东南;巴,故址在陕南汉水上游东段;麇,即微国,故址在陕西白河县;彭,初封于南阳,后迁湖北房县。

春秋初期,楚人崛起,首先向丹水、汉水流域扩张,今陕南、渝东以及豫西南、鄂西北一带的"西土八国"成为楚人攻击的主要对象。史料记载与楚发生战事的其他诸侯国有绞(今湖北丹江口)、卢(今湖北南漳)、鄀(今河南淅川,后迁湖北宜城)、唐(今河南唐河)、糜或麇(今湖北郧阳)及百濮诸部族。《左传》:"楚子伐麇……至于锡穴(今湖北郧县)。"

也就是说,《左传》以及其他先秦典籍并未出现今鄂西北与郧人有关的史事记载,当地也未发现与郧人有关的古文化遗址以及相关出土文物。该地出现"郧关""郧乡""郧阳"等地名,都是西汉以后的事。"郧关"一词最早见于司马迁《史记·货殖列传》:"南阳西通武关、郧关。"该地设郧乡县,时间更晚,西晋太康五年(284年)改长利县为郧乡县,属魏兴郡,隶荆州。而该地称郧阳,则是明朝成化十二年(1476年),设郧阳府,管辖地域大约与今鄂西北十堰市域相同。

据上述史料推断,鄂西北在西周、春秋时期并非郧国之地。清代顾栋高《春秋大事表》指出:"郧县,为春秋时麇国地。"《中国古今地名大辞典》指出:"郧阳府,春秋时为麇、庸二国地。"明清时期,当地学者编纂的《郧县志》也记载:"本县,为古麇国地。"郭沫若主编的《中国史稿地图集》"春秋时期黄河长江中下游地区"地图,将郧国标记在今湖北安陆。至于今十堰一带的郧阳、郧西等地,所标记的则是麇、绞、庸等小国,这与明清时期编纂的府、县志书和史书记载高度吻合。

综上所述,今湖北十堰一带出现众多与郧人有关的地名,应该是在郧国被灭后,郧人的残余部族沿汉水上溯,到麇国、绞国、庸国故地寻求生存空间留下的文明印迹。楚史研究学者张正明《楚史》、刘玉堂《楚文明史》、石泉《荆楚地理新探》均认为,郧阳、郧县、郧西之得名,来自春秋时期处于安陆、云梦、京山一带的古郧国遗族的北迁。

这一结论得到众多十堰学者的赞同。张培玉《郧阳古国》认为:"春秋时期的'郧',分为国名、邑名和地名。一是周代的国名,在湖北省安陆县。……《史记正义》《太平寰宇记》《括地志》等皆以安陆县城为古郧国。……郧先在安陆,后迁竟陵……(蒲骚之战)郧国既然战败,一部分郧人跟随绞军北徙至绞国,在绞驻留,保留了'郧'的称谓。"王天富《追根溯源话郧阳》认为:"据史料记载,楚人强迁郧人溯江而上,北徙到麇、绞故地(为郧县城关周围),居留守关,以防秦国南犯疆土。"冷遇春《郧阳抚治两百年》认为:"郧阳之郧,其渊源似不与古郧子国有关。查古郧子国在今湖北安陆境,而今之郧县是古麇子国之地……原来在春秋之际,郧国先被楚灭,曾徙其民于今之松滋,使之近于郢都,筑郧城控制之。当时可能因松滋容纳不下,又分徙其民于楚之附庸麇国之境。"邢方贵《"郧县人"自何而来》一文认为:"郧国被灭后,郧人的残余部落,沿汉水上溯,到绞国、蓼国(今郧县城关周围)驻留,保留了'郧'的称号,曰'郧关'。"

二、"东迁—南迁"说

对于郧人南迁路线,另一种意见认为,上古时期,郧人自"祝融之墟"南迁大别山区,大约是经今大别山区麻城境内云阳山,东迁大洪山区,由涢水河谷一路南下,定居今湖北安陆、云梦、京山等地。何光岳《楚源流考》指出:"因为邥姓,随着邥子国的迁徙,把云阳山的地名,自陕西迁到湖北麻城。"

从有关大禹治水的记载可以推测郧人先祖迁徙的方向。《史记·

夏本纪》："荆及衡阳维荆州：江、汉朝宗于海。九江甚中，沱、涔已道，云土梦为治。"《尚书·夏书·禹贡》的记载出现今天安陆境内的地名"陪尾山"："熊耳、外方、桐柏，至于负尾。""负尾"，即负尾山，又称陪尾山，在今安陆市北境、涢水东岸。大禹率领治水队伍治理古荆州地域的长江、汉水，让它向东流注入大海。长江的众多支流大都有了固定的河道，沱水、涔水业已疏导，云梦泽一带土质湿润，人们开始耕种、收获。大禹率众治理淮河，开通熊耳山、外方山、桐柏山，所治理的淮河水系发源于桐柏山，而桐柏山余脉延伸至今湖北安陆，称陪尾山。

《尚书·夏书·禹贡》又载："嶓冢导漾，东流为汉，又东，为沧浪之水，过三澨，至于大别，南入于江。"这段话的意思是，大禹率领治水队伍从秦岭嶓冢山开始疏导漾水，向东流成为汉水；又向东流，成为今汉北一带的沧浪水；经过今江汉一带的三澨水，到达大别山，向南流进长江。三澨，水名，在今湖北天门市南，流经汉川注入汉水。从历史记载看，郧人先祖跟随大禹治水的脚步，自中原腹地出发，自今河南南部桐柏山系治理淮水，直至大别山区。尔后，随着治理汉水水系的推进，郧人跟随大禹通过大别山—大洪山走廊，沿涢水谷地南下，最终来到以安陆为中心的涢水中下游丘陵、平原地区定居。

何光岳《楚源流考》指出："郧子国西滨涢水，涢水又分大涢水、小涢水，《水经注》云：'涢水出县东南大洪山，……故亦谓之"涢山"矣。涢水东北流，合石水。石水出大洪山，东北流，注于涢，谓之小涢水。'涢水入汉水处叫涢口。涢水之北地名涢阳（乡），今属随县。安陆有郧乡、郧水、郧城、郧公庙，周为郧州。应山有云公城，南面有大泽叫云梦，楚国方言'梦'即是泽。这一带古称'云中'，泽畔古有'云杜县'。今有云梦县，附近有云梦宫。麻城县南五十里，有云阳山，都是因郧子国所在而命名的。"

今湖北中部大洪山为郧人南迁的重要节点,后世称发源于大洪山的最大水系为涢水;称横亘湖北中部的山脉为涢山。大洪山涢水谷地分布着一系列与郧人有关的地名,如涢川、涢阳、涢水、涢潭等。这些地点绘制了郧人南迁的清晰坐标与南迁路线:祝融之墟—大别山—大洪山—涢水流域。

第三章　早期鄖国

何光岳《邔子国考》指出："邔子国是一个出现于唐虞时代的古老部族，为祝融八姓之一，与荆楚同祖。起初，它的部落繁衍，逐渐分成一些支部落，散布在黄河中游一带，即其始祖祝融氏之墟的附近，仍以妘为姓，而妘姓的嫡裔仍以妘姓为国号，周初受封为子爵，乃去女而加邑旁，成为邔子国。在殷商时期，祝融系诸部族遭到殷商的征伐，甲骨文中有'癸酉，来正人方，才云奠河邑'。云部落被迫由东向西南退却，邔子国也由河南迁入湖北，辗转定居于安陆。"

第一节　鄖人在江汉地域的开拓与融合

大约尧、舜、禹时期，"祝融八姓"之一的妘姓部族开启南迁进程，他们与江汉地域的土著"三苗"部族杂处，创造了以稻作农业为核心的农耕文明，开创了华夏文明的新篇章。江汉地域新石器时代考古重大发现表明,长江中游地区在距今 5000 年前后,已出现文明璀璨曙光。

一、妘姓部族在江汉地域的融合与发展

(一)妘姓部族在江汉地域寻找宜居之地

古代安陆雄踞汉水与云梦泽广阔地带,是传说中大禹治水的重要地域。早在先秦时期,就已出现有关江汉地域水利建设的记载。《史记·八书·河渠书》:"夏书曰:禹抑洪水十三年,过家不入门。陆行载车,水行载舟,泥行蹈毳,山行即桥,以别九州;随山浚川,任土作贡。通九道,陂九泽,度九山……于楚,西方则通渠汉水、云梦之野,东方则通鸿沟江淮之间。……百姓飨其利。至于所过,往往引其水益用溉田畴之渠,以万亿计,然莫足数也。"

大禹治水以后,江汉地域的大洪水得以排入长江,奔流入海,云梦泽广阔的沼泽草莽中开始出现稳定的陆地,山林原野逐渐变成宜居之地,稻作农业开始具备发展条件。跟随大禹南下江汉、镇抚"三苗"、治理水患的妘姓部族,留恋这片宜居宜作之地,逐渐定居江汉,凭着顽强的生存意识、不懈的开拓精神,在这片温暖湿润的山川草泽之地生存繁衍,传播和发展华夏文明。

江汉平原与中原迥然不同的地理环境也在潜移默化地改变着南迁的郧人。他们开始向土著"三苗"部族学习种植水稻和渔猎,尝试着与不同的部族通婚。他们渐渐听懂了"三苗"的语言。这片原本陌生的土地,慷慨地养活了郧人。与"三苗"等部族的频繁交流,使得中原地区的移民很快适应了南方鱼米之乡的生活,逐渐与土著部族实现文明互鉴与文化融合。

(二)妘姓部族留下众多以"云"命名的地名

妘姓部族由黄河流域进入江汉地域,与当地土著蛮族和南迁的其他华夏部族混居,中原文明与江汉文明融合,中原文化渗入荆楚地域。郧人把农耕文明等先进文化带到长江、汉水流域,促进江汉地域生产力的提高和社会发展。由于中原华夏部族南迁,大量新石器时代及夏、商、周时期古文化遗址遍布江汉地域。商、周时期,今湖北境内出现大量的方国,大大加快了江汉地域文明进程。

湖北京山市境内屈家岭古文化遗址

江汉地域开始出现与妘姓部族相关的地理名词,如"云土""云梦""云中""云杜"等。夏、商时期,随着中原王朝不断征伐"蛮荆"等南方部族,华夏文明不断向南推进,更多华夏部族加入南迁大潮。商代晚期,妘姓部族的一支在以今湖北安陆、云梦、京山为中心的涢水流域建立方国,成为华夏文明在江汉地域的重要支撑。

鄢人早于楚人和其他华夏部族到达江汉地域。云土、云中等古地名因"云（妘）人"而得名。上古地名一般源于所居的部族。《尚书·禹贡》称江汉之地为"云土"。《尚书·禹贡》："云土梦作乂。""云土"，即"云（妘）人之土"。《左传》称江汉平原为"云中"。"云中"，意思是鄢人所居地域。《史记·楚世家》记载："楚子入云中"，称古代云梦泽一带的地域为"云中"，即鄢人影响所及的江汉地域。

古云梦泽之名起源于云（妘）人之"云"。最早的古云梦泽仅指妘姓部族聚居繁衍的长江中游湖沼地带。上古时期这里的人们称湖泽、川原为"梦"，应该是鄢人以本族妘姓的图腾"云"给这片泽薮命名，后来，人们把它的范围扩大化，使其成为江汉平原的泛称。《周礼·职方氏》："（荆州）泽薮曰云梦。"此后，古籍均称长江之滨的大泽为"云梦"——云（鄢）人之梦。"云梦泽"又称"云连徒洲"。《国语·楚语》："（楚）又有薮曰云连徒洲，金木竹箭之所生也，龟、珠、齿、角、皮革、羽毛，所以备赋用以戒不虞者也，所以供币帛以宾享于诸侯者也。"三国学者韦昭注："楚有云梦，薮泽也。连，属也。水中之可居曰洲；徒，其名也。"谭其骧《云梦与云梦泽》一文解释："这个'云连徒洲'应即《左传》《战国策》等书中的'云梦'。"后来，《汉书·地理志》出现县名"云杜"，系云土（鄢土）的变音，治所在今湖北省京山市。

综上所述，鄢人是上古时期华夏部落联盟的一支，随着华夏部族征服三苗等南方诸部族，逐步向南方迁徙，于尧、舜、禹时期乃至更早的历史时期开始了南迁进程，成为早期华夏文明在江汉地域的探路者和文明前哨。江汉地域开始出现与云（鄢）人相关的地理名词，如"云梦""云中"等。夏商周时期，随着中原华夏部族征伐荆蛮等南方部族，中原文明圈不断向南推进，鄢人随着华夏族群向南迁徙大潮，南迁到以今湖北安陆、云梦、京山等地为中心的涢水流域,建立方国,生息繁衍,创造了成熟的农耕文明,影响了整个江汉地域。总之,在留居江汉地域的华夏各部族中,鄘人无疑是比较成功的一支,他们繁衍出新的聚落,逐渐散布在涢水流域及汉水中下游一带。

二、鄘人先民对江汉地域文明发展的推动

(一)先进的农耕文化

南迁鄘人带来中原先进的农耕文化,与三苗等土著部族融合,创造了江汉地域更为先进的农耕文明,如屈家岭文化、石家河文化。屈家岭文明、石家河文明存在时期大约相当于神话传说中的颛顼、尧舜禹以及夏朝征伐三苗、荆蛮的历史阶段。这一时期,正是鄘人先祖南迁江汉、与三苗融合的早期阶段。

长江中游地区是中国稻作农业的发祥地之一,自旧石器时代晚期至新石器时代,稻作农业发展一脉相承,直至青铜时代:从彭头山文化(距今约10400～7800年)到皂市下层文化(距今约8200～7000年)、汤家岗文化(距今约7000～6000年)、大溪文化(距今约6300～5300年)、屈家岭文化(距今约5500～4600年)、石家河文化(距今约4800～3800年),最后发展到盘龙城文化(距今约3900～3300年)。植物考古学揭示,约5800年前,屈家岭文化遗址就出现了较为成熟的稻作农业;约5600—5300年前,随着中原华夏部族南迁,属于旱作农业的粟(去壳后即小米)作农业也传播至汉江地域。屈家岭遗址发现大量碳化粟,是长江中游目前所见年代最早的粟遗存。

(二) 先进的生活方式

郧人南迁,影响了当地蛮族,使其由穴居野处改为筑室而居,从蒙昧时代进入开化时代。屈家岭文化遗址的住房多属方形、长方形的地面建筑。一般筑墙先挖基槽,立柱填土,再以黏土或草拌泥,掺加烧土碎块培筑墙壁。居住面下部铺垫红烧土块或黄色砂土,以利防潮,表面敷"白灰面"或涂抹细泥并经烧烤。在室内中部或角落处筑火塘,有的火塘附近还遗留了保存火种的陶罐。室内的柱洞大体排列有序,有的洞底以碎陶片垫实,起着柱础的作用。单间房屋的面积一般 10 m² 左右。出现了以隔墙分间的较大住房,有的是出入一个大门的里外套间式房子;有的是长方形双间、多间的连间式房子,各间分别开门通向户外,其隔墙上无门或设门相通,甚至有多达二三十间成排相连的,多为红烧土地面建筑。这种隔墙连间式住房,形式新颖,建筑结构有了明显进步。

应城门板湾遗址位于应城市西南约 3 km,是一个以城址为中心、城外分布有数个半从属聚落的新石器时代遗址。遗址中部有城址一座,平面略呈方形,面积约 20 万 m²,城内东北部和西北部各有一个面积较大的高台地,城垣外有壕沟。城址内发现大型房屋建筑,面积为 115 m²。房屋内分四室,外有走廊,门窗等皆保存较好。房子周围由围墙构成的面积达 450 m²。考古学家据此认定,这里在原始社会晚期已形成环壕聚落,即由壕沟环绕的原始部落聚居地。这样的聚居地,不仅能防御洪水、猛兽的侵袭,还能防御异姓部落入侵,保护本部落人群,是中国南方水稻农业聚落的典型遗存,也是江汉地区文明史上具有代表性的文化遗产,突出表现了长江中游地区新石器时代文化鼎盛时期文化发展和社会分化等方面的特征,在研究新石器时代晚期的社会演进、文明的起源以及文化交流中具有突出的地位。

(三)先进的生产生活工具

江汉地域新石器时代古文化遗址如屈家岭遗址、石家河遗址出土了大量精美、耐用的生产生活器具。生产工具以磨制石器为主，农业生产工具最多。早期石器有斧、锛、铲、刀、凿等，代表性器物为磨制较粗糙的大型柱状石斧和大型的黑灰陶纺轮。晚期石器的代表性器物有中小型上窄下宽的长方形石斧、斜弧形石镰、长方形扁薄有孔石铲、树叶形石镞、石矛和多种小型工具。

在农业发展的基础上，屈家岭及其文化辐射区域内的制陶业也获发展，快轮制陶技艺已普及，出土了大量器形丰富的陶器。最薄的蛋壳彩陶杯仅 0.5 mm 厚。这些遗址出土了大量制作工艺成熟的陶器。其中生产工具主要有彩陶纺轮，质地软，在橙黄色陶胎上施红褐或黑色彩绘，或用弧线构成旋涡纹，或用弧线、直线横竖对称排列，或用对角间以卵点等，彩纹图案多样。彩陶纺轮是屈家岭文化中最具特色的生产工具。从出土的彩陶纺轮中可窥见先民的纺织能力已达到一定水平。

生活用器均为陶器。早期以黑陶为主，灰陶次之。主要有圈足甑、薄胎黑陶小鼎、蛋壳黑陶杯、有领罐、朱绘纹黑陶罐、曲腹杯、圈足碗、弧腹钵、壶形器、三足碟、圈钮器盖等。彩陶多厚胎，出现个别仰韶文化风格的彩陶片。还发现陶环、陶球和陶鸡、陶羊等红陶小动物模型及玉饰等。晚期以灰陶为主，黑陶次之。器形有锅、甑、鼎、碗、钵、豆、杯、碟、罐、壶形器、盂形器、器盖等，出现了蛋壳彩陶器皿及大型缸形器、筒形器等。薄如蛋壳的彩陶器皿，展现了屈家岭文化的制陶工艺特色和技术水平。其他代表性器物还有长颈扁腹高圈足壶形器、高圈足杯、陶罐、大型陶锅、陶缸以及彩陶环、彩陶球、红陶小动物等。器盖的应用比较普遍,已出现有榫器盖。

石家河遗址群的谭家岭、肖家屋脊中发现的大量精美玉器,造型生动、技术精湛,是史前中国玉器的巅峰之作。其中,神人头像、龙、凤、鹰、蝉等造型,在后世商周玉器中都有出现,且风格可谓同出一源。学界认为,这是中华文明多元一体进程的直观体现。

玉团凤

在屈家岭、石家河文化时期相继进入铜石并用时代和青铜时代,出现了以云梦泽和江、汉、澧诸水为枢纽的连城邦国和交换贸易网络,从而开启了东亚最早的交通与贸易文明化进程。此外,郧人先祖迁徙到江汉地域,还在语言、生活习俗以及族群竞争与融合等方面起到了引领作用,极大推进了江汉地域文明进程。

第二节 西周分封制与郧国立国

上古时期,较大的部族就可建立方国。商代晚期,号称方国千余。

周武王伐商,史载有八百诸侯。春秋时期,见诸经传的诸侯国有三百多个,其中一些小国,往往只留下一鳞半爪的片言只语。有的小诸侯国近现代才在考古发掘的青铜器铭文中出现。䢵国,是见于《左传》的江汉地域诸侯国之一,属"汉阳诸姬"。关于䢵国的立国时间,史籍语焉不详,学界颇多争议,有商代方国、武王赐封、成王分封、昭穆移封等多种说法。

一、䢵国,商代方国,开拓江汉地域的先行者

䢵国作为一个部族方国,早在商代晚期就已经在涢水流域定居。何光岳《邔子国考》指出:"邔子国是一个出现于唐虞时代的古老部族,为祝融八姓之一,与荆楚同祖。起初,它的部落繁衍,逐渐分成一些支部落,散布在黄河中游一带,即其始祖祝融氏之墟的附近,仍以妘为姓,而妘姓的嫡裔仍以妘姓为国号,周初受封为子爵,乃去女而加邑旁,成为邔子国。在殷商时期,祝融系诸部族遭到殷商的征伐,甲骨文中有'癸酉,来正人方,才云莫河邑'。云部落被迫由东向西南退却,邔子国也由河南迁入湖北,辗转定居于湖北安陆一带,后来被楚所灭。"

夏、商、周时期被称为"青铜时代"。国之大事,在祀与戎。铸造作为祭祀和战争重要物质载体的青铜礼器与武器,成为国家的首要大事。铸造青铜器,首先需要青铜原料(经冶炼而成的铜料、锡料及铅料),青铜原料产地和运输线路在西周时期称"金道锡行"。由于当时主要的青铜矿料产地——今湖北大冶、江西瑞昌一带,地处"荆蛮"等蛮夷部族聚居地,因此开拓与保护青铜资源通道成为极具挑战性的国家战略。青铜文明在商代达到巅峰,对位于南方长江中游以今湖北大冶、江西鄱阳和瑞昌等地青铜矿产地的控制,成为商王朝不断征伐南方蛮族"楚荆"

的主要原因之一。商代早期,商人即在江汉平原与鄂东北大别山交会地带建立了以今武汉市黄陂区盘龙城遗址为中心的殖民据点,以控制南方铜矿并将青铜原料转运到中原。商代中晚期,盘龙城虽被废弃,但商王朝对南方铜矿的争夺并没有放松,商王武丁至商纣王时期多次对南方采取军事行动。大冶铜绿山古矿冶遗址以及"盂方鼎""酉方鼎"等具有典型商文化特征青铜器的发现均表明晚商时期对鄂东南、赣东北铜矿资源的争夺非常激烈。

商代,"祝融八姓"地处商王朝统治的核心地域,始终与商朝存在征服与同化的矛盾。商王武丁时期,为消除"祝融八姓"对商朝统治中心的威胁,曾多次发动对"祝融八姓"的征伐战争。同时,为了控制长江中游的青铜资源,商王朝或征发调遣,或武力胁迫中原部族南迁江汉地域。这些南迁的部族就多为"祝融八姓",如芈姓楚人、妘姓郧人等。"祝融八姓"各部族被迫南迁,辗转流徙,最后到达江汉地域、淮河流域。

当然,商代对南方荆蛮、淮夷的征伐,客观上为中原各部族南迁提供了广阔的发展空间,促进了江汉地域文明发展进程。妘姓部族或被商朝驱赶南迁,或作为商朝南征"荆蛮"的重要力量,肩负为商朝戍边、保护青铜通道、开拓南方领土的重任,离开黄河中游的"祝融之墟",越过秦岭—淮河一线,辗转南迁到今湖北省东北部大洪山、桐柏山余脉夹峙的襄汉走廊,定居在以今安陆、京山、云梦为中心的涢水流域,建立新的部族方国——郧国。同一时期,同出一源的楚人则由"祝融之墟"南迁至今豫西南、鄂西北一带的丹水、淅水流域,建立了芈姓部族方国——楚国。

二、郧国，参加灭商，周武王时期分封

《尚书·武成》："会于牧野。罔有敌于我师。前徒倒戈，攻于后，以北。血流漂杵……"商朝自商汤灭夏建立，约600年后，传位至第三十一位帝王帝辛（商纣王）时，已是危机四伏。政治上，帝辛耗巨资建鹿台楼阁，造酒池肉林，使国库空虚；宠信妲己以及飞廉、恶来等佞臣，妄杀重臣比干，囚禁箕子，为政暴虐，昏庸无道，诸侯、臣属纷纷离叛。军事上，帝辛致力于用兵于"人方（东夷）"，虽然战争取得了胜利，俘虏了"亿兆（上百万）夷人"，但商军主力远征东夷，造成商朝行都朝歌（今河南淇县）空虚，兵力薄弱。

公元前1046年，周人联合庸、蜀、羌、髳、微、卢、彭、濮等"西土八国"以及众多同盟部族，进攻朝歌，在"牧野之战"中大获全胜，灭掉商朝，并征服附属商朝的众多小国，定都镐京（即宗周，今陕西西安西南），建立周王朝。为有效管理广袤的国土，巩固和扩大其统治，镇抚各地邦国，周王朝推行"封建亲戚、以藩屏周"的分封制，依据血缘关系、亲缘关系，按公、侯、伯、子、男五等爵位册封诸侯，把土地和人民分封给王族、功臣、先代的贵族，包括异姓功臣贵族、同姓王室贵族、先代帝王后代和臣属的远方氏族部落首领，建立诸侯国，以拱卫王室、稳定国家、加强统治、开疆拓土。

《今本竹书纪年》："文王既没，太子发代立，是为武王。武王骈齿望羊，将伐纣，至于孟津。八百诸侯不期而会……遂东伐纣，胜于牧野。兵不血刃，而天下归之。乃封吕尚于齐。周德既隆，草木茂盛，蒿堪为宫室，因名蒿室。既有天下，遂都于镐。十二年辛卯，王率西夷诸侯伐殷，败之于牧野。……十三年，巢伯来宾。荐殷于太庙，遂大封诸侯。"

《左传·昭公二十八年》:"其兄弟之国者十有五人,姬姓之国者四十人。"

《吕氏春秋·观世》:"周之所封四百余,服国八百余。"

《荀子》:"(周)兼制天下,立七十一国,姬姓独居五十三人。"

钱穆《国史大纲》指出:"大概周人势力,逐步东侵,分为两线,由丰、镐向东南经营汉水上流,渐及淮域,此文王已开其基。由丰、镐向东北,经营河、洛,及于殷商,则为武王之新猷。周初封建,即为此两线展扩之初步成绩也。"涢水流域的妘姓部族方国因参加灭商战争,受封为诸侯国,子爵,史称郧子国,国都在今湖北安陆。

三、郧国,与楚同封,周成王时期分封

一种意见认为,从现有史籍记载看,郧国并未出现在周武王所分封的诸侯国之列。《尚书·牧誓》记载,参与周武王伐纣灭商战争的有"庸、蜀、羌、髳、微、卢、彭、濮"。《今本竹书纪年》记载:"(帝辛即商纣王)五十二年,庚寅,周始伐殷。秋,周师次于鲜原。冬十有二月,周师有事于上帝。庸、蜀、羌、髳、微、卢、彭、濮从周师伐殷。"

郧人是否参与武王伐纣,未有定论。郧、楚同源,南迁历史相似,部分学者认为郧国大约与楚国分封时间相同,系周成王时期分封。关于楚国的分封,《左传》记载:"昔我先王熊绎,辟在荆山,筚路蓝缕,以处草莽。跋涉山林,以事天子。"因楚人僻处南方,直至周成王初期楚人仍然没有被赐土分封。《国语·晋语》记载:"昔成王盟诸侯于岐阳,楚为荆蛮,置茅蕝、设望表,与鲜牟守燎,故不与盟。"周成王亲政以后,"举文、武勤劳之后嗣",考虑到楚国历代首领尊崇周人、勤勉有功,于是以子爵赐封楚人,居于汉水上游。

灭商次年，周武王暴病而亡。年幼的周成王姬诵继位，其叔父周公姬旦摄政。在镇压武庚率领的殷商遗民和"三监"叛乱、平定黄河中游地域后，为加强对殷商旧地的统治、控制中原地带，周公姬旦在今河南洛阳地区另建都城洛邑（成周），作为周王朝统治中原地区的政治军事中心。同时扩大分封范围，分封更多姬姓、异姓诸侯国，使诸侯国形成更周密的屏障，以拱卫周王室，加强对新征服地区的统治，建立起以周王室为核心的政权体系。

至周成王时期，西周的分封制趋于成熟。《礼记·王制》记载："凡四海之内九州，州方千里。州建百里之国三十，七十里之国六十，五十里之国百有二十，凡二百一十国。名山大泽不以封。其余以为附庸间田。八州，州二百一十国。天子之县内，方百里之国九，七十里之国二十有一，五十里之国六十有三，凡九十三国。名山大泽不以盼。其余以禄士，以为间田。凡九州，千七百七十三国，天子之元士、诸侯之附庸不与。"作为江汉地域的部族方国，鄅国或许与楚国同时被周成王封赐为诸侯国。

四、鄅国，迁徙安置，"汉阳诸姬"之一

史学界有一种意见认为，鄅国系周昭王南征"楚蛮"时期分封立国的，或自位于其他地方的始封之地迁徙至今天的㵐水流域，成为"汉阳诸姬"之一。张正明、刘玉堂主编《湖北通史》认为，鄅系散居于江汉平原的巴人东迁㵐水流域所建的方国，至迟在西周晚期已被封为诸侯国。

周灭商后，成为华夏共主，其控制区域南到长江以北、汉水流域。尤其是周成王时期周公东征之后，周朝疆域扩展到淮河下游，可谓"溥天之下，莫非王土；率土之滨，莫非王臣"。但南方江汉流域散布着众多

"楚蛮"部族,威胁到周王朝南方安全与青铜资源运输线路的通畅。为此,周昭王时期发动了大规模的征伐"楚蛮"的战争。

"楚蛮"或称"荆蛮",源于上古时期的"三苗"。大禹南征灭"三苗"之后,"三苗"遗裔部族众多,夏、商、周时期散居长江中游。西周初期,"楚蛮"不断壮大,侵扰周王朝南部边疆,而且对青铜资源运输通道形成重大威胁。为打击"楚蛮",周昭王至周宣王时期,西周王朝对"南土"持续发动征伐战争。周昭王时期,对"楚蛮"的征伐达到高峰,周王朝疆域大幅南移,直抵江汉一带。

据史籍记载,周昭王亲自率兵到丹水、汉水流域征伐"楚蛮",遭遇惨败;周穆王也曾亲自率兵到九江征伐"楚蛮";周宣王则派大将方叔大规模征伐"楚蛮"。西周频繁征伐"楚蛮",并在汉水流域至大别山区建立了一系列诸侯国——汉阳诸姬。中原文明逐渐传播到南方,推动了江汉地域的族群融合与文明进程。

据出土的西周青铜器铭文推断,郧国始封之地可能并非今天的湖北安陆一带,而在黄河中游的中原地带。如《员鼎》铭文记载:"唯正月既望癸酉,王兽狩于林,王令员执犬。休善。用作父甲鼎。"另一青铜器《员卣》铭文记载:"员从史旂伐会,先内邑。员孚金,用乍彝。"何光岳《楚源流考》一书解释:"'员'跟随史旂伐郐,攻克了郐国都城。'员'用赏赐的青铜制作了祭祀用的礼器。这个'员'即云,郧人的首长,是郐的亲族。此次周人伐郐,很可能因为郐姓内部之争。'员'借助周朝势力压服了郐国。"

据上述铭文推测,周武王或周成王时期分封的郧国,最初并不在涢水流域,而在黄河流域的中原地带,与洛邑(成周)、郐国等邻近。郧人与同姓的郐国发生矛盾,便借助周王朝的力量独自立国。

周昭王至周宣王时期南征"楚蛮",陆续将中原地区的一些小诸侯国移封到汉水以东、以北至大别山西南的广阔地区;同时,在南方原有的部族方国的基础上,周王朝又分封了一批诸侯国,如厉(赖,姬姓,今随州市东北)、贰(偃姓,今湖北广水)、轸(偃姓,今湖北应城西)、蓼(偃姓,今河南唐河)等,与移封的诸侯国共同组成"汉阳诸姬"诸侯国集团。郧国当为这一时期南迁涢水流域,或系江汉古老方国分封,加入"汉阳诸姬"行列。

西周时期青铜器《员卣》

第三节　从大洪山麓至长江之滨——郧国疆域

关于郧国疆域,1980年《江汉考古》刊载的宋焕文《安陆考源》一文认为:"安陆县是一个古老的地方,据古书记载,即西周的郧子国,为周王朝的封国,与楚同封子爵。楚在西,郧在东。当时的疆域比较大,约有现今之云梦、安陆、应城和孝感、汉川的部分地方。"其《安陆新考》进一步作了探讨,指出:"古郧国在商周时期即已存在,原在中原一带,后来由于受到商周王朝的压迫而逐步向南沿汉水迁徙,约在春秋早期迁到云梦泽东北部溳水之滨。它控制的范围,大致就是今天的江汉平原东北部即今孝感市一带地方。郧国在春秋时期是汉东大国,国土范围约有 13 000 km^2。"

一、始封之时,蕞尔小国

西周初期,大规模推行分封制。分封制的基本目标是通过分封建立藩国,保护宗主国的安全。分封建国以血缘关系为主要依据,诸侯国大多数由姬姓王族控制。《荀子》载:"(周)兼制天下,立七十一国,姬姓独居五十三人。"

郧国,作为子爵之国,也经历了"筚路蓝缕,以启山林"的艰难开拓进程,在数百年的时间里,从方五十里左右的小国,扩展到从大洪山麓到江汉平原的有一定规模的诸侯国。

王夫之《读通鉴论》指出:"三代之国,幅员之狭,直今一县耳。"

《礼记·王制》记载:"王者之制禄爵:公、侯、伯、子、男,凡五等。诸侯之上大夫(卿)、下大夫、上士、中士、下士,凡五等。天子之田方千里,公、侯田方百里,伯七十里,子、男五十里。不能五十里者,不合于天子,附于诸侯,曰附庸。天子之三公之田视公、侯,天子之卿视伯,天子之大夫视子、男,天子之元士视附庸。"

周王朝确定分封爵位为公、侯、伯、子、男五等。诸侯为臣属制定的爵位也分为上大夫(卿)、下大夫、上士、中士、下士五等。天子的禄田一千里见方,公、侯的禄田一百里见方,伯的禄田七十里见方,子、男的禄田五十里见方。禄田不足五十里见方的小诸侯,没有资格参加周天子的朝会,而只能附属于诸侯,叫附庸。鄙国国君是子爵,最初的封地不过五十里见方,僻处大洪山南麓、涢水之滨,早期统治区域大约以今安陆涢水沿岸为中心,南至今云梦县境、北至今曾都区境、东至今孝昌县、西至今京山市的一隅。

二、昭王南征,增封"福土"

鄙国第一次地域扩张,是在西周中期周昭王征伐"楚蛮"时期。

周昭王时期(约公元前998年—公元前977年),曾发动大规模征伐"楚蛮"的战争。陕西扶风出土的《史墙盘》铭文记载:"宏鲁邵(昭)王,广纰楚荆,佳(唯)寏(貫)南行。"周昭王时期多次征讨"楚蛮",《古本竹书纪年》记载:"昭王十六年,伐楚,涉汉,遇大兕。……十九年,天大曀,雉兔皆震,丧六师于汉。……昭王末年,夜清,五色光贯紫微。其年,王南巡不反。"

第一次,周昭王十六年(约公元前983年),周昭王领军渡过汉水,深入荆楚一带,渡汉水时遇见"大兕"(兕,古代犀牛一类的动物);一说击败以"大兕"为图腾的"楚蛮"部族。第二次,周昭王十九年(约公元前980年),派祭公辛伯攻楚,遭遇异常天气,渡汉水时,遭到"楚蛮"顽强阻击,周朝将士惊恐,军队溃败。第三次,周昭王末年(约公元前977年),亲征"楚蛮"。《史记正义》引《帝王世纪》说:"昭王德衰,南征济于汉,船人恶之,以胶舟进。王御船至中流,胶液船解,王及祭公俱没于水中而崩。"周昭王渡汉水时,土人以胶船载之过江。胶船遇水解体,周昭王溺水而死。

周昭王征伐"楚蛮",让鄀国获得了难得的发展机遇。北宋末年,安州孝感县出土了6件西周早期青铜器,史称"安州六器"。《宋史·徽宗纪(四)》:"(宣和元年,即公元1119年)三月庚戌,蔡京等进安州所得商六鼎。"据宋人王黼等著《博古图录》记载,重和戊戌年(1118年)出土于安州安陆郡孝感县,凡方鼎三、圆鼎二、甗一。薛尚功《历代钟鼎彝器款识法帖》中称其为南宫中鼎、中鼎、召公尊、父乙甗。宋代赵明诚《金石录·卷十三》所录《安州所献六器铭》跋:"右六器铭,重和戊戌岁,安州孝感县民耕地得之,自言于州,州以献诸朝。凡方鼎三、圆鼎二、甗一。皆形制精妙,款识奇古。"郭沫若《两周金文辞大系图录考释》:"故安州六器实方鼎三、圆鼎一、觯一、甗一。""安州六器"是贵族"中"铭功报先的祭器,其铭文记载了鄀国版图扩张的来由。

"安州六器"的主人名叫"中",是周昭王时期的重要大臣和军事将领。《中方鼎一》铭文记载:"隹(唯)王令南宫伐反虎方之年,王令中先省南或(国)。贯行。埶王庭(居)在夒口真山。中乎归生凤于王。口于宝彝。"(《释文》2751、2752)虎方,是古老的方国,应是汉水以东的"楚蛮"部族之一。据何光岳《楚源流史》,其最早为虎氏族,黄帝胞族。商代,因遭商征伐被迫由河南中部向淮水流域迁徙,后辗转大别山,迁徙至汉水流域。如襄阳西南有虎头山、汉水中有虎尾洲、京山西南有虎爪山、安陆有虎子岩等,都与"虎方"有关。上述铭文大意是:在讨伐反叛的虎方那一年,周王命"中"担任先锋,巡视南土,开通道路,修治行宫。途中,"中"命人将猎获的"活凤"(野雉)进献于周王。

"安州六器"之《中方甗》铭文更为详细地记载了周昭王南征"楚蛮"的相关史实:"王令中先省南或(国),贯行。埶蒞在曾,史儿至,以王令(命)曰:'余令女(汝)史(使)小大邦,厥又舍(捨)女芻量,到于女,小多。

中省自方、登(彶)造口邦,在噩(鄂)师次,伯买父廼以厥人戍汉、中、州,日叚、日口,厥人禹廾夫,厥贮言,曰贮曰贝,曰传口王(皇)休、四(肩)又(有)羞,余口口,用作父乙宝彝。"(《集成》00949)

上述铭文大意为:周昭王即将南征"楚蛮",命"中"为先锋巡视南土。"中"经过了邓、方、夔(或鄀)、谢、洀、蓼、鄂、曾等诸侯国,并在曾国为周王设立行宫,作为南征的大本营。据考证,铭文涉及的这些诸侯国位于今河南南部至湖北中部襄汉走廊一带,正处于西周大军南征"楚蛮"的战略要道。按常理,如果西周初期鄖国已在曾(随)国之南的涢水流域立国,那么周昭王派"中"巡视"南土"诸国,集结打击"楚蛮"的军力,断不会遗忘鄖国。"安州六器"铭文没有提到鄖国,是因为器主"中"就是鄖国国君。也有学者认为,"中"可能就是"员"。如《鸿叔簋》铭文:"唯九月,鸿叔从王员征楚荆,在成周,作宝簋。"从铭文记载看,"员"应该是昭王亲近的大臣和重要将领,这一记载与"安州六器"可互相印证。

南征"楚蛮","中"功勋卓著,获得重赏。《中觯》(召公尊)铭文记载:"王大省公族于庚,振旅。王锡中马,自口(厉)侯,四骥。南宫贶。王曰'用先。中砎王休。'用乍(作)父乙宝撙彝。"(《释文》6514)此铭的意思是:周昭王征伐"楚蛮"获胜后,班师于唐国,召集公族庆功,封赐功臣,将厉国进献的良马赏赐给"中",表彰他的功绩。

《中方鼎三》(中作父乙方鼎)铭文记载了周昭王赏赐"中"土地的盛事:"隹(唯)十又三月庚寅,王才(在)寒姊(次),王令大史兄(贶)福土。王曰:'中,兹福人入事,易(锡)于武王乍(作)臣。今兄(贶)畀女(汝)福土,乍乃采。'中对王休令,(上将下鼎)口父乙陴。隹臣尚中臣。"(《释文》2785)首次南征取得大捷,周昭王在寒地派太史传令,将"福土"赐给"中"作采邑。"福土",史学界有种意见解读为"濮土",也就是今天湖北孝感所在地溳水流域。"中"不仅在周王室任职,还是䢵国国君,正因为"中"作为周朝大军南征"楚蛮"的先锋,立下汗马功劳,因此周昭王将与䢵国接壤的"禠土"(溳土)赐予"中",扩大了䢵国疆域。

现藏于日本出光美术馆的《静方鼎》铭文也记载了周昭王南征史实:"隹(唯)十月甲子,王才(在)宗周,令师中眔静省南或(国),相埶居。八月初吉庚申,至告于成周。月既望丁丑,王才(在)成周大室,令静曰:'俾女(汝)采,嗣在(曾)鄂师。'王曰:'静,易(赐)女(汝)鬯、旂、市,采䐑。'曰:'用事。'静𢀛(扬)天子休,用乍(作)父丁宝(尊)彝。"

《静方鼎》铭文中的人物和史事与"安州六器"有密切关系。"安州六器"的器主"中",一般认为即《静方鼎》铭文中的"中"。"静"与"师""中"一同奉命视察南国,为昭王建立行宫,任务完成后回到成周(洛邑),昭王又让"静"去管理曾、鄂两地的军队。曾、鄂两国均在今随州一带。"安州六器"出土于孝感,佐证"中"的封国应在今孝感市一带,而孝感历史上一直隶属治所在今安陆市的安陆郡、安州、德安府管辖。"中"的封地采邑大致与䢵国疆域相吻合。

三、䢵国疆域最辽阔的时期——春秋初期的䢵国疆域

西周时期,虽然在周王朝的统治和调节下,各诸侯国疆域总体保持稳定,但各诸侯国一直进行着扩张尝试。史载周武王伐纣,会盟诸侯国800多个,周王朝建立后,又分封了许多诸侯国。但到春秋初年,诸侯国只剩170个左右。许多小诸侯国被兼并,消失于历史尘埃中。

䢵国,地处周王朝统治区域的南部边缘地带,与"楚蛮"部族杂居。作为最早开拓江汉地域的诸侯国,与楚国一样,䢵国也开启了开疆拓土的进程。到春秋初期,䢵国已然成为雄踞江汉,与强邻楚国以大洪山为

界、地分东西的、具有一定影响的诸侯国。根据《左传》相关记载,至公元前701年郧、楚"蒲骚之战"爆发之时,郧国的统治范围,以今湖北安陆、云梦、京山为核心,涵盖孝昌、孝南等地,北与随、贰为邻,西与强楚以大洪山为界,西南接轸国,南及汉川、汉口、汉阳以及天门、沔阳(仙桃)、黄陂一带的长江之滨,东接大别山区,幅员广阔,雄踞江汉。《湖北省建制沿革·秦汉郡县》:"汉之安陆,包括(今)汉川、孝感、黄陂、汉阳、安陆、云梦、应城、京山等八县。"这个区域,大体与史料记载的古郧国地域范围吻合。郧国,与楚、随等诸侯国共同承担着捍御周王朝南方安全、保护青铜资源通道的战略重任。

今湖北安陆为郧国核心地域。清代光绪《德安府志·德安府沿革表》记载:"德安府,周为郧子国,其唐、随、贰、轸、蒲骚,皆在今属。"又载:"安陆县(附郭),周至秦皆为郧城。"

今湖北云梦,亦为郧国中心地域,春秋战国时期属郧邑,战国中晚期以及秦汉至南北朝时期是安陆县的一部分。公元550年,即西魏大统十六年,以安陆为中心的安陆郡被北方政权占领,改为安州,以安陆县为治所,析安陆南部设云梦县。宋代乐史《太平寰宇记·卷一百三十二》:"……云梦县……《郡国志》云:春秋时为郧国。《尚书》云:云土梦作乂。"清代陈梦雷《古今图书集成·德安府》:"云梦县,县在府治南六十里。秦属安陆郡。汉为西陵、安陆二县。地有云梦城。安陆县南五十里亦有云梦泽。按《左传》:郧子之女弃于梦中。又云楚子济江入云中,并称则曰云梦。"清代光绪《德安府志·德安府沿革表》:"云梦,(周)郧地;(春秋)楚郧邑地。"

今湖北应城,春秋初期部分地区属郧国。《古今图书集成·德安府部汇考》:"应城县春秋称蒲骚地。郧子属邑。战国为楚地。秦为南郡地。西汉为安陆县。东汉仍安陆县,为竟陵侯国地。范晔书竟陵侯国内有蒲骚。三国历魏晋为安陆地。南宋析安陆县置应城县。此建置应城县之始也。"蒲骚,在今应城县西北三十里,位于应城与京山、天门交界之处。蒲骚是郧国西南部的军事重镇,因此可以推断今应城一部分属轸国,一部分属郧国;与蒲骚山水相连的今京山、天门一带,也当是郧国疆域的一部分。

至于京山、天门、汉阳、汉川一带,清代康熙《汉阳府志》记载:"郧,即今德安府。其四境,今竟陵、汉阳、汉川,皆其地。"江汉平原的天门、仙桃(沔阳)、潜江以及大洪山与江汉平原交会之处的京山一带,系古代中原文明传播至江汉流域的重要通道,其大部分地域也是郧国的重要组成部分。《舆地广记》:"复州沔阳县,春秋郧子之国,汉云杜县地,属江夏郡。"

第四节　根在安陆——郧国都城

"楼在浮云缥缈间,浮云破处见朱栏。山光对入郧城紫,溪影横飞梦泽寒。"

这是宋代状元郑獬题咏安陆名胜的《浮云楼》诗。

郧城,即郧国国都所在地,一般指今湖北安陆。

安陆素有"郧国故都"之称。清代道光《安陆县志》有注:"(安陆),春秋时郧子国,郧一作鄖,又作溳,俱读曰云。"安陆境内晒书台、神墩、四股台、江家竹林等商、周时期遗址及古城、死土岗等春秋战国遗址出土的青铜鼎、爵、瓿、觚、壶、簋、剑、矛、戈、軎辖、衔、箭镞等文物无不叙述着商、周时期璀璨的青铜文化。根据文献记载,结合考古佐证,今湖北安陆就是西周时期郧子国故地。而古安陆城即郧国都城。

一、古代历史地理文献记载，主张郧国在今湖北安陆

综合历代史料记载，主流观点大都主张安陆为"郧城"，即西周、春秋时期郧国国都所在地。

最早定位郧国在今湖北境内古云梦泽一带的，是《左传》的记载。《左传·宣公四年》记载："初，若敖娶于䢵，生斗伯比。若敖卒，从其母畜于䢵，淫于䢵子之女，生子文焉。䢵夫人使弃诸梦中。虎乳之。䢵子田，见之，惧而归，夫人以告。遂使收之。楚人谓乳'穀'，谓虎'於菟'，故命之曰'斗穀於菟'。以其女妻伯比，实为令尹子文。"上文中的"梦"，即古云梦泽，为幅员辽阔、涵盖今长江中游的巨型烟莽水泽，其北缘一直延伸到大洪山南麓、今安陆南部平原地带。

明确指出郧国国都在德安府的是对东汉许慎《说文解字》的解读。东汉许慎《说文解字》："䢵，汉南之国，从邑，员声。"清代段玉裁《说文解字注》指出："（䢵），汉南之国。《左传》'桓十一年，郧人军于蒲骚……宣四年，若敖娶于䢵'。䢵字，或作郧……今湖北德安府府城，即故郧都也。"德安府建置始于宋徽宗宣和元年（1119 年），安陆县为府治，府城即今天的安陆城。

最早明确称安陆为"郧城"、指出安陆为郧国都城的，是北魏郦道元《水经注·涢水》："随水，出随郡永阳县东石龙山，西北流，南回，径永阳县西，历横尾山，即《禹贡》之陪尾山也。辽水又西南，至安陆县故城西，入于涢，故郧城也。因冈为墉，峻不假筑。"随水，发源于今湖北省广水市境内石龙山，流经广水、安陆交界处，注入涢水（今府河）。《古今图书集成·德安府》记载："随水，出永阳县石龙山。西南流与寿山水合，而

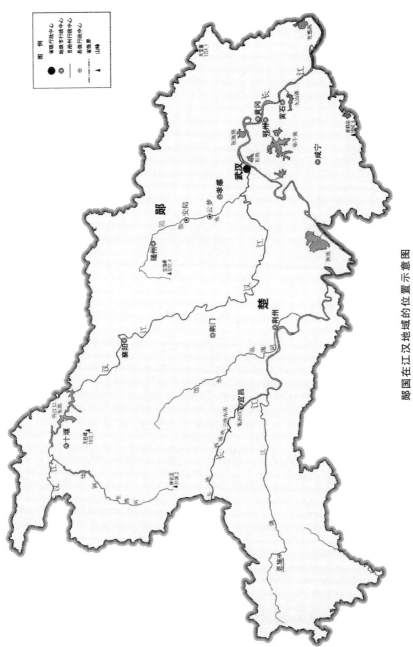

鄂国在江汉地域的位置示意图

西折汇马坪港,注于涢。"

历代史籍明确记载郧国国都——郧城在今湖北安陆,如唐代李泰《括地志》:"安州安陆县,春秋郧子之国,后为楚所灭。"唐代杜佑《通典·州郡十三》:"安州(今理安陆县),春秋郧子之国(郧或作䢵、鄖、涢,皆音云),云梦之泽在焉。后楚灭郧,封斗辛为郧公,即其地也。"宋代李昉《太平御览·周郡部·卷十五》:"安州,《十道志》曰:'安州,安陆郡。春秋䢵子之国,云梦之泽在焉。后楚灭郧,封斗辛为郧公,则其地也。'"宋代乐史《太平寰宇记·卷一百三十一》:"郧国,今安州城是也。……於菟村,斗伯比外家处生斗榖於菟,为楚令尹。"南宋罗泌《路史·后纪八》:"云、员、䢵,同妘也。妘姓三祖,亦作伝、偩、䢵、鄖。《盟会图》云:'䢵子国,在安州。'春秋,鄖人楚灭之,封斗辛为郧公。今德安府之安陆有郧乡、郧水、郧城、郧公庙。(北)周为郧州。"明代马崙《德安府志》:"《禹贡》:荆州之域。《周礼·职方氏》:'荆州泽薮曰云梦,即此。'春秋郧子国,楚灭郧,封斗辛为郧公,为楚地。秦并天下,属南郡;西汉置江夏郡,安陆预焉。……郡名,安陆;郧国,春秋名。"《读史方舆纪要·卷七十七·湖广三》:"……郧城,今府城。春秋时郧子国也。楚灭郧,封斗辛为郧公,邑于此。"清代顾栋高《春秋大事表》:"䢵,不知何年灭于楚。今德安府治安陆县,为古䢵国也。"清代姚鼐《古文辞类纂》:"欧阳永叔《李秀才东园亭记》。随,春秋时称汉东大国……封域之广,与郧、蓼相介,才一二百里。……郧,春秋国名,亦作䢵,今湖北安陆县,故郧都。"

西周时期的郧国国都,于春秋时期在楚国兼并郧国后,成为郧邑治所。清代陈梦雷《古今图书集成·德安府部汇考》:"郧城,今府城,春秋时郧子国也。楚灭郧,封斗辛为郧公,邑于此。定十年,吴入郢,楚子奔鄢。《史记》：楚昭王十年，吴入郢，昭王亡至云梦，走郧，是也。……郧城，即安陆之别名矣。"

公元前506年，吴楚"清发水之战"后，吴军又在今湖北京山、钟祥一带的"雍澨之战"中再次大败楚军，"五战及郢"，占领了楚都郢（今湖北荆州）。吴军进入楚都后，"烧高府之粟，破九龙之钟，鞭平王之墓"，"伍子胥求昭王，即不得，乃掘平王之墓，出其尸，鞭之三百，然后已"。楚昭王在吴师破郢都之际出亡。据《史记》载，楚昭王逃亡到了"郧"，并由郧公斗辛及其弟斗巢护送至随国（今湖北随州）。

清代高士奇《春秋地名考略》明确指出，郧国国都在德安府城所在地——安陆："定四年，吴入郢。昭王自云中奔郧。郧公辛之弟怀将弑王。辛止之，与其弟巢以王奔随，是也。其地，《汉志》：江夏竟陵县有郧乡、楚郧公邑。应劭曰：江夏云杜县有郧亭，即若敖娶处。二说皆与杜同。汉云杜县，后周废，今其故城在景陵县西北。景陵，即汉竟陵也。然求其境内则无地以拟之。"又载："《水经注》曰：'涢水径安陆故城，古郧城也。'汉安陆县属江夏郡，晋为江夏郡治；周置涢州；唐为安州；宋为德安府；明为德安府。又，历代所改州郡之名甚多，皆以安陆为治所，至今仍之。……《五代志》云：安陆县，理郧城。晋太元八年，苻坚大举入寇，慕容垂进拔郧城。义熙初，桓振据江陵，为刘毅等所败，逃于涢川，既又自郧城袭江陵。梁武帝攻鲁山，谓郧城、竟陵之粟方舟而下，是也。岂安陆实郧国，故父老傅其名因得见于史与？然终与杜不合，未知何故也。臣愚，以为郧境本广，而安陆、云杜、竟陵皆接壤。王莽地皇三年，贼帅王匡拔竟陵，转击云杜、安陆，可征已。涢水绕安陆，固宜为郧都。云杜以梦为名，或即郧子田处，亦未可知耳。"

关于郧城的具体位置，清代乾隆《大清一统志·德安府·建置沿革》更是明确指出,鄖国国都在今安陆西北:"(德安府)《禹贡》:'荆州之城';春秋时鄖国;后属楚。秦属南郡。……(鄖国)故城在今(安陆)县北。"清代道光《安陆县志》:"鄖城,今(德安)府城,春秋时鄖子国也。……《水经注》:'涢水经安陆城西,故鄖国也。盖亦因涢水为名矣。'"《古今图书集成·德安府部汇考》也作了交代:"布政司分司,在(德安府城)城隍庙后即古鄖址。今废。"

历代文学作品多题咏古鄖国所在地安陆,如北宋苏绅《题安陆》:"城郭依然鄖子国,山川分得楚王台。"北宋进士李通儒《桃花岩诗》:"地势下临鄖子国,山光遥射楚王城。惟有桃花岩上月,曾闻李白醉吟声。"

二、现当代先秦研究界主流观点是鄖国在安陆

郭沫若主编的《中国史稿地图集》中的"春秋时期黄河长江中下游地区"地图,将鄖国标记在今湖北省安陆市。杨伯峻《春秋左传注》:"(鄖子国)在今安陆县,恐今安陆县一带皆古鄖国。"谭其骧主编的《中国历史地图集》将鄖城标记在涢水中游。潘新藻《湖北建制沿革》载:"鄖先在安陆,后迁竟陵。"又载:"古鄖子国,是安陆县城,鄖城、涢水、涢山,又皆由此得名。其后鄖灭于楚,楚迁之于竟陵,犹迁权、迁罗之比。"何光岳《楚灭国考》:"鄖国之都,在今湖北安陆县境。鄖为嬴姓国,祝融的后裔。周时居此。春秋时期灭于楚。"

张正明、刘玉堂等主编的《湖北通史》在叙述《编年记》时说:"(秦汉时期的)安陆,今湖北安陆市北。"张正明《楚史》认为,鄖人祖先系巴人的一支。《山海经·卷十八·海内经》:"西南有巴国。皞生咸鸟,咸鸟生乘厘,乘厘生后照,后照是始为巴人。"从这条记载可知,巴族不是化外民族,应该是伏羲女娲的后代,巴族文化和中原文化联系紧密。张正

明《楚史》"筚路蓝缕的岁月"一章指出,尧舜禹时代征伐"三苗"、夏商时期征伐"蛮荆":"巴人从大巴山脉南下,经由巫山,而进入了武陵山脉……此外,还有一些巴人的散部,多数在江汉平原的西部和中部,其中最偏东的一部迁徙到了涢水流域,建立了一个郧国。当然,也只是方国,其都应在今湖北安陆县境。"

当代字典、辞典等工具书及学界的主流主张均称郧国在今安陆一带。《辞海》(2000年版,上海辞书出版社):"郧,亦作妘,古国名,在今湖北安陆市。古邑名,春秋卫地。古地名,春秋吴地,在今江苏如皋市东。"《辞源》(2008年版,中国古籍出版社):"郧,春秋国名,为楚所灭,故地在湖北安陆。"《新华字典》(2015年版,商务印书馆):"郧,古国名,在今中国湖北省安陆市;古地名,在今中国江苏省如皋市;姓。(郧)……在今湖北省安陆市。春秋时为楚所灭。(又)古地名,春秋卫地,故城在今江苏省如皋市;春秋吴地,在今江苏省如皋市东。"

三、安陆境内的先秦时期文化遗存,佐证郧国在安陆

郧,是一个非常古老的方国,西周时期是"南土"主要诸侯国之一,与楚"爵位相等,地分东西",与"汉阳诸姬"共同承担捍御周朝南方安全的重任。

由于安陆地处襄汉走廊的南大门,是东南去西北的咽喉要道,因此战略地位非常重要,历代均为军事重镇。中国历史上的多次战乱,安陆都未能幸免,安陆古城数次遭到战火摧毁,以至于许多文物古迹荡然无存,今天已经很难找到古郧子国的遗迹。虽然诸多文献均记载郧子国在今安陆市,并指出郧国故城在今安陆城北一带,但至今未有郧人城邑或墓葬之类发掘出土,因此郧子国都究竟在哪里,仍是争议话题。

关于䢵子国都城所在地的准确位置，历代文献记载不一致，有的说䢵国古城中心地带在安陆城北的江家竹林附近，有的说在今涢水一带，有的甚至说在三陂港一带。1981年考古人员在安陆城北七里处的江家竹林采集到许多春秋战国时期的绳纹陶鬲、绳纹瓦当以及陶豆、盆、罐等器物。该处遗址西临涢水，文化层深约2 m，发现有夯土建筑遗迹，面积约60万 m²。此后，考古界又于1985年在江家竹林以北2 km处的洑水镇砖瓦厂，发现春秋中晚期墓葬20余座，出土有完整的青铜器25件，其中青铜鼎3件、铜簋2件、铜壶2件、铜戈3件、铜剑3件、铜镞8件、马衔2件、车辖二件。从形制纹饰看，应为春秋中期之物。两处遗址相距很近，地形为一平缓山岗，沿涢水向南展开。此外，洑水镇附近还有余家岗新石器时代古文化遗址、板桥姚家湾商周时期古文化遗址。

此后，在现今安陆城北至三陂港一带发现多处西周至春秋、战国时代的古文化遗址和古墓葬，这些考古成果说明，春秋战国时代，这里应是一处重要的地区政治、军事中心所在，即古䢵国都城所在地。依据考古发现，参考郦道元"因冈为墉，峻不假筑"的记载，我们认为䢵国故都位于安陆城至洑水镇一带的可能性很大。孝感市博物馆原馆长宋焕文著文《安陆新考》，认为古䢵子国的国都在今安陆县城以北，即江家竹林至洑水一带。随着文物考古工作的进一步展开，相信䢵国故都之谜将大白于天下。

在《䢵子国考》一文中，何光岳先生广泛搜集史料，确证䢵国在安陆："《括地志》云：'安州安陆县城，本春秋䢵国城。'这时楚国日益强大，大肆侵并汉水以东诸国，䢵子国也感受到威胁，便联合附近诸小国以抵抗楚国的侵略。《左传·桓公十一年》：'春，䢵人军于蒲骚，将与随、绞、州、蓼伐楚师。'注：'䢵国在江夏，云杜县东南有䢵乡。蒲骚，䢵邑。'云杜就是今安陆县。蒲骚,据《春秋大事表》称'在今应城北三十里'。这次交战,郧国为楚国所败。《十道志》称'安州安陆县,春秋郧子之国,后楚灭郧,封斗辛为郧公'。《汉书·地理志》及《后汉书·郡国志》里都指明这里就是郧子国故地。郧子国西滨涢水,涢水又分大涢水、小涢水。《水经注》云:'涢水出县东南大洪山,……故亦谓之涢山矣。涢水东北流,合石水。石水出大洪山,东北流注于涢,谓之小涢水。'涢水入汉处,叫涢口。涢水之北,地名涢阳,今属随县。安陆有郧乡、郧水、郧城、郧公庙,周为郧州。应山县有云公城,南邻还有大泽叫云梦,这一带地方,古称云中。泽畔古有云杜县,今有云梦县。附近有云梦宫。都是因郧子国所在而命名的。"

针对郑樵《通志·氏族略》、罗泌《路史》有关"郧国"的混乱记载,何光岳《邧子国考》指出:"至于《通志·氏族略》称'云,……嬴姓,子爵,祝融之后,封于罗',《路史·后纪八》也另提出,邧,'嬴姓国,……灭于楚',则是未曾详加考证,而同时产生二个郧国,造成了互相矛盾。原来祝融之后,只有妘姓,并无嬴姓,嬴姓乃伯益之后。而楚所灭的只有妘姓的郧子国,并没有嬴姓的郧子国。春秋时代,邧子国只有一个,就是妘姓,也即是邧姓、云姓和郧姓。"

第五节 "汉阳诸姬"与郧国的地位、作用

"汉阳诸姬"是一个历史地理概念,最早见于《左传·僖公二十八年》:"栾贞子曰:'汉阳诸姬,楚实尽之。思小惠而忘大耻,不如战也。'"西晋杜预注:"水北曰阳,姬姓之国在汉北者,楚尽灭之。"所谓"汉阳",即汉水之阳,汉水以北地域。周昭王至周宣王时期,为加强对江汉地域

的控制,保护长江中游至中原地区的青铜资源运输线路,"以屏藩周",在今汉水以北至大别山之间的广阔地区,分封、移封了一系列诸侯国,主体为随国等姬姓诸侯国,其他为与周王室亲缘、血缘密切的异姓诸侯国,后世称"汉阳诸姬"。

一、"汉阳诸姬"的分封与立国

"汉阳诸姬"出现在西周中期,与周昭王南征有直接关系。西周初期,长江中游地域的"楚蛮"北侵中原,骚扰青铜之路,是催生"汉阳诸姬"的主要诱因。西周灭商后,周王室成为华夏共主,但南方江汉流域散布着"荆蛮""楚蛮"部族,威胁到周王朝南方疆域安全与青铜资源运输线路的通畅。考古发现证实,在丝绸之路、茶叶之路之前,中国存在一条青铜之路,被称为"金道锡行"或"铜锡之路",大致走向为自青铜资源产地鄂东南、赣西北,经襄汉走廊(随枣走廊)而至关中或洛邑。周昭王曾三次南征,主要对象是"楚蛮",既为捍卫周王朝南部疆域的安全,也为了维护"金道锡行"的畅通。"金道锡行"支撑了西周王朝的崛起,大量青铜资源运到关中地区和中原,为创造辉煌的青铜文明奠定了基础。

《史墙盘》铭文:"宖鲁卲(昭)王,广纰楚荆,隹(唯)寏(贯)南行。"

《过伯簋》铭文:"白(过伯)从王伐反刜(荆),孚(俘)金,用乍(作)宗室宝(尊)彝。"

《蠚簋》铭文:"蠚从王伐荆,孚(俘),用作馈簋。"

《曾伯簠》铭文:"唯王九月初吉庚午,曾伯霖哲圣,元武孔燎,克狄(逖)淮尸(夷),卬(抑)燮繁汤(阳),金道锡行,具既卑(俾)方。"

《古本竹书纪年》:"昭王十六年,伐楚荆。"

《今本竹书纪年》："昭王,名瑕……十六年,伐楚,涉汉,遇大兕。十九年春,有星孛于紫微。祭公、辛伯从王伐楚。天大曀,雉兔皆震,丧六师于汉。王陟。"又载:"(周穆王)三十五年,荆人入徐,毛伯迁帅师败荆人于泲。三十七年,大起九师,东至于九江,架鼋鼍以为梁。遂伐越,至于纡。荆人来贡。"

周王朝三次征伐"楚蛮",以周昭王被淹死在汉水中结束。这时,北方的游牧部族猃狁逐渐繁衍发展,不断袭扰周王朝的统治中心关中一带。无力两线作战的周王朝,为了镇抚众多"楚蛮"部族,确保周王朝南方边境安宁,也为了防护从铜绿山至北方中原地区的青铜运输线路,陆续将部分北方诸侯国迁徙到江汉流域,并在当地分封了部分诸侯国,因这些小国主要分布在汉水以东以北地域,故史称"汉阳诸姬"。

据童书业《春秋左传研究》,"汉阳诸姬"是周昭王、周穆王至周宣王时期陆续分封的。西周早期,周王朝的拓殖重心在黄河流域的中原地区,主要目的是镇服商朝遗民以及剪除敌对部族,所以分封的重要诸侯国主要在黄河流域。当时,周人族裔人数很少,要控制庞大的商朝遗民已属不易,江汉、淮河一带还没有力量去控制。到了西周中期,周王朝在黄河流域的统治逐渐稳固,便开始在更大范围内拓展。周昭王、周穆王时期不断向楚蛮、淮夷、虎方等用兵,以巩固对南方疆域的控制,同时夺取战略物资"铜"和保护南征通道。出于战略需要,周王朝把一些姬姓诸侯国从山西、陕西一带移封到淮水上游和汉水中游地带,建立起随(曾)、唐、蔡、应、息、鄂、轸等十数个诸侯国,组成一个庞大的以姬姓封国为核心的诸侯国集团。"汉阳诸姬"互为掎角之势,负责监视并阻断荆楚蛮夷与淮夷、百越等部族结盟,为安定南方、保障青铜资源供应起了重要作用。"汉阳诸姬"这些诸侯国,一同控制汉水流域、淮水上游和大别山一带,在周王朝南方筑起了一道防备南蛮进攻的坚固防线。这些诸侯国扼守南方铜矿资源产地通往关中的咽喉要道,对于屏藩周王朝作用巨大。

鄀国位居襄汉走廊要冲,扼守"金道锡行"的咽喉,与周王室同姓诸侯国曾国(随国)等"汉阳诸姬"共同承担着控制、运输、管理南方铜锡资源的职责,使鄂东南的大冶、江西瑞昌和安徽铜陵等地的铜矿、铜料资源,源源不断地经随枣走廊北上。

二、"汉阳诸姬"的范围与分布

清人易本烺《春秋楚地问答》:"(汉阳诸姬)西自汉水以东,南自汉水以北,东至于光、黄,北至于淮、汝。"学界一般认为"汉阳诸姬"的分布范围为秦岭以南的南阳盆地、江汉平原以及淮、汝流域。

西周时期周王室在黄河流域、汉水流域和淮河流域分封了数百个诸侯国。周王朝南方边疆大体分为三大诸侯国群,一是大别山以东、淮河流域的陈国、蔡国、息国、沈国、蒋国等,是防备淮夷诸国的;二是大别山与汉水之间的"汉阳诸姬"主体,由二十个左右的姬姓及异姓诸侯国组成,主要镇抚"荆蛮""楚蛮",保护青铜资源通道;三是汉水以西的楚国、罗国、卢国等,主要镇抚百濮、苗蛮等。

文献记载与考古资料中,除了"汉阳"的地域称谓外,还有与之相应的"汉东"和"汉川"地域指称。如《左传·桓公六年》:"汉东之国,随为大。"《左传·定公四年》:"周之子孙在汉川者,楚实尽之。"先秦时期所谓"汉阳""汉东""汉川",所指的大致都是同一区域,就是今南阳盆地、桐柏山—大别山以南、长江以北、淮河上游这一区域。近年来,湖北随州出土曾国的文物上出现"汉东"一词。如2019年随州义地岗发掘出土的编钟铭文中有:"皇且(祖)建于南土,敝(蔽)蔡南门,质(誓)应京社,适于汉东。"

三、"汉阳诸姬"的构成与演变

"汉阳诸姬"是一个联盟诸侯群,他们的位置居楚国的北边、东边,分布于大巴山至大别山之间,地处汉水之北与淮水上游以南的广阔地域,是楚国北进中原和周王室开拓南土的中间地带。"汉阳诸姬"以姬姓诸侯国为主,也包括一些异姓的古族古国。这些诸侯国有的分封于周武王、周成王时期,但大多数分封于周昭王、周穆王时期,系周王朝在与南方蛮族征战中逐步构建的南土防线。最初,周王朝分封"汉阳诸姬"是为了防御淮夷,但在淮夷势力被征服之后,僻处荆山的楚人却趁机崛起,"汉阳诸姬"的重点遏制目标变成了楚国。随着楚国势力的崛起及其北扩战略的推行,"汉阳诸姬"面对强大的楚国,已不能左右局势,逐渐被楚国所灭。战国时期,"汉阳诸姬"全部被楚征服。

"汉阳诸姬"的构成,史家众说纷纭,总体来说,主要有以下诸国。

(一)郧国

郧国,主要在今湖北安陆。《通志·氏族略》:"邧氏,亦作妘,亦作郧,又邑作云。"妘姓,"祝融八姓"之一,与楚同祖。《路史·卷十七》:"云近楚,若敖父子娶焉,后灭之。"

郧国,是一个古老的方国。邧,又作妘、云、郧,妘姓,系祝融氏吴回之子陆终第四子求言之后,历尧、舜、禹、夏、商至西周、春秋数代,于西周初期被分封为郧国,子爵,其核心疆域在今湖北省安陆市、云梦县以及京山市等地,后拓展至北及大洪山区、南迄长江之滨的广阔地域。参加过楚武王熊通的"沈鹿会盟"的郧国,最终于春秋时期为楚国所灭,时间大约在公元前701年—公元前584年,前后存在数百年。郧国被楚所灭后,成为楚国郧邑。

(二)绞国

绞,又作佼,子爵,春秋时期位于湖北西北的汉水中上游地区的诸侯国,所辖之地约在今湖北丹江口市、郧阳一带。绞国为偃姓国,是上古时期皋陶的后裔。公元前700年前后,绞国被楚国所灭。清代高士奇《春秋地名考略》:"杜注:'绞,国名。'臣谨按:桓十二年,楚伐绞,大败之,为城下之盟而还,即此。或曰,在今郧阳府西北。"《路史·卷二十五·国名纪》:"绞,佼也。楚伐取之。邡邑有绞,在随、唐之南。《传》云:'佼,小而轻。'是国也。又曰'日虞四邑',颠倒如此。"

《左传·桓公十二年》:"楚伐绞,军其南门。莫敖曰:'绞,小而轻,轻则寡谋,请无扞采樵者以诱之。'从之。绞人获三十人。明日,绞人争出,驱楚役徒于山中。楚人坐其北门,而覆诸山下,大败之,为城下之盟而还。伐绞之役,楚师分涉于彭。罗人欲伐之,使伯嘉谍之,三巡,数之。"

公元前700年,楚武王为打开北图中原的通道,以惩罚绞国助郧伐楚为借口,亲率大军,倾尽国力攻打绞国。绞军闭城坚守,楚军强攻不下,便采用莫敖屈瑕"引蛇出洞"之计,派士兵假扮樵夫去绞城附近砍柴,引诱绞军出城掠夺,并故意让绞军俘去数十人。第二日,绞军争出北门追逐楚军士卒。楚军见绞人中计,一面派伏兵进攻出城的绞军,一面派遣主力军趁机攻城。绞君被迫与楚军签订"城下之盟"。楚国出兵攻伐绞国,处于楚绞两国之间的罗国(今湖北南漳)趁此派大夫伯嘉到彭水(今湖北南河)一带侦察,掌握楚军渡彭水的人数,发现楚军主力没有全部出动,就没敢轻举妄动。到第二年即楚武王四十二年(公元前699年)春,楚人获悉罗国有跟踪和发动袭击的图谋,便向罗国发动军事进攻。楚、罗之战,楚主帅屈瑕因伐郧、伐绞胜利而骄傲轻敌,同时,罗国得到了卢戎(在今湖北襄阳西)的有力支援,结果楚军大败,屈瑕兵败自缢。大约在楚成王(公元前671年—公元前626年在位)时期,绞国为楚国所灭。楚国灭掉绞国,控制了汉水上游,打开了北向争霸中原的大门。

(三)州国

州国,原有姜姓州国(在今山东境内),"汉阳诸姬"之州国,为偃姓州国(今湖北监利、湖南华容一带),皋陶后裔。春秋初期,楚国吞并州国。南宋罗泌《路史·卷二十五·国名纪》:"少昊后偃姓国。州,今荆南监利,故华容古州也。昔随、绞、州、蓼伐楚败郧者,皆近楚小国。庄辛言'州侯'者,非淳于之州。"清代高士奇《春秋地名考略》:"州,杜注:'州国,在南郡华容县东南。'臣谨按:哀十七年,太师子谷曰:'观丁父都俘也,武王以为军率,是以克州、蓼,服随、唐,大启群蛮。盖二国不久皆灭矣。'《战国策》:'庄辛谓顷襄王:"左州侯,右夏侯,盖尝以为媷人邑也。"'《史记》:'楚考烈王元年,"纳州于秦以平"。'汉为州陵县,属南郡;后汉因之,吴废。晋太康初复置州陵县,仍属南郡;宋改属巴陵郡;齐、梁因之。后周废。今州陵城,在监利县东三十里。"

(四)轸国

轸,在今湖北应城境内,偃姓,皋陶后裔,子爵,西周之封国。贰、轸同姓,关系密切。周惠王二十年(楚成王十六年,即公元前 656 年),轸国被楚所灭,遗民被迁于轸山下的巴丘城,即今湖南岳阳。《通志·氏族略·卷二十六》:"轸国,在楚之东。……贰氏,或言姬姓。《左传》'楚屈瑕将盟贰、轸',并小国也。贰国,在随州南。"《路史·卷二十五·国名纪》:"轸,左氏传记'轸国,在楚东南'。"清代光绪《应城县志·卷一》:"轸,在应城县西。……亦为郧国蒲骚地。"又载:"蒲骚,郧邑。杜注:'在应城县北三十里。'……按顾炎武《天下郡国利病书》:'郧国,在郢之东,其属随州、应城、云梦。又,在景陵之东。郧子与蓼、州尝伐楚,而军蒲骚,今之应城也。'……又按:蒲骚既在应城北三十里,而蒲骚为郧郊邑,则应城兼有春秋郧国地矣。后,郧、轸二国皆为楚灭。"

(五)蓼国

蓼国,一说为姬姓国,在今河南南阳唐河县(西蓼),公元前 639 年被楚国所灭;一说为偃姓国,皋陶后裔,故址在今河南固始县(东蓼国),周襄王三十年(公元前 622 年)被楚所灭。《通志·氏族略》:"蓼氏:偃姓,皋陶之后。文五年,楚灭之。今寿州霍邱即其地也。子孙以国为氏。"《春秋地名考略》:"杜注:'蓼国,今义阳县东南湖阳城。'臣谨按:即古飂国。昭二十九年,蔡墨曰:'昔飂叔安裔子董父事舜氏,曰豢龙,封诸鬷川。鬷夷氏,其后也。'杜注:'鬷水上夷皆董姓。'《郑语》:'董姓鬷夷,则夏灭之矣。'《商书》:'遂伐三鬷,俘厥宝玉。'盖即所谓水上鬷夷之余种也。《孔传》:'三鬷,国名,今定陶也。见曹国。'飂,则叔安之初封,继处其地者则为蓼,亦曰廖。楚得其地,谓之湖阳。《竹书》:'楚共王会宋平公于湖阳。'《史记》:'沛公攻湖阳,下之。'汉为县,属南阳郡。《地理志》曰:'故廖国。'师古曰:'廖,力救反。'《左传》作飂,其音同耳。后汉初,光武封姊为湖阳公主。建安二年,曹操击张绣于穰,拔湖阳,又攻舞阴,下之。晋省入棘阳,宋、齐于此置戍。北魏太和二十二年,克之,复置湖阳县。梁尝得之,寻复入魏。北朝皆于此设侨州郡,代有变改。唐贞观中,始罢,以县属唐州。宋仍之。金废县为镇。嘉定十三年,孟宗政败金人于湖阳,即此镇也。今湖阳,故城在南阳府唐县南九十里。"

(六)房国

房国,侯爵,在今河南遂平一带,祁姓诸侯国,为尧帝之子丹朱后裔。丹朱之子陵以父封邑为氏,称房陵,公元前529年,房国为楚所灭。《竹书纪年》记载:"(帝尧陶唐氏)一百年,帝陟于陶。帝子丹朱避舜于房陵。舜让弗克。朱遂封于房,为虞宾。"《古今图书集成·郧阳府》:"舜封尧之子丹朱于房,即今房县。"清代乾隆《湖广通志》:"房县,春秋房子国。"

(七)贰国

贰,又作二,子爵,在今湖北广水(原应山)境内,偃姓国(一说姬姓国),与随、郧比邻,约当楚成王时期被楚所灭。一部分遗民南迁于今湖南汉寿县,一部分则留居邻地。《通志·氏族略》:"(贰),或言姬姓。《左传》:楚屈瑕将盟贰、轸。并小国也。"《路史·卷二十五·国名纪》:"贰,在随州南,昔屈瑕将盟贰、轸者。"《左传》偶见对贰国的记载,如公元前704年,楚武王在沈鹿(今湖北钟祥境内)与巴、庸、邓、绞、罗、郧、贰、江诸国会盟,拟与齐国争霸,唯有黄、随二国不至。楚成王十六年(公元前656年),贰国、轸国俱被楚成王所灭。

(八)沈国

沈国,初称聃国,姬姓,周平王东迁后,季载后裔另封沈国之地于上蔡、平舆、沈丘一带。沈国与楚国毗邻,不得已而与楚国结盟。对此,晋国十分不满,于公元前 506 年指使蔡国灭沈国。《水经注·汝水》:"汝水又东南,左会澺水。……又东径平舆县故城南,为澺水。县,旧沈国也,有沈亭。"

(九)应国

应国,始封于西周初期,姬姓国。西周末年,王室衰微,诸侯间征伐不断,应国立国于今河南省宝丰以东、鲁山东南及平顶山市区、叶县、郏县、襄城一带,春秋早期被楚国所灭。

(十)道国

道国,西周初期分封的姬姓诸侯国,故地在今河南确山县,一说在今河南汝南南部,后亡于楚国。《左传·僖公五年》:"楚斗穀於菟灭弦,弦子奔黄。于是江、黄、道、柏方睦于齐,皆弦姻也。"《汉书·地理志》记载其在汝南郡阳安县:"应邵曰:'道国也,今道亭是也。'"

(十一)蔡国

蔡国,姬姓,侯爵,首封国君为周武王之弟蔡叔度,在今河南上蔡县。公元前 532 年,楚灵王灭蔡。楚平王时期又恢复蔡国,蔡平侯迁都于吕亭,取名新蔡,即今河南新蔡县。蔡昭侯与唐国随吴军攻破郢都,楚复国之后,蔡国东迁吴国州来,取名下蔡,在今安徽凤台县,于公元前

447年为楚惠王所灭。

(十二) 息国

息国,西周至春秋初期的诸侯国,姬姓,侯爵。息国故城位于今河南息县城西南,春秋初期为楚文王所灭。息作为方国,在晚商时期已经出现。"汉阳诸姬"的息国为姬姓国,应是周人灭商后重新分封的姬姓息国。

(十三) 唐国

唐,侯爵,姬姓国,在今湖北随州西北九十里唐县镇,北面有唐河,在今河南唐河县。《国语·郑语》:"当成周者,南有荆蛮、申、吕、应、邓、陈、蔡、随、唐……,韦昭注:应、蔡、随、唐,皆姬姓也。"公元前505年,唐成公与吴王阖闾、蔡昭侯在柏举之战击败楚国,次年唐被复仇的楚国所灭,其后遂不见记载。徐元诰《国语集解》:"唐,南唐也,刘累之封,今湖北随县西北八十五里有唐县镇。"据"安州六器"之一的西周早期《中觯》铭文,西周早期姬姓唐国已在汉水以东立国。"汉阳诸姬"的唐国应是周灭原有的唐国后重新分封的姬姓"唐国"。

(十四) 长国(长子国)

长国,商代古方国,在今山西长子一带,厘姓。周武王灭商后,姬姓周人于长子(今山西长子县)建立长子国。西周中期,周昭工为南征荆蛮,移迁转封姬姓诸国于淮水上游及汉水流域,将长子国随唐、霍、曾、蒋等国向南迁徙,移封长子于今湖北黄陂,春秋初期被楚国所灭。

(十五)随(曾)国

随国,故地在今湖北随州,又称为缯国,即金文记载中的曾国,是西周初期分封的姬姓诸侯国之一,侯爵。随国国土广阔,大约以随枣走廊为中心,东至今湖北应山,西临今湖北襄阳,南近今湖北京山、安陆,北至今河南新野。随国综合国力相对而言较为强盛,在春秋时期文明发展水平较高。随国在商周之际掌控了长江中游的铜资源,占据着当时铜产量最大的鄂东南与赣西北。楚国在熊通时代,国力大增,对外开疆拓土,大举进攻邻国。其时楚立国于长江与汉水之间,对其威胁最大的是随国。随国与周王室同宗同姓,受周王室的委托,监管着江汉地区的诸侯国,在春秋早期屡次抵御楚国,是抵抗楚国问鼎中原的重要防御点。因此,楚就把随国作为讨伐的重点。

曾、随一体。"安州六器"记载周昭王南征"荆蛮",经过曾。曾,姬姓,侯爵,西周初年封南宫适于曾,又称南公之封地,原在今山东南部一带。昭、穆以后,曾国南迁,成为"汉阳诸姬"之一,在今湖北随州,有随城山、随侯台、随侯墓,汉因置随县,刘宋改为随阳郡,南齐改为随郡,西魏改随州。有学者考证,随国原在汾水流域,昭、穆时期,不断攻打荆楚,随亦被徙封于江淮汉水之间,成为汉东大国、"汉阳诸姬"之首。《左传》:"汉阳诸姬,随为大。"童书业《春秋左传研究》指出:"汾水流域附近之国名地名常出现于江淮汉水之间,如江淮汉水间有随、鄂、沈、黄、唐等国,汾水流域附近亦有之。"自西周初年至战国初期,随国存在了七百多年。因史书多称"随国",作为地名的"随"取代了"曾"。《史记·楚世家》:"楚伐随,是也。随曰:'我无罪。'楚曰:'我蛮夷也。'"又载:"三十七年,楚熊通怒曰:'吾先鬻熊,文王之师也,蚤终。成王举我先公,乃以子男田令居楚,蛮夷皆率服,而王不加位,我自尊耳。'乃自立为武王,与随人盟而去。于是始开濮地而有之。"又载:"昭王亡也,至云梦。云梦不知其王也,射伤王。王走郧。郧公之弟怀曰:'平王杀吾父,今我杀其子,不亦可乎?'郧公止之,然恐其弑昭王,乃与王出奔随。"

(十六)邓国

邓,史载商王武丁时已是方国之一,西周初期封为侯爵,在今湖北襄阳西北二十里的邓城,附近有邓塞、邓桃湖、邓湖镇等地名;北邻河南邓州,亦为邓人分布之地,隋于此置邓州。公元前678年,邓国被楚文王所灭。《史记·楚世家》:"十二年,伐邓,灭之。十三年,卒,子熊艰立,是为庄敖。庄敖五年,欲杀其弟熊恽,恽奔随,与随袭弑庄敖代立,是为成王。"邓国是周王朝南方较为重要的诸侯国之一,历经西周、春秋,一直延续了六百多年,最终被楚国所灭。

(十七)申国

申,侯爵,在今河南南阳市北二十里申城,开国之君公子诚为周厉王妻舅,因辅佐周宣王中兴而被封于申。春秋早期,崛起的楚国拓地,地处东周王室南大门的申国成为攻击目标。公元前688年,楚文王出兵灭申。东申,是申的一支附庸国,在今河南信阳市北六十里长台关的古申城,也叫谢,公元前686年,被楚所灭。

(十八)巴国

在"汉阳诸姬"之中,巴国是疆域最为广阔的一个诸侯国,姬姓,子爵,本是商代方国。西周初期被封于巫山一带。春秋时期巴国和楚国之间战争频繁,巴国多次被击败,都城被迫多次向西迁移。战国时期,巴国的疆域"其地东至鱼复,西至僰道,北接汉中,南及黔涪"。其疆域之辽阔,包括了四川盆地东部、湖北恩施等地区。公元前316年,巴国为秦所灭。

(十九)鄂(噩)国

鄂,黄帝后裔姞姓之国,夏、商时期的古老方国。商代鄂国在今山西省乡宁县,商纣王(帝辛)以鄂侯、九侯、西伯昌为三公。《史记·殷本纪》载:"(纣)以西伯昌、九侯、鄂侯为三公。九侯有好女,入之纣,九侯女不喜淫,纣怒,杀之而醢九侯。鄂侯争之强,辨之疾,并脯鄂侯。"西周初期,鄂国的故地被晋所并,遗族南迁到今河南南阳北,仍叫鄂国。后来,鄂国南迁随州(今湖北随州),与曾国同时并列于汉东地域。周昭王时期,鄂国曾协同周人征伐"荆蛮"。青铜器《鄂侯驭方鼎》铭文:"王南征,伐角、僑(遹),唯还自征,才坏(在坏)。鄂侯驭方内(纳)壶于王,乃(裸)之,(驭)方(侑)王。王休(偃),乃射,驭方䠶王射,驭方休闑,王宴,咸酓(饮),王亲锡驭(方玉)五縠(縠),马三(四)匹,矢五束,(驭)方(拜)手(稽)首,(敢)对(扬)天子不(丕)显休(爇),用乍(作尊)鼎,迈(其万)年子孙永宝用。"此铭文记载,周王南征淮夷,回师经过鄂国,受到鄂侯驭方的朝见,并与之共宴、会射。此时,周王朝与南方鄂国关系尚好。

周昭王之后不久,公元前863年,鄂侯驭方率南淮夷、东夷反叛周王朝,周厉王派西六师、殷八师伐鄂,俘虏了鄂侯驭方。西周后期《禹鼎》铭文则记载周王朝灭鄂的史实:"……用天降大丧于下国,亦唯鄂侯驭方,率南淮夷、东夷广伐南国、东国,至于历内。王廼命西六师、殷八师,曰:'扑伐鄂侯驭方,勿遗寿幼。'肆师弥怵㤉会匡,弗克伐鄂。肆武公廼遣禹率公戎车百乘、厮驭二百、徒千,曰:'于匡朕肃慕,唯西六师、殷八师伐鄂侯驭方,勿遗寿幼。'雩禹以武公徒驭至于鄂,敦伐鄂,休,获厥君驭方。肆禹有成。敢对扬武公不显耿光。用作大宝鼎。禹其万年子子孙宝用。"鄂国被周朝所灭,周人重新分封了姬姓鄂国,属"汉阳诸姬"。因受楚的威胁,鄂国于春秋中叶南迁到今湖北省鄂州市。

(二十)厉国

厉,子爵,又作赖、列、烈,在今湖北随州北四十里厉山,有赖乡、厉山、厉水。《左传》记载:"(鲁昭公四年)秋七月,楚子以诸侯伐吴……遂以诸侯灭赖。赖子面缚衔璧,士袒,舆櫬从之,造于中军。王问诸椒举,对曰:'成王克许,许僖公如是。王亲释其缚,受其璧,焚其櫬。'王从之,迁赖于鄢(今湖北宜城)。"子孙以厉、赖为氏。

(二十一)江国

江,子爵,在今河南息县西,公元前623年被楚所灭,"其子孙奔齐为大夫"。齐悼公时有江说。《世本》说江人遗民被封于今湖北江陵,以江为氏。

(二十二)黄国

黄,子爵,嬴姓,今河南潢川有黄国故城。据《竹书纪年》载,黄国源于黄帝轩辕氏,早期称为黄夷,是东夷集团的一支。春秋时期,楚国称霸,黄与江、道、柏、弦、随结盟与楚抗衡。《左传》载,公元前675年,楚文王"伐黄,败黄师于踖陵,遂还",至公元前648年黄国为楚所灭,遗民被迁至湖北黄冈,隋于此置黄州,附近又有黄陂、黄安、黄梅,均以黄人分布而得名。

(二十三)谷国

谷,伯爵,在今湖北谷城县。约于公元前678年,谷国与邓国一同被楚文王所灭。

(二十四)弦国

弦,子爵,今河南潢川县西南,公元前655年被楚所灭。

公元前704年,楚国熊通称王,是为楚武王,不断侵并包括"汉阳诸姬"在内的江汉地域诸侯国。公元前689年,楚文王对"汉阳诸姬"攻势更加凌厉,到楚成王四十年(公元前632年),"汉阳诸姬""楚实尽之"。从西周末年到春秋结束,楚国一共灭亡了六十余个小国,到战国时期,楚尽灭"汉阳诸姬",将汉水流域乃至长江中下游地区全部纳入楚国版图。

第四章 郧国衰亡

郧国是"汉阳诸姬"的重要诸侯国,与"汉阳诸姬"一起承担捍卫周朝南土、保护青铜资源、抑制楚人崛起的重要使命。在强大的周王朝庇护下,郧人稳步发展数百年,直到周室衰微,西周灭亡。公元前770年,周平王迁都洛邑(今河南洛阳),中国历史进入春秋时期。周王朝对长江中游的控制逐渐减弱,楚国趁机崛起,逐步向东侵并江汉地域。处于楚国扩张兵锋所指之处的郧国,联合遭楚国欺凌的小诸侯国,共同抵抗楚国侵略。郧、楚双方爆发了决定郧国生死存亡的大战,这就是《左传》记载的"蒲骚之战"。郧国惨败,从此一蹶不振,开始退出历史舞台。

第一节 春秋初期江汉地域列国形势

春秋初年,中原地区出现了历史上前所未有的大变局。公元前771年,周幽王死,其子姬宜臼继位,是为周平王。由于镐京(今陕西西安)

残破，同时遭到西北游牧民族犬戎的威胁，周平王于公元前770年迁都洛邑，史称东周。东周包括春秋（公元前770年—公元前476年）和战国（公元前475年—公元前221年）两个时期。前者为奴隶制瓦解时期，后者为封建制确立时期。

周平王东迁，是中国历史上一个重要的转折点。周朝更加衰微，作为天下共主的地位名存实亡。中原地区邦国林立，黄河中下游主要有郑、卫、齐、鲁、宋、陈、蔡等国；黄河中上游主要有秦、晋、虞、虢等国，大国争霸，战乱频仍。《史记·周本纪》："平王之时，周室衰微，诸侯强并弱，齐、楚、秦、晋始大，政由方伯。"东方的齐（今山东一带）、北方的晋（今山西一带）、西方的秦（今陕西一带）打着"尊王攘夷"的旗号，"挟天子以令天下"，展开了争当"霸主"的角逐。

楚人，芈姓，熊氏，起源于黄河流域"祝融之墟"（今河南新郑）。商代，楚人先祖被迫南迁到淅水与丹水交汇之处的"丹淅之会"。商朝末年，楚人依附周人，其首领鬻熊曾为周文王姬昌的"火师"。周武王时期，楚人参加武王伐纣。至鬻熊曾孙熊绎时，获封子爵，建立楚国，都丹阳（今湖北南漳），后南迁至汉江西侧的荆山。《史记·孔子世家》记楚昭王时令尹子西语："楚之祖封于周，号为子男五十里。"最初的楚国荒僻贫弱，荆蛮环伺。《左传》记载："昔我先王熊绎，辟在荆山，筚路蓝缕，以处草莽，跋涉山林，以事天子。"清华简《楚居》记载，楚人立国之初，好不容易建起一间祭祀大堂，却穷得拿不出祭祀的牛，跑到邻居鄀国偷了一头牛，怕人发现，只能晚上偷偷举行祭祀。

楚人历经数代人打拼，国势日益强盛，到西周中期，僻处汉水上游的楚国开始了兼并与扩张进程。周昭王第三次南征"楚蛮"全军覆没以后，周王朝实力急剧下降，无力控制江淮流域，只得迁徙和分封一系列小诸侯国即"汉阳诸姬",以维持南方疆域的稳定和青铜资源通道的畅通。周人势力的衰退为楚人崛起提供了千载难逢的历史机遇。周夷王(？—前879年)时期,楚国第六代君主熊渠趁周朝国势衰弱之时,开始了扩张尝试。

熊渠,勇力过人,胆略非凡。《韩诗外传》说:"昔者楚熊渠夜行,寝石,以为伏虎,弯弓而射之,没金殷羽,下视,知其为石。"《史记·龟策列传》甚至还说,连后羿的射技也不及熊渠。熊渠不仅善射,在战场上勇于作战,而且也很有政治头脑。他向周围地区开疆拓土,大致执行的是近交远攻、先礼后兵的方针。楚国发迹于丹、浙,后向睢山、荆山发展,即沿丹水而下,逐步至汉水流域。其间广阔地带,杂居着群蛮、百濮等部族方国。楚人一方面臣服周朝,一方面与周围部族方国周旋,营造生存与发展环境。《史记·楚世家》称熊渠在江汉地区甚得人心,"蛮夷皆率服"。熊渠足智多谋,在国力增强、后方稳固后,开始西讨秦岭、大巴山一带的庸国(今鄂西竹山等地),东征今湖北东南部鄂国,南征扬粤,封长子熊康为句亶(今湖北江陵一带)王、中子熊红为鄂(今湖北鄂州一带)王、少子熊执疵为越章(今江汉平原腹地)王,楚人势力开始扩展到江汉地域。

《史记·楚世家》:"熊绎当周成王之时,举文、武勤劳之后嗣,而封熊绎于楚蛮,封以子男之田,姓芈氏,居丹阳。……熊渠生子三人。当周夷王之时,王室微,诸侯或不朝,相伐。熊渠甚得江汉间民和,乃兴兵伐庸、扬越,至于鄂。熊渠曰:'我蛮夷也,不与中国之号谥。'乃立其长子康为句亶王,中子红为鄂王,少子执疵为越章王,皆在江上楚蛮之地。"

《今本竹书纪年》:"(周夷王)七年,冬,雨雹,大如砺。楚子熊渠伐庸,至于鄂。"

春秋初期,黄河流域齐、晋等大国争霸,江汉一带主要有巴、楚、随、申、息、邓、郧、绞、州、蓼等诸侯国。楚人不断开疆拓土,逐步将秦岭以南、三峡以东、大洪山—汉水以西乃至长江中游逐渐纳入控制范围。尤其楚武王熊通"大启群蛮",安定后方,开始向东征服汉水流域、向北登上中原争霸的舞台。

第二节 春秋初期郧、楚关系

郧国,与楚国同祖共宗。据《国语·郑语》韦昭注:"祝融之后八姓:己、董、彭、秃、妘、曹、斟、芈也。"郧人妘姓,楚人芈姓,都是传说中的火神祝融的后裔。历史上,郧、楚为姻亲之国。楚国公族与郧国关系源远流长——楚王熊仪娶于郧、楚国公子斗伯比私于郧子之女并最终娶于郧、楚国令尹斗子文生于郧。《路史》:"郧,近楚,若敖父子娶焉。"

一、楚君熊仪娶于郧

据《史记·楚世家》记载,熊仪(公元前790年—公元前764年在位),芈姓,熊氏,名仪,楚王熊咢之子,是西周末年、春秋初年的楚国国君,后世称为"若敖",楚国第十四任君主。西周末年、春秋初期,楚还是僻处荆山的蕞尔小国,其地望不出"江、汉、沮、漳",主要向东、向北发展,其力量还不足以侵凌汉水以东的"汉阳诸姬"。何浩《楚灭国研究》以为,为了自身东部安全,也为了打通青铜大通道,楚国的战略便是积极在东方、北方寻找与国,对"汉阳诸姬"各个击破。楚国所采取的一个重要策略,就是与相邻的诸侯国联姻。当时的郧国地处汉水中下游,与荆楚蛮族混居,处于中原文化与楚蛮文化交汇的最前沿,当然也随时遭受蛮族威胁。因此,郧人既需要与周王朝和中原诸国交好,又需要与邻近的"汉阳诸姬"和楚国保持密切联系,以保证自身安全。而楚国想要实施向东扩张的既定战略,则必须与汉东诸国结为姻亲,以分化瓦解"汉阳诸姬"对楚国东进的阻遏。基于郧、楚各自战略需要,长期觊觎汉水以东土地的楚国,与大洪山东南麓的郧国联姻就水到渠成。若敖氏娶于郧,即是楚国东向发展战略的组成部分。

二、楚公子斗伯比长于郧

熊仪与郧国政治联姻,娶郧姬,生下儿子伯比。伯比很小的时候,楚王熊仪就去世了。年幼的伯比随其母回到郧国,在郧国成长。后来,伯比成为楚国大臣,因功被封于斗(今湖北郧西),以邑称氏,史称斗伯比。斗伯比是楚国具有远见卓识的政治家,富有战略眼光,对春秋初期楚国的崛起发挥了重要作用。

三、楚国令尹斗子文生于郧

斗子文的出生充满传奇色彩。《左传·宣公四年》记载:"初,若敖娶于郧,生斗伯比。若敖卒,从其母畜于郧,淫于郧子之女,生子文焉。郧夫人使弃诸梦中。虎乳之。郧子田,见之,惧而归。夫人以告,遂使收之。楚人谓乳'榖',谓虎'於菟',故命之曰'斗榖於菟'。以其女妻伯比。实为令尹子文。"

春秋时期,安陆地处云梦古泽北缘,郧城以南到处烟水茫茫,间或有片片陆地露出水面,草木郁郁葱葱,真可谓"蒹葭苍苍,白露为霜"。这片蛮荒之地生长着各类野生动物,"暮春三月,江南草长,杂花生树,

斗穀於菟

群莺乱飞",因此成为郧国国君打猎消遣的好地方。一天,郧国国君兴冲冲带着随从前去打猎,刚到离都城不远的涢水边,就听到岸边高崖上传来婴儿哭声,接着传来老虎的咆哮声。一行人如临大敌,顺着声音搜寻,发现一件怪事:高崖深草丛中,竟然有只老虎在给婴儿喂奶。这情景不知是何预兆,郧国国君急忙停止打猎,回到都城,跟夫人说起这件奇闻。谁知郧国夫人听罢,脸色大变:"这个孩子,他,他是咱们的外孙啊!"

原来,作为邻国,郧国与楚国世代结亲。前代楚君熊仪娶郧姬生下儿子伯比。熊仪死后,伯比跟着母亲郧姬在郧国生活、长大,与青春貌美的郧国公主青梅竹马,二人偷吃禁果,竟然在农历五月初五生下一个私生子。郧国夫人为免家丑外扬,令人把婴儿扔进云梦泽。哪知这孩子吉人自有天相,在快要饿死的时候,竟然被一只母老虎发现,给他喂奶。鄀国国君知道了事情的原委,觉得这孩子天赋异禀,好似有神灵护佑,将来必成大器,忙派人抱回孩子,并让伯比与女儿成亲,让有情人终成眷属。

鄀、楚方言称老虎为"於菟",称哺乳为"穀",人们称这个被抛弃的孩子"斗穀於菟",意思是斗氏家族那个老虎哺养的孩子。这个孩子就是春秋时期楚国著名令尹斗子文。斗子文长大后才略过人,清正廉洁,秉公执法,楚成王时期三度担任令尹,时间长达二十余年,在楚国的强大和北上争霸中起到了重要作用。

第三节　春秋初期楚国的扩张

春秋时期,楚国进入扩张高峰期。楚国国君熊通即位后,利用楚国先君"甚得江汉间民和"的有利形势,多方出击,开疆拓土。公元前706年,熊通自嘲"我蛮夷也,不与中国之号谥",自号武王,不仅开启了诸侯僭越称王的先河,同时迈开了向西、向北、向东三个方向扩张的步伐。

一、挥戈汉水,远交近攻

(一)侵申国,窥中原

据《今本竹书纪年》记载,周平王三十三年(公元前738年),楚人侵申。申国为姜姓诸侯国,其地在今河南南阳市北。汉水以北诸侯国以申国最大。熊通即位不满三年,便挥师渡汉水,远出南阳盆地,去冲击周朝设在汉北的重镇,其志不小。但申国力量不容小视,楚人不得其志,于是将兵锋转向"汉阳诸姬"。

(二)灭权国,创县制

春秋初期,楚人励精图治,搞好内政和外交,整军经武,近交远攻,国力日益增强,不断开疆拓土。到楚武王执政的时候,汉水以西大部分土地被楚国占领。东临汉水,位于荆江平原东部的权国成为楚国实现其雄踞江汉、威镇南方战略目标的障碍。楚武王即位后,加快侵伐权国的部署。约公元前730年,楚国灭权国,楚武王摈弃当时各诸侯国仍在普遍实行的分封制,创立县制,设权县,作为直属行政区,委派斗缗担任权尹治理权地。《左传·庄公十八年》记载:"初,楚武王克权,使缗尹之,以叛,围而杀之,迁权于那处,使阎敖尹之。"权、那处,均在今湖北荆门市境。权,子姓,商武丁之后裔,权国是历史悠久的古国。斗缗上任不久,权地反叛,楚武王杀斗缗,将权地百姓迁到那处。权县,是中国古代最早设立的县级地方行政单位。

(三)攻邻国,启群蛮

《左传·哀公十七年》:"观丁父,鄀俘也,武王以为军率,是以克州、蓼,服随、唐,大启群蛮。"鄀,今湖北宜城东南;州,今湖北监利;蓼,今河南唐河南。上述各地,除州外,均在汉水中上游。楚人征服这些小诸侯国的同时,还不遗余力地征服周边蛮族。熊通称王后,立即向濮人大举进攻,"始开濮地而有之",占有今川、鄂交界地区。

公元前703年,巴(今鄂西、渝东一带)君遣使至楚,请与邓(今河南邓州)通好。楚武王允许,派大夫道朔送巴使往聘,半途被鄾国(今湖北襄阳东北)人劫杀。楚国趁机联合巴国,出兵包围鄾国。鄾国向北面的邓国求救,结果邓国被打败,鄾国人趁夜逃走。

《左传·桓公九年》记载:"巴子使韩服告于楚,请与邓为好。楚子使道朔将巴客以聘于邓。邓南鄙鄾人攻而夺之币,杀道朔及巴行人。楚子使薳章让于邓,邓人弗受。夏,楚使斗廉帅师及巴师围鄾。邓养甥、聃甥帅师救鄾。三逐巴师,不克。斗廉衡陈其师于巴师之中,以战,而北。邓人逐之,背巴师而夹攻之。邓师大败,鄾人宵溃。"楚国经此一战,解除了北面的威胁,取得北向扩张的主动权。

楚国不断攻城略地,国力迅速增强,引起了中原诸侯国的惊恐与警觉。周桓王十年(公元前710年),郑庄公与蔡桓侯在邓地相会,讨论对付楚国的计策。《左传·桓公二年》:"蔡侯、郑伯会于邓,始惧楚也。"《国语·郑语》:"及平王之末,而秦、晋、齐、楚代兴,秦景、襄于是取周土,晋文侯于是定天子,齐庄、僖于是乎小伯,楚蚡冒于是乎启濮。"

二、兵指汉东,征伐随国

《史记·楚世家》记载了楚王熊仪(公元前790年—公元前764年在位)至楚武王熊通(公元前757年—公元前741年在位)的传承世系:"二十二年,熊徇卒,子熊咢立。熊咢九年,卒,子熊仪立,是为若敖。若敖二十年,周幽王为犬戎所弑,周东徙,而秦襄公始列为诸侯。二十七年,若敖卒,子熊坎立,是为霄敖。霄敖六年,卒,子熊眴立,是为蚡冒。蚡冒十三年,晋始乱,以曲沃之故。蚡冒十七年,卒。蚡冒弟熊通弑蚡冒子而代立,是为楚武王。"

楚人为了打通东进之路,将侵伐目标对准了"汉阳诸姬"。公元前706年,楚武王征伐"汉阳诸姬"中势力最强的随国。《左传·桓公六年》:"楚武王侵随,使薳章求成焉,军于瑕以待之。随人使少师董成。斗伯比言于楚子曰:'吾不得志于汉东也,我则使然。我张吾三军,而被吾甲兵，以武临之，彼则惧而协以谋我，故难间也。汉东之国，随为大。随张，必弃小国。小国离，楚之利也。少师侈，请羸师以张之。'熊率且比曰：'季梁在，何益？'斗伯比曰：'以为后图，少师得其君。'王毁军而纳少师。少师归，请追楚师。随侯将许之。季梁止之曰：'天方授楚。楚之羸，其诱我也。君何急焉？臣闻小之能敌大也，小道大淫。所谓道，忠于民而信于神也。上思利民，忠也；祝史正辞，信也。今民馁而君逞欲，祝史矫举以祭，臣不知其可也。'公曰：'吾牲牷肥腯，粢盛丰备，何则不信？'对曰：'夫民，神之主也，是以圣王先成民而后致力于神。故奉牲以告曰博硕肥腯，谓民力之普存也，谓其畜之硕大蕃滋也，谓其不疾瘯蠡也，谓其备腯咸有也。奉盛以告曰絜粢丰盛，谓其三时不害而民和年丰也。奉酒醴以告曰嘉栗旨酒，谓其上下皆有嘉德而无违心也。所谓馨香，无谗慝也。故务其三时，修其五教，亲其九族，以致其禋祀。于是乎民和而神降之福，故动则有成。今民各有心，而鬼神乏主，君虽独丰，其何福之有？君姑修政而亲兄弟之国，庶免于难。'随侯惧而修政，楚不敢伐。"

楚武王侵伐随国，采取欺骗之策，先是派薳章去随国请求和好，而楚国大军驻扎于随国瑕地等待消息。随国派少师主持和谈。楚国重要臣僚斗伯比分析了楚国多年来征伐随国及"汉阳诸姬"没有进展的原因，提出了引诱随国进入圈套、离间汉东诸国的骄兵之计——向随国示弱，让随国自傲轻敌，抛弃汉东诸国。这样，楚国就能瓦解汉东诸小国抗楚联盟。而且随国这次负责和谈的少师为人骄横、贪鄙，如果楚国隐藏精锐，故意让他看到只有老弱士兵，随国一定上当。

随国少师果然中计，回到随国当即请求追击楚军。随国国君正要答应这一请求。大臣季梁及时制止："楚国得天之助，武力强大，却显示疲弱的军队诱骗我们,君王不可上当。……人民,是神的主人,所以圣明的帝王都是先治理好人民而后才致力于神灵。……当今人民各有打算,鬼神也就缺了主人。……请君王整顿政教,团结同姓的诸侯国共抗强敌,或许有希望免于祸难。"随国国君采纳忠言,加强内部治理,楚国不敢侵伐。虽然楚人诱敌之计没有成功,但楚人骄兵之计、离间之计仍然取得重大成果,让楚人掌握了对随作战的主动权。

三、"沈鹿之会"与"速杞之战"

随着楚国向东扩张步伐加快,"汉阳诸姬"面临生死存亡的时刻,于是互相抱团取暖,团结起来共同应对楚国侵略。为了征服汉水流域的众多小诸侯国,楚国仍然将矛头对准"汉阳诸姬"势力最强大的随国,寻找各种借口发动侵随战争。

《史记·楚世家》记载:"(楚武王熊通)三十五年,楚伐随。随曰:'我无罪。'楚曰:'我蛮夷也。今诸侯皆为叛相侵,或相杀。我有敝甲,欲以观中国之政,请王室尊吾号。'随人为之周,请尊楚,王室不听,还报楚。三十七年,楚熊通怒曰:'吾先鬻熊,文王之师也,早终。成王举我先公,乃以子男田令居楚,蛮夷皆率服,而王不加位,我自尊耳。'乃自立为武王,与随人盟而去。于是始开濮地而有之。"

随侯姬姓,与周王室有着密切的亲缘关系。楚人侵随并初步慑服随人后,逼迫随国国君代为上报周天子,给楚君一个尊号。随侯上报周王室遭拒绝。随侯只得通报楚国,说周天子拒绝给楚君尊号。熊通于是自立称王,即楚武王。为了显示楚国在江汉地域的霸主地位,公元前704年,楚武王在沈鹿之地召集江汉间的诸侯国会盟。沈鹿,在今湖北钟祥境内。江、淮间诸小国慑于楚国之威纷纷参加盟会,像觐见周天子一样觐见楚王,确认楚国霸权。如巴国(今重庆东部至湖北西部一带)、庸国(今湖北竹山)以及申国(今河南南阳)、邓国(今湖北襄阳)、郧国(今湖北安陆)、罗国(今湖北宜城)等惧怕楚国威力都来参加,只有黄(今河南潢川)、随(今湖北随州)两国借故没有参加。

楚武王于是率军侵随,双方在今湖北广水境内发生了"速杞之战"。

《左传·桓公八年》记载:"随少师有宠。楚斗伯比曰:'可矣。仇有衅,不可失也。'夏,楚子合诸侯于沈鹿。黄、随不会,使薳章让黄。楚子伐随,军于汉、淮之间。季梁请下之:'弗许而后战,所以怒我而怠寇也。'少师谓随侯曰:'必速战。不然,将失楚师。'随侯御之,望楚师。季梁曰:'楚人上左,君必左,无与王遇。且攻其右,右无良焉,必败。偏败,众乃携矣。'少师曰:'不当王,非敌也。'弗从。战于速杞,随师败绩。随侯逸,斗丹获其戎车,与其戎右少师。秋,随及楚平。楚子将不许,斗伯比曰:'天去其疾矣,随未可克也。'乃盟而还。"

斗伯比审时度势,建议楚武王趁随国佞臣少师有宠、随侯昏庸之机起兵伐随。楚、随展开"速杞之战"。结果,少师兵败被俘,随侯逃走,随国被迫与楚国议和,臣服于楚国。鉴于随国力量仍然相当雄厚,楚国只是逼迫随国签订屈辱和约,实现了打开东侵汉水中下游大门的战略目标。

第四节　蒲骚之战

经过一系列战略准备,楚人越过汉水,兵锋直指涢水流域。

伐随之后,楚人调整了东进战略,决定暂时抛开势力较强的随国,集中力量征服"汉阳诸姬"中势力较弱的各个诸侯国。这一次,楚人将视野投向郧国,以图打开征服汉水以东的战略通道。楚、郧两国爆发了决定郧国生死存亡的"蒲骚之战"。

《左传·桓公十一年》记载:"十一年,春,齐、卫、郑、宋盟于恶曹。楚屈瑕将盟贰、轸。郧人军于蒲骚,将与随、绞、州、蓼伐楚师。莫敖患之。斗廉曰:'郧人军其郊,必不诫,且日虞四邑之至也。君次于郊郢,以御四邑。我以锐师宵加于郧。郧有虞心而恃其城,莫有斗志。若败郧师,四邑必离。'莫敖曰:'盍请济师于王?'对曰:'师克在和,不在众。商、周之不敌,君之所闻也。成军以出,又何济焉?'莫敖曰:'卜之?'对曰:'卜以决疑。不疑,何卜?'遂败郧师于蒲骚,卒盟而还。"

楚国与郧国两度联姻后,借助郧国顺利打通了东进之路。到楚武王熊通时期,楚国触角终于伸到汉水以东,不断以武力侵并汉水流域。为了征服涢水流域,公元前701年,也就是楚武王四十年,春,楚国计划与贰国(今湖北广水)、轸国(今湖北应城)两个小诸侯国结盟,从西、北、南三面对郧国采取包围态势。处于贰国与轸国之间,被楚国战略包围的郧国为了救亡图存,一面调兵进驻与楚国相邻的军事重镇蒲骚设防,一面与随国、绞国、州国、蓼国结为军事同盟,共同抵御楚军进犯。

楚军统帅莫敖屈瑕感到事态严重,对此不免有些忧心。足智多谋的楚国大夫斗廉建议:"郧国军队驻扎在他们的边境重镇,一定戒备不严,只是天天盼望四国军队赶到然后发动攻击。请莫敖把军队驻扎在郊郢(今湖北钟祥),牵制和抵御随、绞、州、蓼四国军队,以确保郧都的安全。我率领精锐部队趁夜色掩护去进攻郧军。郧军骤遇袭击,必然期望四国救援。郧军倚仗坚固的城墙,就没有什么斗志。如果郧军被击败,其他四国联军就会作鸟兽散。"莫敖说:"何不向君王请求增兵?"斗廉回答说:"军队打胜仗在于上下一心,不在于兵多。商纣兵多,但敌不过周武王,这是您所知道的。我自成一军而出征,何必增兵呢?"莫敖说:"可以考虑先占卜一下出师的吉凶。"斗廉回答说:"用占卜决断疑惑,没有疑惑占卜什么?"

蒲骚故城遗址

屈瑕采纳斗廉的建议,率部分兵力屯驻郊郢以迷惑郧人,暗地里派斗廉率精兵夜袭蒲骚,大败郧军。随、绞、州、蓼四国慑于楚军之威,不敢轻举妄动。楚国于是顺利完成与贰、轸两国的结盟,将势力扩展到清发水(今涢水)流域,控制了楚国向汉水以东、以北扩张的重要战略通道。

第五节 郧国灭国时间分析

《汉书·司马迁传》指出:"《春秋》之中,弑君三十六,亡国五十二,诸侯奔走,不得保其社稷者,不可胜数。"关于郧国的消亡时间,史学界众说纷纭。宋焕文《安陆新考》指出:"(西周时期)郧国在当时是一个与楚国、随国势力不相上下的国家,经蒲骚之战后,就一蹶不振,一直被楚人控制为附庸,不知何年为楚所灭,史无明文。"唐代《元和郡县志》记载:"安州,春秋时为郧国,后为楚所灭。"郧国灭亡的时间,有说在楚武王时期,有说在楚文王时期,还有说在楚成王时期,至迟在楚共王时期。

一、楚武王时期,"蒲骚之战"灭郧国

楚国建立于西周早期,历时约八百年。楚人"筚路蓝缕,以启山林",经过数百年发展,到西周末期,这个南土小邦已经变成雄心勃勃的新兴诸侯国。周夷王时,王室衰微,诸侯之间开始互相攻伐,楚国趁机在南方开疆拓土。楚国第六任君主熊渠(公元前886年—公元前877年在位)说:"我蛮夷也,不与中国之号谥",相继攻打庸国(今湖北竹山)、扬越(今湖北中部)、鄂国(今湖北鄂州、武汉一带),将楚国势力扩展至江汉平原,并僭越封长子熊康为句亶王、次子熊红为鄂王、少子熊执疵为越章王,企图控制长江中游。但中原周王朝继任之君周厉王最初英武有为,以暴虐著称,熊渠担心受到周朝讨伐,只得取消几个儿子的王号。西周中晚期,周王朝余威犹在,楚国除熊渠一度"兴兵伐庸、扬越,至于鄂"外,楚人基本上处于"土不过同"的今鄂西北一隅。由于地狭势弱,楚人臣服于周,与巴、濮、邓、庸等一同被视为周之"南土"。

西周末年,周王室东迁,楚国乘势崛起,开始进入雄霸江汉、灭国拓疆的强盛之路。周桓王十六年(公元前704年),楚君熊通自立为王,史称楚武王,不断侵并江汉流域小诸侯国,"周之子孙封于江汉之间者,楚尽灭之"'而"春秋灭国之最多者,莫若楚矣"。清代顾栋高《春秋大事表》指出:"楚在春秋吞并诸国凡四十有二。"其中有"权、谷、罗、郜、郧、

轸"等。近代梁启超说:"春秋为楚所灭之国,见于经传者,凡四十二。实则犹不止此数。"顾颉刚、史念海《中国疆域沿革史》指出:"权、聃、鄾、谷、罗、卢、鄀、鄾、贰、轸、绞、州、蓼、息、邓、申、吕、弦、黄、夔、江、六、糜、宗、巢、庸、道、柏、房、沈、蒋、舒蓼、舒庸、舒鸠、赖、康、顿、胡、应、邲、唐、微、卢、濮、厉、许、杞、随、挚、褒、英氏、东不羹、西不羹、陈、蔡……以上五十八国尽灭于楚。"

综合来看,春秋战国时期,楚军攻灭庸国、糜国、不羹、州国、百濮、鄀国、缰国、贰国、轸国、绞国、鄾国、谷国、厉国、罗国、鄾国、随国、曾国、卢戎、申国、吕国、息国、邓国、弦国、黄国、江国、蓼国、赖国、唐国、密国、顿国、陈国、蔡国、权国、房国、道国、蒋国、宛国、柏国、应国、许国、英国、宗国、舒国、萧国、胡国、舒蓼、舒庸、舒鸠、杞国、邾国、莒国、邳国、越国、鲁国等。

在强大的周王朝庇护下,鄾人安静地生活了三四百年之久,直到周室衰微,西周灭亡。公元前770年,周平王迁都洛邑,中国历史进入春秋时期。此时,僻处荆山的楚国日益强大,逐步侵并汉水以东诸国。处于楚国扩张兵锋所指的鄾子国联合与楚国有矛盾的周边诸侯国,共同抵抗楚国侵略。鄾、楚双方爆发了决定鄾国生死存亡的大战——蒲骚之战。楚人在"蒲骚之战"中击败鄾国军队,随、绞、州、蓼等盟国军队不战而退。

有学者认为,"蒲骚之战"后,鄾国即为楚所灭。但也有学者认为,"蒲骚之战"后楚国并没有立即灭掉鄾国,一个佐证是楚人与贰、轸两个小诸侯国只是"卒盟而还",说明楚人此战的战略目标并不是一口吞并鄾国,楚人也没有乘胜攻陷鄾国都城,而只是完成结盟鄾国的邻国以钳制鄾国、控制东进汉水以东通道的战略目标。如果鄾国当时便被灭掉,则楚国根本无须与贰、轸结盟,非但不会结盟,甚至还会顺手牵羊,灭掉这两个小诸侯国。后来贰、轸两个小诸侯国在楚成王时期被灭,也印证了这一点。由此可见,在"蒲骚之战"中郧国虽败,却没有被灭,只是此战之后,郧国元气大伤,再无还击之力,最终不知何年被楚所灭。

二、楚文王时期灭郧——随"汉阳诸姬"逐步灭亡

何浩《楚灭国研究》一书,将楚人灭国拓土分为六个阶段,第一阶段为"大启群蛮,经营上国"(公元前821年—公元前690年),即熊徇元年至楚武王熊通五十一年,所灭之国为冉、罗、卢戎等。第二阶段为"征服汉东,封畛淮汝"(公元前689年—公元前656年),即楚文王元年至楚成王十六年。这一阶段,在楚武王"克州、蓼,服随、唐"的基础上,楚文王相继征服汉、淮之间的一些小国,先后灭亡了汉东的郧、厉、蓼、贰、州以及汉水上游的谷、绞等国,并侵吞了汉北、汝南一带的申、缯、应、邓和淮水流域的息国,"实县申、息",控制了整个汉水流域和淮河流域上游地区。楚国进入了威震中原的强势崛起时期。《楚灭国研究》一书指出:"熊通至熊渠时的近两百年期间,楚人大力经营的是江、汉、沮、漳流域,并开始楔入大江以南。无论是熊渠时的向外扩张,还是熊咢以来的灭国拓疆,都是自西向东,由北而南。同一个时期,楚以汉水以北却未夺得寸片土地,直至楚文王时期,楚国才在汉北、汉东开始有所发展。……而郧国应灭于楚文王前期。"该书所附《楚灭国表》中,"郧"灭于"约楚武王四十年至楚文王六年(公元前701年—公元前684年)"。其《楚灭国及其疆域演变大事纪要》说:"约前689年—前679年(楚文王元年至十一年),楚师于汉东灭郧。"

三、楚成王时期，大约与贰、轸同时被灭

楚文王时期，相继灭掉邓国、绞国、权国、罗国、申国等诸侯国。在迫使随国臣服以后，又灭掉了息国，并挥师北上，攻打了蔡国和郑国。之后占领了从川东、湖北、河南南部到安徽的千里沃土。楚成王时借周惠王之命，镇压夷越，大力开拓疆域。自公元前 655 年以来，先后灭贰、谷、绞、弦、黄、英、蒋、道、柏、房、轸、夔等国。

据陈学安《郧邑考》考证，楚灭郧置郧邑始于斗子文伐随之时。《左传》记载："（僖公二十年）冬，楚斗縠於菟帅师伐随，取成而还。"时为楚成王三十二年，即公元前 640 年。斗子文伐随，最便捷的进攻路线就是取道郧国。郧国虽是其生长的地方，但斗子文并没有对郧国手下留情，而是以"借道伐随"为名，顺手牵羊灭掉郧国。

四、钟仪为郧公，至迟楚共王时期灭郧

从历史记载看，郧国被楚国所灭最晚不迟于公元前 584 年。

《左传》记载："（鲁成公七年即公元前 584 年）秋，楚子重伐郑，师于汜。诸侯救郑。郑共仲、侯羽军楚师，囚郧公钟仪，献诸晋……晋人以钟仪归，囚诸军府。……晋侯观于军府，见钟仪，问之曰：'南冠而絷者，谁也？'有司对曰：'郑人所献楚囚也。'使税之，召而吊之。再拜稽首。"

唐代杜佑《通典》："安州，理安陆县，春秋郧子之国，云梦之泽在焉。后楚灭郧，封斗辛为郧公，即其地也。"清代易本烺《春秋楚地答问》认为："（公元前 639 年）郧国尚存。……郧之被灭为楚县，至迟不后于周简王三年（公元前 583 年）。郧灭为楚县，楚封该地予斗辛，是为郧公。"从历史记载推论，郧国最晚的灭国时间，不应晚于钟仪担任郧公之时，

也就是公元前584年。周简王姬夷三年(楚共王熊审八年,公元前583年)左右,楚共王开始首先北上攻击"汉阳诸姬"中比较强大的庸国、麇国,一举灭之。其后,附庸于楚的郧国也被灭掉,郧国在庸国之后被灭。其后,《左传》出现"郧公"钟仪的相关记载。

第六节　郧灭国后的遗民迁徙

郧国灭亡后,大部分郧人留居故地,融入楚文化大潮,也有几支郧人带着郧国文化远徙他乡。据何光岳《邔子国考》,今湖北郧阳、今湖南茶陵云阳山、今江苏如皋"郧"地与云、郧有关的地名,都跟郧人迁徙轨迹有关。

一、留居郧国故地——今湖北安陆、云梦、京山等地

郧国灭国后,郧国改称郧邑,成为楚国的一个县级地方行政单位。

因郧地战略地位重要,楚国特别重视,派重要大臣担任郧邑地方长官,镇守和治理这片广阔地域,如郧公钟仪、斗辛等,都是忠心耿耿的爱国典范。战国中期,楚国又将郧邑之名改为"安陆"。战国时期,楚人一度将安陆作为军事别都。1987年,湖北荆门包山大冢二号墓出土了一批战国楚简,即《包山楚简》。《包山楚简》中有一批司法文书《疋狱》,其中记载有"郕郢"司德(官名)秀阳(人名)受理安陆人屈犬、阳申二人打官司的案件。专家解读"郕郢"的意思就是楚国军事别都,指安陆。

二、北迁绞、麇旧地——今湖北郧阳一带

楚灭郧后,不甘臣服的郧人在很长时间内不断进行反抗。反抗的

郧国遗民在楚国打击下,被迫寻找求生出路:部分郧人沿汉水上溯,迁至绞国(今湖北丹江口)、糜国(今湖北郧阳)故地,仍称"郧",这就是今天湖北郧阳、郧西的来历。今十堰市郧阳区有"郧关",《汉书·地理志》载:"长利,有郧关。"东晋常璩《华阳国志·汉中志》记载:"郧乡县,本名长利县,县有郧乡。"邢方贵《"郧县人"自何而来》认为:"郧国被灭后,郧人的残余部落,沿汉水上溯,到绞国、蓼国(今郧县城关周围)驻留,保留了'郧'的称号,曰'郧关'。"

三、部分遗民东奔吴国海滨——今江苏如皋

郧国灭亡后,部分留在郧邑的遗民,一直心怀复国之念。公元前506年,吴军攻破楚都郢,郧人曾在吴国策动下进行复国斗争,后来吴军败退,部分郧人随之迁于今江苏如皋市东的发繇亭,仍称郧人,成为吴的臣民。《左传·哀公十一年》记载:"冬,卫大叔疾出奔宋……卫庄公复之。使处巢,死焉。殡于郧,葬于少禘。"这里的"郧"应指郧人迁居之地,即今江苏如皋市东。西晋杜预《春秋左氏经传集解》:"郧,发阳也,广陵海阳县东南有发繇亭。"清代高士奇《春秋地名考略》:"巢、郧、少禘:'卫庄公复太叔疾,使处巢,死焉。殡于郧,葬于少禘。'杜注:巢、郧、少禘,皆卫邑。"

何光岳《邓子国考》指出:"清初顾祖禹《读史方舆纪要·卷二十三》,列此地于'如皋县'条下,或为公元前506年,吴国攻破楚都郢城时,郧子国的遗民在吴国的发动下,参加了复国斗争。不久,楚国恢复了故国,吴国便将郧子国的一部分遗民迁到今如皋县滨海之地,去开发新汙的海滩,成为吴国的臣民。"

另,从古地名看,部分郧国遗民似乎南迁到吴国江南之地曲阿(今

江苏丹阳)一带。曲阿建制始于战国时期,初为云阳邑。公元前221年,秦始皇统一天下,实行郡县制,改云阳邑置云阳县;不久又更名为曲阿县。《舆地志》记载:"曲阿县,属朱东、南徐之境。秦有史官奏:东南有王气,在云阳。故凿北冈,截直道使曲,以厌其气,故曰曲阿。"

四、部分郧国遗民被驱南逃——今湖南茶陵云阳山

何光岳《邓子国考》:"后来,楚国为了防止仍留在故地的那些郧国遗民,再次发生反抗的事件,便把他们南迁至湖南茶陵县西面的云阳山,去开发林莽烟瘴之地。……云阳山,正因楚迁郧子国遗民于此,位于山之南故名。唐武德四年,于云阳山之北,今攸县境内置南云州。云阳山之南,今酃县西部也有云峰山,山下有云湫河,向西北流经安仁县,于江口街入永乐江。这些以云为号的地方,都是因郧国遗民活动区域而得名。"

春秋时期,吴、楚"清发水之战"后,郧人曾在吴国支持下进行复国活动。吴人败退后,楚人为了防止留居郧地的郧国遗民再次反抗,便将其南迁至今湖南茶陵县西的云阳山,去开发"烟瘴之地"。云阳山南邻云峰山,山下有云湫河,都因郧人迁此而得名。

《湖广通志·卷六》载:"云阳山,州西十五里。有七十一峰,其大者,紫微、偃霞、石柱、白莲、隐形、正阳、石耳,凡七峰,其余岩洞泉石皆奇胜。旧《志》云:茶山高千五百丈,周回百四十里,茶水发源山北,流陇下十里,合白鹿泉水,以入于洣。《史记》:炎帝葬于茶山之野。茶山,即云阳山。"与云阳山相近,还有云秋山。《湖广通志·卷十一》载:"云秋山,(酃县)县西四十里。……云烟惨淡,常如秋时。"清代同治《茶陵县志·卷二·分野》:"云阳山,在州西十里,峰凡七十有一,其大曰紫微。"

又引"《通志》(云阳)山在州西,周回七十里,从平地至巅曲折四十五里。"

五、部分鄖国遗民散居江汉其他地区

春秋时期,一部分鄖国遗民西迁至邻近安陆的古竟陵即今天门、沔阳一带。古竟陵大城又称鄖城。西晋杜预《春秋左氏经传集解》:"鄖国,在江夏,云杜县东南有鄖城。"其中记载的"鄖城"即此城。此外,今湖北省荆州市所辖的松滋市境内有"鄖城",可能是春秋晚期鄖公斗辛迁徙鄖国遗民之地。冷遇春《郧阳抚治两百年》:"查古鄖子国在今湖北安陆境,而今之郧县是古麇子国之地……原来在春秋之际,鄖国先被楚灭,曾徙其民于今之松滋,使之近于郢都,筑鄖城控制之。当时可能因松滋容纳不下,又分徙其民于楚之附庸麇国之境。"

第五章 楚国郧邑

"县"在西周时期已经出现,但只是泛指郊外地区,而不是一级行政区域。最早设置"县"作为一级地方行政区域的是春秋时期的楚武王熊通。公元前710年,楚武王攻灭江汉平原西部的权国(今湖北当阳),任命斗缗为权尹。斗缗不久发动叛乱,楚武王杀斗缗,将权县迁到那处(今湖北荆门)。此后,楚国凡攻灭诸侯国,均设置县邑,楚王直接任命地方行政长官治理。郧国并入楚国后,置县,称郧邑。大约在周景王时期,"安陆"之名取代郧邑之称。

第一节　郧、楚文化融合与郧邑经济、文化发展

春秋时期,郧国虽亡,但楚国一向实行灭国不灭祀的政策,任其自然融合。至春秋末年,郧人文化都融入楚文化。那么,郧人有哪些文化风俗、生产生活方式融入楚文化并被传承下来了呢?

一、水稻的栽培和推广

上古时期的云梦泽横跨大江南北,今江汉地域还是茫茫泽国,间或有陆地绵亘其间。三苗、荆蛮等土著部族,与北方南迁的鄩人等华夏部族征战、竞争、融合,创造了发达的农耕文明。长江流域主要粮食作物为水稻,水稻种植遍及汉江地域。唐代王维《送友人南归》一诗写道:"郧国稻苗秀,楚人菰米肥",描绘了郧国大地水稻种植的壮观景象。安陆城东夏家寨遗址、南部巡店镇胡家山遗址等新石器时代遗址,均发现大块红烧土,里面夹杂稻谷壳,表明距今 4000 多年前此地即已种植水稻。这种火耕水耨的水稻种植方式现在看来固然粗放,当时却是因地制宜的良法。正如裴骃《史记集解》引应劭释"火耕水耨"云:"烧草,下水种稻。草与稻并生,高七八寸,因悉芟去。复下水灌之,草死,独稻长。——所谓'火耕水耨'也。"当时虽只有名为水耕的牛耕,即用牛拉着陆轴(碌碡)在田里转上十遍,但还是解放了部分劳动力,是当时北方传播而来的先进生产方式。

为了消除洪水威胁、解决旱涝频繁发生的问题,楚国郧邑地区很早就开始了农田水利工程建设。《汉书·沟洫志》记载:"于楚,西方则通渠汉川、云梦之际,东方则通沟江、淮之间。"长江与其支流沔(汉)水、清发水(涢水)流域纵横交错的沟渠、人工河道,既可以通航,又可以引水灌田。得益于得天独厚的自然条件和先进的稻作方式,楚国郧邑足食足兵、物产丰饶。今天,安陆市晒书台遗址出土的渔猎工具陶网坠、铜镞、骨镞、猪、犬、鹿、羊的兽骨,以及李店镇夏家寨遗址出土的铜镞、陶纺轮,安陆城北江家竹林遗址出土的陶网坠等,无不反映出春秋战国时期楚国郧邑种植、渔猎经济的繁荣。总体而言,楚国郧邑"地势饶食,无饥馑之患"。

二、青铜冶炼和漆器制造

郧国作为周王室分封的"汉阳诸姬"之一,其使命是守护南方青铜及通道的安全。周王室的衰微为楚人崛起创造了千载难逢的机遇,蒲骚之战后,郧国成为楚之郧邑,大冶铜绿山的铜矿被楚专有,楚国一跃成为"青铜之乡"。楚国郧邑的青铜铸造工艺得到跨越式的提升。郧邑青铜器铸造主要采用楚地流行的分铸法制作,先分别铸造器身和附件,再用铜或锡作焊剂焊接,少数采用熔模铸造法或精密铸造法,通体无合范毗缝和锻打、焊接的痕迹。青铜器铸造工艺的成熟为楚国郧邑技术创新提供了先决条件,在此背景下,楚人将华夏鼎和楚国郧邑地区鼎的形态、功能、性能融会贯通,创造出了非夷非夏、亦夷亦夏成熟形态的楚式鼎。楚式鼎束颈、折肩,足渐高,壁渐直,还有加了圈顶盖的,全器轮廓复杂,体态精巧,以升鼎、盂鼎、小口罐形鼎著称。

漆器是用生漆或经过炼制的熟漆涂抹在各种材料(又名胎骨)如木、竹篾、织物、皮革、金属上,进而施加绘画、镶嵌、雕刻等制成的工艺品或实用器。经过长期的摸索,春秋时期,楚国郧邑的漆器制造达到了相对比较高的水平。从现有发掘的楚墓随葬品中可以看出,楚国漆器种类繁多,品种齐全,制作精良,其胎骨常见有木胎、夹苎胎、竹胎、骨胎、铜胎等多种,其中木胎漆器的数量最大。胎骨做成后就进行上漆,再在漆上面画上花纹,这样做成的漆器属于描漆漆器。楚国漆器的色彩以红、黑两色为主,再敷陈五彩即黄、褐、蓝、绿、白,将这些颜色交汇融混,做成鲜艳无比的艺术品。

三、祭祀文化

先秦的任何民族乃至任何村落，无不有巫，鄀人也不例外，鄀人崇拜鬼神，跳神招魂。楚俗也尚巫，《汉书·地理志》载："（楚人）信巫鬼，重淫祀。"《左传·僖公四年》载："'尔贡包茅不入，王祭不共，无以缩酒，寡人是征。昭王南征而不复，寡人是问。'对曰：'贡之不入，寡君之罪也，敢不共给。昭王之不复，君其问诸水滨。'"楚使承认应该贡给周天子的包茅是一种草本植物，这种植物看似微不足道，在先秦却是人神交通的媒介。

屈原的《九歌》《九章》就是楚国祭祀时的巫歌巫舞，《九歌》里的"云中君"，有学者认为正是鄀国的国君，他死后，被鄀国人民奉为神明祭祀。楚兼并鄀国，也效仿鄀人崇拜天上云的风俗，祭祀云神"云中君"。《汉书·郊祀志》里就有皇帝要祭"云中君"的记载。汉朝为楚人刘邦所建立，继承了楚国祭云神的风俗习惯。

四、爱国情怀

念祖怀乡，是中国古代所有民族都有的文化情结，鄀人也不例外。何光岳《邔子国考》指出，殷末周初的邔人最初居住的邔地位于今陕西云阳。随着鄀子国的迁移，云阳山的地名自陕西迁到湖北麻城，后又南迁到湖南茶陵。楚人念祖怀乡的情节更甚，楚都虽多次迁徙，但仍以郢命名，在今湖北宜城、钟祥、江陵和河南淮阳、安徽寿县等地，都有郢都地名。

楚共王时期（公元前590年—公元前560年），楚国鄀邑大夫钟仪，虽身为"楚囚"，但他怀念故国，不忘故土，坚持戴楚人的帽子、穿楚人的衣服、操楚地方言、弹奏楚地的乐曲。钟仪的特立独行引起了晋国国君晋景公的注意,晋景公要钟仪当众操琴,本来是想羞辱他,但钟仪却当即用晋琴演奏了一首如诉如泣的楚曲,表达对祖国深沉的思念之情。后人因此把"南冠楚囚"的钟仪与汉代著名爱国者苏武相提并论:"钟仪琴未奏,苏武节犹新。"

五、法治精神

鄀国出生的斗子文,从小勤奋好学,长大后成为楚国令尹。斗子文为官清廉,处事公平,不徇私情,很受百姓爱戴。据《说苑》载,斗子文族人犯法,被廷理(楚国执掌刑法之官)拘捕,廷理得知犯人是斗子文族人,立即释放。斗子文听说后,批评廷理道:"楚国设廷理一官,就是用来维护国家法令的。正直的官员执行法令,灵活而不违背原则,坚决不损害法律。现在你擅自释放犯法的人,这就没有维护国家的法律,没有秉公办事。难道我当令尹就是为了让自己的家族享受特权吗?你身为廷理连这点道理也不懂!"说罢,斗子文迅速派人将犯法的族人抓住,当面交给廷理,并说:"你想,我身为令尹,协助楚王治国,有人对我严格依法行事有意见,但我并不因此而违反法律,赦免那些违法的人。现在我的族人明明犯了法,你却为了照顾我的面子把他放了,这不是在全国人面前说我的私心很重吗?掌握一国之权柄,而被人在背后骂我私心自用,这样活着还不如死了。"斗子文一方面批评官员,一方面教育族人主动认罪,将违法的族人交给廷理秉公处理。楚成王得到消息,连鞋子也顾不上穿,匆匆赶到斗子文家中,悔恨地说:"只怪寡人涉世未深,用人不当,因而使你为难。"并很快罢免了廷理的官职。

斗子文勤政爱民、崇尚法律的精神在楚国鄀地一直被学习效仿着,从未间断。秦之令史喜,即秦简主人,就是一位法学追随者。他生前是秦法的积极拥护者、忠实执行者和热心普及者,死后更是把心爱的律书简牍作为随葬品带在身边。据《云梦睡虎地秦简》记载,喜的随葬简中法律文书最多,达612枚,占全部出土秦简的53%,根据出土位置的不同,可以分为《秦律十八种》《封诊式》《法律答问》《秦律杂抄》《效律》五个部分,既有秦朝各类制度律令条文的摘抄和律法条文、术语、意图的解释,也有具体的治狱案例的表述等。

总之,延续数百年的䢵国,创造了灿烂的稻作文明和丰富多彩的文化,䢵国并入楚国成为楚䢵邑后,䢵人与楚人杂居通婚,结成血缘纽带,䢵文化逐步被吸收融合发展成为楚文化的重要组成部分。楚人更以"抚有蛮夷,以属诸夏"的博大胸怀,来者不拒,为我所用,包容了一切有生机的文化,创造出了高度发达且风格独特的楚文化。

第二节 楚国䢵邑管辖范围

䢵国疆域极盛时期大约在春秋初期,占据汉水中下游和涢水中游地区。楚灭䢵国后,因䢵地处于交通要冲,战略地位极其重要,楚国相继将䢵国周边被灭掉的诸侯国如贰、轸等地并入䢵邑,以便加强治理。因此,楚国䢵邑的管辖范围,远大于西周时期的䢵国疆域。从史籍记载和陆续发现的古文化遗址判读,䢵邑管辖范围大致如下。

䢵邑管辖的中心地域为今湖北省孝感市(今孝感市区、安陆市、云梦县、孝昌县、孝南区、汉川市、大悟县、应城市)以及以荆门市之京山市为中心的府澴河(涢水)流域,北与随国(今随州市)接壤,东北涵盖贰国(今广水市),西南涵盖轸国(今应城市);东接大别山区,北倚桐柏山、大洪山,南部延伸到汉水与长江以北广阔地域(今武汉市汉口、汉阳、东西湖、汉南等地)。古代云梦泽的核心地域如江汉平原的天门、仙桃(沔阳)、潜江等地,系古代中原文明传播江汉流域的重要通道,其大部分地域也是楚国䢵邑的重要组成部分。

一、今孝感市境

(一)安陆市

安陆,西周、春秋时期为䢵国核心地域,史称"䢵城",为䢵国国都所在地。

唐代李泰《括地志》:"安州安陆县,春秋䢵子之国,后为楚所灭。"

唐代梁载言《十道志》:"安州,安陆郡。春秋䢵子之国,云梦之泽在焉。后楚灭䢵,封斗辛为䢵公,则其地也。战国时属楚。秦并天下,为南郡城。汉为安陆县。宋武置安陆郡。唐武德四年,为安州。"

清代道光《安陆县志》:"虞夏荆州之域。荆及衡阳为荆州。云土梦作乂(《禹贡》)。按:《后汉书·郡国志》注,杜预曰江夏安陆县东南有䢵城,则今地在虞夏,皆云梦土也。周为䢵子国,后属楚。"

清代光绪《德安府志》:"德安府,地界汉东,春秋时汉东诸国唯䢵、随最著,后皆属楚……(德安府)周为䢵子国,其唐、随、二(贰)、蒲骚皆在属,后俱属楚……䢵子与楚同爵,地分东西。今德安安陆,故䢵国。……汉、晋、唐、宋……䢵或称江夏,称安陆,称安州、䢵州。"又载:"安陆,(周)䢵地;(春秋)楚䢵邑地。"

《大清一统志》:"(安陆)《禹贡》:荆州之域。周,安陆为䢵子国。"

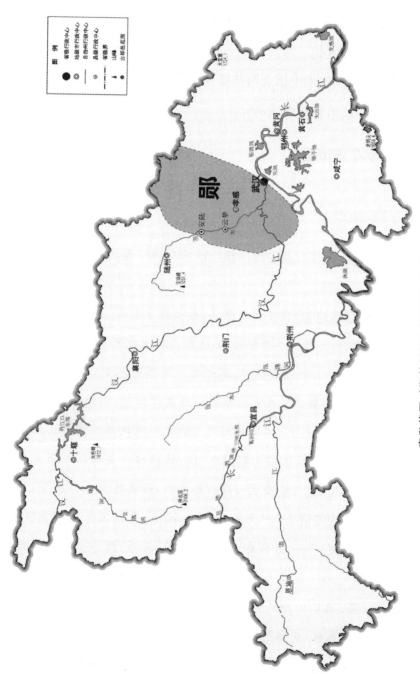

春秋战国时期楚国鄅邑管辖范围示意图

(二)云梦县

云梦,原为古安陆县的一部分,西魏大统十六年(550年)析安陆县南部设云梦县,西周、春秋时期为鄙国及楚国鄙邑腹地。

宋代乐史《太平寰宇记》:"云梦县……《郡国志》云:春秋时为鄙国。《尚书》云:云土梦作乂。"

《古今图书集成·德安府》:"云梦县,县在府治南六十里。秦属安陆郡。汉为西陵、安陆二县地,有云梦城。安陆县南五十里亦有云梦泽。按《左传》:鄙子之女弃于梦中。又云:楚子济江入云中,并称则曰云梦。"

清代道光《云梦县志·沿革表》:"周,云梦,荆州泽。春秋,鄙。战国,楚。秦,南郡西陵境地。"

《云梦县志》(生活·读书·新知三联书店,1994年版):"云梦,古时属荆州之域,周为(荆州)云梦泽;春秋时属鄙国;战国时属楚国。"又载:"云梦县……早在春秋时期,该地区属鄙国这一诸侯国。"

《云梦县志》(2018年重修):"云梦,古时属荆州之域,周为云梦荆州泽,春秋时属鄙国,战国时属楚国。自秦至魏、晋、南北朝,一直属安陆县。南北朝西魏大统十六年(550年),分划安陆县南境设置云梦县,县治在云梦城。"

(三)应城市

春秋时期,今应城市境内有轸国,与鄙国接壤。楚灭轸后,将轸地并入鄙邑。

《左传·桓公十一年》:"春,鄙人军于蒲骚,将与随、绞、州、蓼伐楚师。"西晋杜预《春秋左氏经传集解》:"郧国在江夏,云杜县东南有郧城。蒲骚,郧邑。"《春秋大事表》:"蒲骚,在今应城北三十里。"

明代马龠《德安府志》:"应城县,旧名蒲骚,春秋郧子之近邑。鲁桓公十一年,楚屈瑕与贰、轸二国盟。郧人军于蒲骚,会随、绞、州、蓼四国谋袭楚师。四国不至,遂城于郊以设备,即此。"

轸国,春秋时期"汉阳诸姬"之一,大约楚成王三十三年至四十六年(公元前639年至公元前626年)被楚国所灭。清代光绪《德安府志·德安府沿革表》:"应城,(周)郧郊蒲骚地,亦为轸国。"楚灭轸后,将其地纳入郧邑管辖。

(四)孝感市区、孝昌县、孝南区

今孝感市辖孝感市区、孝昌县、孝南区,古志记载多模棱两可,按其建置传承,应为郧国及楚郧邑管辖地域。

《孝感市志》(新华出版社,1992年版):"孝感市历史悠久,是我国开发较早地区之一。据考证,早在5000多年前,这里就有人类活动。在3000多年前的奴隶社会时期,已形成了强大的荆楚部落。夏、商时属古荆州之域,周代大部分属郧国地。春秋时属楚,战国晚期楚置安陆县。"

《孝感市志(送审稿)》(孝感市地方志编纂委员会编,2018年版):"孝感市境内各县市区,夏、商时为古荆州之地;周为楚、郧、轸等诸侯国割据地,且郧国、轸国均建都于此。秦属南郡;汉以后属荆州江夏郡。南北朝以后属安陆郡。唐属安州;宋以后属德安府。清分属德安府、汉阳府。"

(五)大悟县

大悟古属郧国之域。《大悟县志》(湖北科技出版社,1996年版):"就大悟县的历史来说,周朝时期,该地区属郧国。到了春秋战国时期,今湖北省大悟县一带成为楚国的疆域……南朝宋孝建元年(454年)时,分割江夏郡设立安陆郡,治所在安陆县(今湖北省安陆市),今大悟县一带属之。"

(六)汉川市

汉川在西周、春秋时期属郧国、楚国郧邑。

清代康熙《汉阳府志·武略志》:"郧公斗辛,楚所封,详《宦迹》。《通志》曰:郧,即今德安府。其四境,今竟陵、汉阳、汉川,皆其地。"

清代陈梦雷《古今图书集成·汉阳府》:"(汉阳郡汉川县)沔州,春秋郧国之地。战国时属楚……汉川,汉安陆县地。"

《汉川市志》(长江出版社,2010年版):"汉川市……其建置沿革为:周代市域属郧国南境。春秋战国时期,楚灭郧后遂为楚地。秦属南郡。汉代至晋代,均为江夏郡安陆县地。"

二、今武汉市长江以北地区(不含新洲等地)

古籍记载,今武汉市长江以北汉阳区(含汉口)、汉南区、蔡甸区、东西湖区、黄陂区等地,在西周、春秋时期为郧国、郧邑所辖地域。《古今图书集成·汉阳府封建考》:"《通志》《府志》合载周郧公斗辛,楚所封郧,即今竟陵、汉阳、汉川。"

(一)汉阳区(含汉口)

今武汉市汉阳,唐代为沔州汉阳郡治所。

武则天时期梁载言编纂《十道志》:"沔州,汉阳郡。《禹贡》:荆州之域;春秋郧国之地;战国时属楚。秦并天下,为南郡地。汉为安陆县地。晋立沌阳县,属江夏郡。唐武德四年,置沔州。"

唐代杜佑《通典·州郡十三》:"汉阳郡……沔州(今理汉阳县),春秋郧国之地。"

《太平寰宇记·卷一百三十一》:"汉阳郡,本故沔州也。春秋时郧国地。"

南宋祝穆《方舆胜览·汉阳郡》:"(汉阳),《禹贡》:'荆州之域',在天文为'翼轸之分野'。春秋时郧国地,战国属楚,秦属南郡,汉为江夏郡安陆县地。……今领县二,治汉阳。"

《湖广总志》(明万历刻本):"汉阳,古郧国也。"

《汉口小志》(徐焕斗撰,2015年版):"《禹贡》九州,荆及衡阳惟荆州。江汉朝宗于海,导山内方,至于大别;导水过三澨,至于大别,南入于江。春秋夷王时,楚并其地。时楚子熊渠,甚得江汉民和。乃兴师伐庸、扬越,至于鄂。后灭郧以封其臣斗氏。赧王三十七年,秦拔楚置南郡,汉为江夏郡安陆县地。汉书江夏郡十四,首安陆。注曰,横尾在东北,古文以为陪尾山,今山在德安府安陆县东北四十里,《通志》尝辩其非。商为荆楚地。周文王之化被于江汉,召公所经行者也,分封为郧。作《汉广》之诗,盖汉初地广民稀,安陆一县实今云梦、孝感、安陆、汉阳之地。"

《嘉靖汉阳府志(校注)》(武汉出版社,2015年版):"汉阳历史悠久,区位独特,在武汉乃至江汉平原地区的发展历史上具有十分重要的地位。中古时期,汉阳为江汉地区主体民族南蛮三苗的故乡。春秋战国时期,古汉阳名夏汭、江汉,先属郧国,后入楚国。"

《汉阳区志》(武汉出版社,2008年版):"距今约5万至1万年前,汉阳区境域在远古就有古人类活动。夏代,境域原住民三苗部族被禹征服。至商末周初,先隶南国,后属郧国。春秋战国时期,隶属楚国。秦统一中原时,属南郡。西汉时,北部属安陆县,南部滨长江一带属沙羡县,同属江夏郡。"

(二)汉南区

《汉南区志》(武汉出版社,2006年版):"汉南区原属汉阳县,商末周初,先隶南国,后属郧国。春秋战国时期,隶属楚国。秦统一中原时,属南郡。汉属荆州江夏郡,分属安陆、沙羡县;后置沌阳县,复为安陆县。"

(三)蔡甸区

《蔡甸区志》(武汉出版社,2008年版):"湖北省武汉市蔡甸区是武汉市所属的一个远城区,原名汉阳县,位于武汉西南,长江、汉江交汇的三角地带,江汉平原濒临长江之处。其建置沿革:蔡甸区(原汉阳县),商末周初,先隶南国,后属郧国。春秋战国时期,隶属楚国。秦统一中原时,属南郡。汉属荆州江夏郡,分属安陆、沙羡县;后置沌阳县,复为安陆县。"

(四)东西湖区

《东西湖区志》(武汉出版社,2010年版):"东西湖区原是云梦泽的一部分。云梦泽之云,出自远古时代的妘姓之国,史称郧国,也写作鄖国;至今有涢水经东西湖区汇入长江(所谓涢水,即古郧国所傍之河流是也,今又名府河)。"

(五)黄陂区

清代同治《黄陂县志》载:"黄陂,古荆地,春秋为黄国,汉魏以来为镇、为州、为县,凡几变置","春秋隶黄国,鲁僖公二年,黄人同江人盟于贯,三年又会于阳谷,后楚子伐黄,因属楚。秦分楚为四郡,以黄属南郡。"又载:"今陂东界黄冈为邾城地;南界汉阳、西界孝感,俱郧国地。地虽不同,合而考之,其于秦属南郡,汉属江夏则一也。"这段史料说明,鲁僖公三年(公元前 656 年)楚国灭黄后,今黄陂、汉阳、孝感均被并入楚国郧邑,"俱郧国地"。

三、江汉一带其他属郧邑的地域

(一)荆门市之京山市境(云杜)

史籍记载,云杜(今湖北省京山市)为郧国所在地,但 20 世纪末考古发现京山北部苏家垄遗址系古曾国文化遗存,说明今京山并非全境属郧国,其与随州接壤有部分地域属古曾国(随国)。

西晋杜预《春秋左氏经传集解》:"郧国,在江夏,云杜县东南有郧城。"东晋郭璞注:"按,汉之云杜,今京山县。"

明代廖道南《楚纪》:"郧国,在云杜。"

清代顾祖禹《读史方舆纪要·卷七十七·湖广三》:"云杜城(在京山)县东南。……郧城,杜预曰:在云杜东南。《汉志》:郧公邑,在竟陵,是也。"

《古今图书集成·安陆府》:"(京山县)按《县志》,周《职方》:皆荆州之域。周为郧子之国,在楚为郊郢。秦为南郡地,汉为江夏。郡之云杜、安陆二县境。……西魏以为温州,又……贞观十七年,废温州,京山、富水属郢州。五代仍唐制。"

清代道光《安陆县志·建置》:"……按程大中《邧子国考》:郧子国,在京山。《左传》:'郧人军于蒲骚',盖云杜负山阻陵,非用武之地,蒲骚与云杜接壤,土地平旷,可以屯积,故军此。"

《湖北省志》(湖北人民出版社,1993年版)收录《湖北省古代地理概述》:"……根据更古的原始材料,如《左传》和杜预注,则郧(云)国是当时的江夏郡云杜县东南,亦即今京山县西北与钟祥以东的地带,……汉以后,这里称为云杜县。"

(二)天门市境(竟陵)

天门,古称竟陵,春秋时期属郧国。

《汉书·地理志》:"(郧,在)竟陵,有郧乡。"

《水经注·卷二十八·沔水》:"巾水,又西经竟陵县北,西注扬水,谓之巾口。水西有古竟陵大城,古郧国也。郧公辛所治,所谓郧乡矣。"

《古今图书集成·安陆府部汇考》:"景陵县(即今天门市),古郧子国地,后并于楚,大夫斗辛封于此。秦白起攻楚,拔郢,东至竟陵,即此。汉始置竟陵县,属江夏郡。"

《天门市志》(长江出版社,2014年版):"天门市,古代属风国,春秋时属郧国,战国时为楚竟陵邑。秦朝设置竟陵县(取'竟陵者,陵之竟也'之意,即山陵至此终止),属南郡。西汉时,竟陵县隶属江夏郡。"

(三)随州市之广水市(应山县)

广水市,春秋时期属贰国,其西南部地区属郧国。楚灭贰国以后,贰国旧地全部并入郧邑。

《读史方舆纪要·卷七十七·湖广三》:"县东七里,有云公城。"

《古今图书集成·德安府部汇考·德安府建置沿革考》:"应山县,县为楚省郧城之属地。其北鄙壤接申阳。"

清代康熙十二年(1673年)应山知县、周祜所作的《应山县志·序》:"应之为国,上古以前无征焉。春秋时为郧子邑。"

(四)仙桃市(沔阳)部分地区

仙桃古称沔阳,西周、春秋时期为郧国、州国属地。

《舆地广记》:"沔阳县,春秋郧子之国,汉云杜县地,属江夏郡。"

《中国史稿地图集》图16标明:"春秋时,今仙桃市(沔阳)北境属郧国,南境属州国。

清代光绪《沔阳州志》:"(沔阳)唐、虞、夏、商、西周时在荆州地域,居云梦泽中;春秋时属郧国、州国。"

《沔阳县志》(华中师范大学出版社,1989年版):"沔阳,居古云梦泽中。据沙湖、越舟湖出土文物证明,5000年前的新石器时代,就有先民们在这块土地上开拓生息。夏、商、周为荆州域。西周建立后,周成王封鬻熊之后于荆山子男之田,称荆楚。春秋时为郧国、州国地。东周桓王十一年(公元前709年),郧、州、随、绞、蓼等国伐楚,为楚国所灭,遂属楚地。"

(五)潜江市部分地区

潜江市为古竟陵一部分,其地在西周、春秋时期部分属鄖国。

《潜江市志》(中国文史出版社,1990年版):"(潜江)春秋时期为鄖国、州国地,东周桓王十一年为楚国所灭。"

第三节　晋灭陆浑戎与"陆浑子奔楚"

戎族,是中原华夏部族对西北少数民族各部族的总称,尧、舜以前就已出现在历史舞台,兴于夏、商、周三代,衰于春秋、战国。周人自称"华夏",对华夏四周的部族,根据他们的特点或习性分别称为东夷、南蛮、西戎、北狄。戎族当时为游牧民族,活动范围在今天晋南、豫西、冀北以及陕甘宁一带,以陕西最多。陆浑,系戎族的一支,春秋时期自豫、陕交界一带,辗转迁徙至今湖北中东部涢水流域,成为安陆先民的组成部分。"安陆"得名,或因此而来。

一、陆浑戎的来历

陆浑戎,杜预《春秋左氏经传集解·僖公二十二年》:"允姓之戎,居陆浑,在秦、晋西北。二国诱而徙之伊川,遂从戎号,至今为陆浑县也。"据史书记载,陆浑戎是一个原本生活在我国西北地区的游牧民族,属于上古时期姜戎的一支,乃炎帝苗裔,最早居住在河西走廊瓜州(今甘肃酒泉)一带,他们披散头发,穿兽皮,其服饰、饮食、礼节等与中原华夏部族迥异。

商、周时期,众多戎族部落受到中原地区先进的华夏文明吸引,陆续向东面的中原地区迁徙。陆浑戎于西周时期迁徙至今甘肃与陕西交界、秦岭之北的陇东高原。作为西北戎人的一支,早期的陆浑戎骁勇善战,成为黄河中上游诸侯国争相笼络的力量。

西周末年,周幽王荒淫好色、昏庸无道,废正妻申后及太子姬宜臼,立宠姬褒姒为后,以其子姬伯服为太子,上演了"烽火戏诸侯"的闹剧。申后之父申侯大怒,联合包括陆浑戎在内的犬戎部族以及吕(今河南南阳)、缯(今河南方城)等诸侯国举兵攻破镐京(今陕西咸阳),杀幽王于骊山之下,拥立姬宜臼继承王位,即周平王。因镐京残破,又遭受戎狄威胁,周平王于公元前770年,在郑、秦、晋、虢等诸侯的护卫下,将国都迁至洛邑(今河南洛阳),开始了东周的历史。

二、陆浑戎东迁伊洛的经过

周王室东迁洛邑,以咸阳为中心的关中平原力量空虚,居住在西北的戎狄部族紧跟着周王室东迁的脚步,逐渐向关中一带以及中原地带迁徙。《路史·卷二十四》:"(炎帝姜姓诸戎)杨、柜、泉、皋、伊洛、陆浑、九州之戎。僖公十一年(公元前641年),有杨、柜、泉、皋、伊洛之戎;二十二年(公元前630年),有陆浑、九州之戎。陆浑,河南属县……伊洛之间,则洛阳县西南之故戎城,皆姜戎也。"

大量姜戎部族东迁的大潮里,出现了陆浑戎的身影。关于陆浑戎东迁伊洛的经过,《左传·襄公十四年》记载:"(晋国与诸侯国)会于向,为吴谋楚故也。……将执(陆浑)戎子驹支。范宣子亲数诸朝。曰:'来,姜戎氏。昔秦人迫逐乃祖吾离于瓜州,乃祖吾离被苫盖,蒙荆棘,以来归我先君。我先君惠公有不腆之田,与女剖分而食之。今诸侯之事我寡君不如昔者,盖言语漏泄,则职女之由。诘朝之事,尔无与焉!

与,将执女。'对曰:'昔秦人负恃其众,贪于土地,逐我诸戎。惠公蠲其大德,谓我诸戎,是四岳之裔胄也,毋是剪弃。赐我南鄙之田,狐狸所居,豺狼所嗥。我诸戎除剪其荆棘,驱其狐狸豺狼,以为先君不侵不叛之臣,至于今不贰。昔文公与秦伐郑,秦人窃与郑盟而舍戍焉,于是乎有殽之师。晋御其上,戎亢其下,秦师不复,我诸戎实然。譬如捕鹿,晋人角之,诸戎掎之,与晋踣之,戎何以不免? 自是以来,晋之百役,与我诸戎相继于时,以从执政,犹殽志也,岂敢离遯? 今官之师旅,无乃实有所阙,以携诸侯,而罪我诸戎。我诸戎饮食衣服不与华同,贽币不通,言语不达,何恶之能为? 不与于会,亦无瞢焉。'赋《青蝇》而退。宣子辞焉,使即事于会,成恺悌也。"

公元前558年,晋国执政的范宣子仗着晋国的强大,以及晋国曾有恩于陆浑戎,对陆浑国君驹支颐指气使,把晋国霸主地位的动摇归咎于陆浑戎支持不够尽力。面对气势汹汹的指斥,以及即将遭受拘捕的厄运,陆浑国君临危不惧,据理力争,针对范宣子强加于陆浑的不实之词,逐层辩驳,洗刷泼在身上的污水,维护自己和部族的清白。驹支首先说晋国当年诱使陆浑东迁伊洛,划拨的土地本是生存环境恶劣的地方,但陆浑感恩晋国,全力支持晋国,帮助晋国在"崤之战"中全歼秦军,成就了晋国的霸权,可以说已经报恩了。自东迁以来,陆浑依附晋国,不计条件,屡次出兵相助,立下汗马功劳。最后,陆浑国君直言,晋国之所以众叛亲离,乃是其自己一手造成的,与羌戎无关。整个辩辞语气委婉而正气凛然,使范宣子不得不服。驹支还朗诵《诗经·青蝇》一诗以证冤屈。范宣子自知理屈,只得表示道歉,并让他到会参与事务,双方暂且握手言和。

陆浑戎亲附晋国,成为牵制秦国东进的一大掣肘力量。秦国必欲除之而后快。为解除陆浑戎的威胁,秦国费尽了周折。公元前645年,秦、晋交战,秦穆公活捉了背信弃义的晋惠公。晋惠公的姐姐是秦穆公夫人,经夫人说情,秦穆公同意释放晋惠公回晋国。但是秦国提出一个条件,就是晋国接纳陆浑戎,后者离开秦国西北边境,整体东迁。原来陆浑戎是犬戎中的硬骨头,秦穆公一时无法吞并,为除掉陆浑戎这一心腹之患,秦穆公借机要挟晋惠公,提出将陆浑戎东迁至晋国南部。这样,公元前638年,陆浑戎作为秦、晋利益交换的筹码,被迫迁徙到中原腹地的伊河流域(今河南洛阳伊川、嵩县一带),成为晋国的附庸。

在这片蛮荒的土地上,陆浑戎历尽千辛万苦总算安顿下来,并在今洛阳嵩县等地建起了陆浑国,大致范围在今伊阙、宜阳鹿蹄山以南,伏牛山以北,熊耳山以东区域。《左传·僖公二十二年》:"初,平王之东迁也,辛有适伊川,见披发而祭于野者,曰:'不及百年,此其戎乎!其礼先亡矣。'秋,秦、晋迁陆浑之戎于伊川。"

晋国对陆浑的"援助外交"和怀柔政策,战略收益极大。春秋中期,秦穆公即位后,秦国国势日盛,试图向东扩展势力。秦穆公曾扶持晋惠公、晋文公归国登位,又出兵帮助晋国打赢"城濮之战",企图在晋、楚争霸中坐收渔人之利。公元前628年,秦穆公趁晋文公去世,决定劳师远征灭掉郑国,建立中原争霸的桥头堡。不料,秦军顺利通过崤山隘道,越过晋国南部,抵达滑国(今河南偃师)时,与赴周经商的郑国商人弦高相遇。弦高一面冒充郑国使者犒劳秦军,一面派人火速赶回郑国报信。郑国立刻加强戒备,赶走原驻扎在郑国作内应的秦将杞子等人。秦军灭郑图谋就此被挫败,只得顺手牵羊袭灭滑国后班师。

晋国得知秦军动向后,新继位的晋襄公决定发兵击秦,并利用陆浑戎对秦国"强迁"的仇恨,双方联手在崤山设伏,全歼秦国大军,俘虏了秦军主帅,遏制了秦国争霸中原的势头。此后,晋国的长期霸业都与"和戎融狄"国策有关,直至晋悼公(公元前573年—公元前558年在位)重用贤能之士,"举国大治,戎狄亲附","和诸戎狄,以正诸华。八年之中,九合诸侯",将晋国霸业推至巅峰。

三、楚伐陆浑,观兵洛邑

春秋中叶,晋、楚争霸激烈。逐步征服"汉阳诸姬"的楚国开疆拓土,国力大增,开始与晋国、秦国、齐国等逐鹿中原。夹在晋、楚两大诸侯国之间的陆浑戎在夹缝中求生存,经常遭到征讨。

陆浑戎东迁伊洛后,与东周王室为邻。衰落的周王室惴惴不安、无可奈何,只好与陆浑戎周旋,以封爵安抚、拉拢,赐封陆浑戎首领子爵,称陆浑子,让陆浑戎正式成为诸侯国。陆浑戎迁徙之地原属晋国,陆浑戎作为晋国附庸,控扼秦国东出、楚国北上要道,战略位置十分重要。陆浑戎的向背影响大国争霸格局。最初,晋国实行"赂戎狄通道,以匡王室"的策略,使用经济援助手段,与陆浑戎建立友好关系,保证自己南下时畅通无阻。陆浑戎多次配合晋军作战,成为晋国争霸的得力帮手。公元前632年,陆浑作为强援,帮助晋文公在"城濮之战"中击败楚成王,奠定中原霸主地位。

公元前613年,楚庄王即位,楚国再次走向强盛,决意北上争霸,洗雪"城濮之战"的耻辱。陆浑戎成为楚国首当其冲的报复目标。据《史记·楚世家》记载:"八年,伐陆浑戎,遂至洛,观兵于周郊。"陆浑戎成了楚国北进中原的障碍,受到北向争霸的楚国打击。楚庄王八年(公元前606年),楚伐陆浑戎。面对强大的楚军,陆浑戎一败涂地。楚庄王十分得意,便在洛邑附近举行盛大的阅兵式,彰显楚国军威,恐吓当时的周天子周定王。周定王派王孙满前去慰劳楚军。这位王孙满是一位杰出人物。楚营中甲胄鲜明,枪戟如林,杀气冲天,王孙满却浑不在意,从容舒展,如闲庭信步。在优雅的王孙满面前,楚庄王露出了暴发户特有的轻狂,他竟然"问鼎大小轻重"。这鼎可不是一般的鼎,是周天子的九鼎,相传是大禹划分天下为九州,令九州各献青铜铸成,夏、商、周三代奉为象征国家政权的传国宝器。王孙满不卑不亢,给楚庄王上了堂"帝王课"。《左传》记载:"呜呼!君王其忘之乎?昔虞夏之盛,远方皆至,贡金九牧,铸鼎象物,百物而为之备,使民知神奸。桀有乱德,鼎迁于殷,载祀六百。殷纣暴虐,鼎迁于周。德之休明,虽小必重;其奸回昏乱,虽大必轻。昔成王定鼎于郏鄏,卜世三十,卜年七百,天所命也。周德虽衰,天命未改。鼎之轻重,未可问也。"楚庄王被王孙满的凛然正气慑服,于是下令撤军。

四、晋灭陆浑,陆浑子奔楚

春秋后期,晋、楚争霸态势发生变化,楚国逐渐占据上风,取得战略优势。陆浑戎迫于楚军强大的武力胁迫,不得不臣服于楚国,虽然暂时避免了亡国,却也埋下了祸根。陆浑戎居于晋国和楚国之间的缓冲地带,一旦与楚国交往甚密,便对晋国形成威胁,这令晋国无法忍受。最终,陆浑戎被晋国所灭。《左传·昭公十七年》记载:"庚午,遂灭陆浑,数之以其贰于楚也。陆浑子奔楚,其众奔甘鹿。"

周景王二十年(公元前525年)秋,晋国决定攻灭陆浑戎。为防止暴露作战意图,晋顷公先派大夫屠蒯赴周,请求祭祀陆浑戎附近的洛水与三涂山(今河南嵩县西南)。周人察知晋人的真实意图,遂设防警戒。九月,晋国统帅荀吴率军渡过黄河,直抵陆浑戎境,装模作样祭祀洛水。

陆浑戎不知是计,遂放松警惕。晋军乘其不备,突然发起攻击,一举消灭陆浑戎。陆浑戎亡国后,余众逃奔周邑甘鹿(今河南宜阳)。陆浑戎国君带领贵族逃到楚国,被安置在郧国故地。郧邑开始有了新地名"安陆"——安置陆浑戎之地。今河南洛阳一带有陆浑山、陆浑关、陆浑水库等,都是陆浑戎留下的历史印记。何光岳《楚灭国考》指出:"陆浑,子爵,分布于河南伊川。公元前525年,晋灭陆浑,'陆浑子奔楚,其众奔于甘鹿'。奔楚的陆浑之戎遗民,被楚安置于郧国故地,叫安陆,意为安置陆人之意。"

第四节　春秋后期吴、楚"清发水之战"

清发水,即涢水,今湖北安陆境内的府河。

春秋中后期,吴、楚战争前后打了近八十年(公元前584年—公元前506年)。自公元前515年吴王阖闾即位,吴、楚争夺江淮霸权的斗争转入吴国掌握战略主动的新阶段。鉴于楚国地广兵多,吴国采取分师轮番扰楚的方略,"亟肆以罢(疲)之,多方以误之"(《左传·昭公三十年》),频频出击,使楚军疲于奔命,为吴国大军奔袭楚国创造了条件。公元前506年,吴国在唐、蔡等国支持下,突然大举进攻楚国,从柏举之战到清发水之战,给予楚军毁灭性打击,直至攻占楚都郢。楚昭王狼狈出逃云中(今江汉平原),后逃到郧邑,被郧公斗辛所救。清代道光《安陆县志》:"《水经注》:涢水,亦名清发水。《左传》定公四年,吴败楚于柏举,从之及于清发,是也。"

一、春秋中后期吴、楚江淮争霸态势

春秋中后期,地处长江下游的吴国迅猛崛起,长期与楚国在江淮间争夺发展空间,从侧背牵制楚国,大大消耗了楚国国力,从而改变了春秋中后期南北争霸战争的战略格局和总体形势。战争风云的重心从中原腹地转移到了江淮一带。南方的吴楚战争、吴越战争,成为春秋时期最后两出大戏。

吴国崛起,得益于三个方面的有利条件。其一,得天时。吴王阖闾当政时代,中原地区长期争霸的晋、楚两强都进入"战略疲劳期",两国的国内矛盾都已积重难返、愈演愈烈,国力呈现衰颓趋势。此时正是春秋时局的一个战略间隙。其二,得地利。吴国统治中心区域在今江苏南部,卧伴长江,坐拥太湖,土地肥沃,水利发达,既利于农桑发展,也便于舟楫商贸,一旦进入发展轨道,可迅速成为富庶之乡。其三,得人才。齐、晋、楚三大诸侯国长期争战不休,国家疲惫,君臣相斗,人心涣散,许多杰出人才纷纷出走,吴国坐收渔翁之利。楚国的伍子胥、伯嚭,齐国的孙武等一批能臣武将,相继投奔吴国。楚国的另一位大夫申公巫臣叛逃晋国,向晋景公献"联吴抗楚"之策。晋景公采纳其计,派他为使,带上晋军一个战车演示分队开赴吴国,教习吴军车战之法。吴军擅长舟师水战,自从学得车战之法,如虎添翼,连续攻楚,使楚国疲于奔命。申公巫臣的儿子狐庸为吴国当"行人"(外交说客),父子文武配合,助吴制楚。

吴、楚交战十分频繁,主要战事有:一是公元前 584 年的州来(今安徽凤台)之战。古时淮河多条支流在州来汇合,州来是楚国扼控淮河流域的战略枢纽。吴国为了在江淮间争夺发展空间,几十年间与楚国反复争夺州来这个战略要点。二是公元前570年的鸠兹(今安徽芜湖东)之战。楚国进攻失利,吴国大胜。三是公元前560年的庸浦(今安徽无为南)之战。吴军遭楚军伏兵围歼,吴国大败。次年,吴军反攻,几经争夺,吴国反败为胜。四是公元前548年的舒鸠(今安徽舒城)之战。舒鸠是楚国的属国,随着吴国兴起,舒鸠产生"叛楚附吴"倾向,楚国讨伐舒鸠,吴军出兵相救,遭楚军痛击,吴军兵败。同年冬,吴王诸樊率吴国大军攻打楚国战略要地巢邑,诸樊战死,吴军惨败。五是公元前538年的夏汭(今安徽凤台西南)之战。楚国首先攻占了吴国朱方(今江苏镇江),吴军反击,夺取了楚国边境的棘、栎、麻三城。次年,楚军反攻,两军战于夏汭。楚军一部败于鹊岸(今安徽铜陵西南鹊洲),大部无功而返。六是公元前536年的夺徐之战(徐国都城在今安徽泗县东南)。楚国在淮泗间有众多属国,徐国最大。徐国产生亲吴倾向,楚国兴兵伐徐。吴军救徐,与楚军战于房钟(今安徽蒙城西南),楚军大败。

此后,楚国对吴国由战略攻势逐渐转为战略守势。经十多年休养生息,吴国恢复对楚军的攻势。公元前525年,双方发生长岸(今安徽当涂西)之战。楚军先胜后败,吴军主帅公子光(即吴王阖闾)开始登上历史舞台。具有战略转变意义的战争是公元前519年爆发的吴、楚鸡父之战。鸡父(今河南固始)在大别山北麓。大别山是长江与淮河两大水系的分水岭,南有浩浩长江,北有淮河水网,鸡父恰好处在大别山区与淮河水网的交界地带,居高临下,瞰制着楚国在淮河流域的许多附属小国,战略地位相当重要,是楚国在大别山以北的屯兵要地。吴王僚亲任统帅,以公子光为主将,兴兵伐楚,攻打鸡父。楚平王紧急征调大别山以北、黄河以南的楚国附属小国顿、胡、沈、蔡、陈、许六国军队,配合楚军主力联合抗吴。吴军主将公子光把战场选定在鸡父,首先以诱敌之计歼灭楚国附属国胡、沈、陈三国军队,顿、蔡、许三国军队得到消息,不战自溃。楚军主力军心涣散,全军溃败。

楚军统帅薳越回国后自杀。这一仗,吴军在公子光指挥下,采取在运动中分股歼敌的办法,以少胜多,大获全胜。吴军攻克鸡父后,将战场推进到了楚国的北大门外,改变了吴、楚对抗的战略态势。

二、"清发水之战"前的吴、楚争霸态势

春秋后期,晋国扶持吴国对抗楚国以分解晋楚争霸压力的策略,终于取得实质性成果——楚平王、楚昭王时期南方形成吴、楚争霸态势。楚平王时期,上层统治集团内部矛盾激化。楚平王听信佞臣费无极谗言,杀忠臣伍奢、伍尚,迫使足智多谋、才干突出的伍子胥出逃吴国;后又灭郤氏,逼使大臣伯嚭投奔吴国。二人逃到吴国后全力帮助吴国对付楚国,吴国在吴楚争霸中逐步占据战略优势。

公元前519年的"鸡父之战",楚军大败,楚军统帅薳越自缢。楚国新任令尹子常(囊瓦)害怕吴军,开始对吴国采取守势。公元前518年,楚国边邑卑梁女子因养蚕而与吴人争采桑叶,导致两国边邑怒而相攻,进而导致双方发生战争。楚平王率舟师攻入吴境,吴军奋起反击,大败楚军。楚平王时期,内乱频仍,国势衰落,江淮一事后争霸主动权逐步掌握在吴国手里,江淮要地大部分被吴国控制。

公元前516年,8岁的楚昭王继位,令尹子常掌握军政大权。公元前515年,吴国公子光也在伍子胥等帮助下,让死士专诸刺杀吴王僚自立为王,这就是吴王阖闾。阖闾重用楚国逐臣伍子胥、伯嚭,励精图治,共谋国事;又以避乱于吴的军事家、齐人孙武为将,"立城郭,设守备,实仓廪,治兵库"(《吴越春秋·阖庐内传》),国力迅速强大。

公元前512年,吴军开始采取"疲楚"战术,以楚国收留吴国逐臣掩余、烛庸为借口,发兵攻灭楚国的盟国徐国;公元前511年,吴国派遣小股部队进攻楚国潜、六等地,楚国司马沈尹戌率军援救,击退吴军。不久,吴国又派另一支军队围攻弦(今河南息县南)。沈尹戌等率军救弦,进抵豫章,吴军又退。公元前508年,楚国东境的桐(今安徽桐城北)地反叛,楚令尹子常率军伐桐。吴国大军悄悄绕过巢(今安徽巢湖),突袭豫章打败楚军;接着,攻克巢地。楚昭王继位以后,吴军几乎连年骚扰楚国,楚军应接不暇,疲于奔命。《左传·定公四年》载:"楚自昭王即位,无岁不有吴师。"吴国的疲楚战术,不但大大削弱了楚国军力,而且极大打击了楚军士气,为大举伐楚埋下了伏笔。

三、吴、楚"清发水之战"的经过

楚国令尹子常"贿而信谗",他听信谗言,迫害忠良;贪利索贿,欺凌邻国。《左传·定公三年》载,公元前507年,蔡昭侯朝楚,带来两块佩玉、两件狐裘,准备将一佩一裘献给楚昭王,留一佩一裘自用。子常索要,蔡昭侯未献给他,子常竟粗暴地扣留他三年。唐成公朝楚,带两匹肃爽马,子常想要,唐成公不肯给,也被扣留三年。后来唐国献马给子常,子常才让唐成公回国。蔡国仿效唐国,献佩给子常,蔡昭侯才得以释放。蔡昭侯回途中渡过汉水时,投玉于水,发誓说:"余所有济汉而南者,有若大川!"蔡昭侯奔赴晋国,请求伐楚。公元前506年春,晋国召集宋、蔡、卫、陈、郑、许、曹、莒、邾、顿、胡、滕、杞、郯等国国君及周、齐之大夫于召陵,共谋伐楚。同时,晋国指使蔡国攻灭楚的附庸沈国,挑动楚国进攻蔡国。

吴国君臣见楚国内外交困,众叛亲离,于是决意伐楚。公元前506

年,吴王阖闾认为大举攻楚入郢的时机已经成熟,就征求伍子胥与孙武的意见。伍子胥、孙武说:"楚将子常贪,而唐、蔡皆怨之。王必欲大伐,必得唐、蔡乃可。"(《史记·吴太伯世家》)此时,原依附楚国的蔡、唐两国因遭楚令尹子常的侮辱而耿耿于怀,决意报复。吴王阖闾、蔡昭侯与唐成公达成协议,共同攻楚。

吴国军队由伍子胥、孙武训练多年,对楚作战准备充分,并且先打击越国,解除后顾之忧。这年冬季,吴王阖闾与其弟夫概并伍子胥、伯嚭、孙武等,倾全国之兵,乘船溯淮水西进,至战略要地州来,舍舟于淮汭(淮水弯曲处),登陆前进。这次攻楚,吴军打破常规,采用"掏心"战术,选择楚国防守薄弱的方向,自大别山直趋汉水,出其不意直插楚国心脏。吴军以蔡、唐军为先导,以精锐步卒为前锋,穿过楚国北部的大隧、直辕、冥厄三关险隘(均在今河南信阳与湖北孝感、随州交界处),迅速南下深入楚国汉江腹地,达成对楚国的战略奇袭。楚人不料吴军竟敢冒险长途迂回奔袭,急派令尹子常、左司马沈尹戍、武城大夫黑及大夫史皇等仓促率军赶至汉水西岸布防,阻止吴军强渡汉水。

当吴、楚两军夹汉水对峙时,沈尹戍鉴于楚国各地兵力尚未集结,易被吴军各个击破,针对吴军孤军深入、不占地利的弱点,主张充分发挥楚国兵员众多的优势,变被动为主动:由令尹子常凭借汉水天险与吴军周旋,正面牵制吴军,自己去方城(楚国北境防御重地,在今河南南部)调集楚军防守中原的兵力,迂回至吴军侧后,毁坏吴军舟船,阻塞三关,断其归路,尔后与子常前后夹击,歼灭吴军。

楚国令尹子常虽然采纳了沈尹戍的建议,却贪鄙无能,违背两面夹击之约。楚国武城大夫黑以楚革车不如吴木车耐久,建议速战。楚国大夫史皇更是挑拨离间:"楚人怨恨您而喜欢沈尹戍。如果司马毁吴舟于淮,塞城口而入,是独克也。您应该速战速决,不然,上下必然归罪于您。"子常听信谗言,又错误估计战场形势,以为凭实力可击败吴军,于是改变与沈尹戌商定的夹击吴军计划,擅自率军渡过汉水进攻吴军。这一轻率行动,让楚军陷入背水作战的不利境地。

  吴国君臣得知楚军夹击之谋,非常担心腹背受敌,见子常率军渡河来攻,便调整部署,改变原定在江、汉腹地与楚军决战的计划,迅速由汉水东岸后退,往大别山方向作战略机动以调动楚军,寻机决战制胜。楚国令尹子常判断错误,认为吴军畏楚而退,于是指挥全军紧追不舍,企图速胜。从今湖北汉川一带的小别山,至今湖北黄冈境内的大别山,吴、楚多次接战。山区作战,楚军战车多、利于平原作战的优势被抑制,而吴军步兵强、灵活机动、长于丘陵山地作战的优势得到发挥。锐气正盛的吴军多次击败楚军。子常见屡战屡败,想要临阵脱逃。史皇告其如致死以克吴,尚可以免贪贿致寇之罪,子常才未逃跑。

  十一月,吴军调动楚军,使其疲惫、挫其锐气的目的已达,便停止后退。楚、吴两军对阵于柏举(今湖北麻城东北)。吴王阖闾的弟弟夫概对阖闾说,子常不仁,其臣无死志,如率先出击,楚军必逃,继而大军进攻,吴军必胜。阖闾没有同意,夫概擅自率领其部下 5000 人袭击子常带领的主力部队。楚军主力奔逃,整个楚军阵容大乱。吴军趁势进击,大败楚军。子常逃到郑国,史皇战死,楚军一路溃退。

  丧失主帅的楚军残部纷纷向西溃逃,吴军乘胜追击,不给楚军以重整旗鼓之机,至清发水(今湖北安陆境内涢水)追上楚军。阖闾欲立即展开攻击,逼迫楚军背水作战。夫概认为,困兽犹斗,楚军自知不能幸免而拼死一战,就可能击败吴军;若让楚军有幸免之望而渡河,就会失去斗志,乘其半渡而击,必获大胜。果然,楚军见吴军追至而未进攻,急于求生,争相渡河。待其半渡之时,阖闾挥军攻击,又歼楚军一部。吴军加快追击,竟使楚军在溃逃中连做好的饭食都来不及吃。吴军追至雍澨(今湖北京山西南),与由息(今河南息县西南)回援的沈尹戌军相遇。沈尹戌率军奋力拼杀,使吴军一度受挫,但沈尹戌战死,楚军惨败溃逃。此后,吴军又连续击败楚军,乘胜攻入郢都。

吴军占领楚都后,既没有安抚楚国民众,又没能迫降楚昭王,反因军纪松懈引起楚人仇恨,楚国各地军民纷纷反击吴军。楚昭王出逃鄙邑,后在鄙公斗辛的保护下逃往随国。楚国大夫申包胥赶赴秦国求救。次年,秦大夫子蒲、子虎率兵车五百乘配合楚军作战,屡败吴军。此时,越国乘吴国内空虚发兵进袭吴都,夫概潜回吴国企图夺取王位。吴王阖闾被迫撤军,引兵东归。楚虽复国,却已元气大伤,从此一蹶不振。

第五节　楚昭王入"云中"与鄙公斗辛救楚

斗辛,春秋时期楚国公族若敖氏后裔、斗子文六世孙。其父名斗成然(子旗),是楚平王时期的令尹,因贪赃枉法、图谋反叛被杀。楚平王体念其先祖斗子文对楚国的贡献,以斗辛为鄙邑地方长官——鄙公,治理以今湖北安陆为中心的鄂中地区。《左传·昭公十四年》载:"楚令尹子旗(斗成然)有德于王,不知度。与养氏比,而求无厌。王患之。九月甲午,楚子杀斗成然,而灭养氏之族。使斗辛居鄙,以无忘旧勋。"斗辛所处的时代,正是吴楚争霸最激烈的时期。在吴军攻占郢都、楚昭王仓皇出逃的危急时刻,斗辛不畏强敌、顾全大局,力救楚昭王,传下千古佳话。

《左传·定公四年》记载:"楚子涉睢,济江,入于云中。王寝,盗攻之,以戈击王,王孙由于以背受之,中肩。王奔郧。钟建负季芈以从……郧公辛之弟怀将弑王,曰'平王杀吾父,我杀其子,不亦可乎?'辛曰:'君讨臣,谁敢雠之?君命,天也。若死天命,将谁仇?《诗》曰:柔亦不茹,刚亦不吐。不侮矜寡,不畏强御,唯仁者能之。违强陵弱,非勇也;乘人之约,非仁也;灭宗废祀,非孝也;动无令名,非知也。必犯是,余将杀女。'斗辛与其弟巢以王奔随。"《左传·定公五年》记载:"楚子入于郧。初,斗辛闻吴人之争宫也,曰:'吾闻之,不让,则不和,不和,不可以远征。吴争于楚,必有乱;有乱,则必归,焉能定楚?'王之奔随也,将涉于成臼,蓝尹亹涉其帑,不与王舟。及宁,王欲杀之。子西曰:'子常唯思旧怨以败,君何效焉?'王曰:'善。使复其所,吾以志前恶。'王赏斗辛、王孙由于、王孙圉、钟建、斗巢、申包胥、王孙贾、宋木、斗怀。子西曰:'请舍怀也。'王曰:'大德灭小怨,道也。'"

《史记·伍子胥列传》记载:"九年,吴王阖庐谓伍子胥、孙武曰:'始子言郢未可入,今果何如?'二子对曰:'楚将囊瓦贪,而唐、蔡皆怨之。王必欲大伐之,必先得唐、蔡乃可。'阖庐听之,悉兴师与唐、蔡伐楚,与楚夹汉水而阵。吴王之弟夫概将兵请从,王不听,遂以其属五千人击楚将子常。子常败走,奔郑。于是吴乘胜而前,五战,遂至郢。己卯,楚昭王出奔。庚辰,吴王入郢。昭王出亡,入云梦;盗击王,王走郧。郧公弟怀曰:'平王杀我父,我杀其子,不亦可乎!'郧公恐其弟杀王,与王奔随。"

公元前506年,吴军攻占楚国都城郢,楚昭王携其妹季芈仓皇逃亡。渡睢水(沮水)后,命铖尹固把点燃的火燧系于象尾,冲散吴军,才得以摆脱险境。接着,楚昭王一行仓皇沿江逃跑,进入广阔无际的云梦泽。楚昭王一路遭到吴军追杀,又遇到草泽盗贼袭击,幸得楚国大夫王孙由于以身相救才得逃脱。一众随从建议楚昭王往北奔逃,寻找安全的地方。这样,楚昭王历经艰辛,逃到古云梦泽北边的郧邑(今湖北安陆)。

为什么楚昭王要逃到郧邑避难?一是郧邑自楚灭郧后,一直是楚国在江汉一带的政治、经济、文化中心和军事要塞,城池坚固,"因冈为墉,峻不假筑",地处南北交通咽喉,可以暂时抵挡吴军的追击。二是郧邑雄踞云梦泽,而云梦泽是楚王的猎苑,修建有楚王行宫,还有一系列军事设施。《墨子·明鬼》:"宋之有桑林,楚之有云梦,此男女之所属而观也。"《战国策·楚策一》:"于是,楚王游于云梦,结驷千乘,旌旗蔽天。野火之起也若云蜺,兕虎之嗥声若雷霆。"《战国策·楚策四》:"与之驰骋乎云梦之中,而不以天下国家为事。"《吕氏春秋·贵直论》:"荆文王得茹黄之狗,宛路之矰,以畋于云梦,三月不反。"《吕氏春秋·仲冬纪》:"荆庄哀王猎于云梦,射随兕,中之。"宋玉《高唐赋》:"昔者楚襄王与宋玉游于云梦之台。"司马相如《子虚赋》:"楚有七泽……其小小者耳,名曰云梦。云梦者,方九百里,其中有山焉……其东则有蕙圃……其南则有平原广泽,……缘以大江,限以巫山……其西则有涌泉清池……其北则有阴林巨树。"从所描述的楚王在云梦的游猎生活中可见,云梦包括山地、丘陵、平原和湖泊等多种地貌形态,可以限制吴军的追击行动。

当时,驻守和管理郧邑的是郧公斗辛。清发水之战后,斗辛便积谷练兵,修整城池,准备对付吴军的再次进攻。见历尽艰辛的楚昭王狼狈而来,斗辛急忙以君臣大礼将其迎入城中妥善保护。惊魂初定的楚昭王本以为到了安全之地,哪知斗辛的弟弟斗怀杀气腾腾过来,要杀了他报杀父之仇。斗辛急忙喝退斗怀,教导斗怀要牢记君臣大义,像先祖斗子文那样忠君爱国,他引用《诗经·丞民》的诗句来教训斗怀:"'柔亦不

第五章 楚国郧邑 195

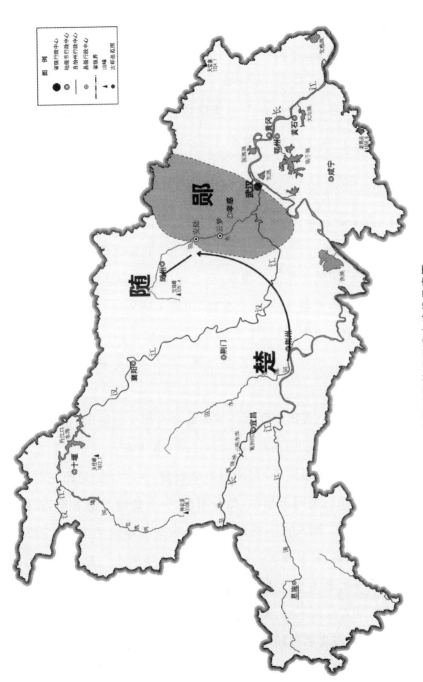

春秋时期楚昭王逃亡路线示意图

茹，刚亦不吐。不侮矜寡，不畏强御。'一个德行高尚的人，应当是不欺负弱者，不惧怕强暴，不侮慢矜寡。乘人之危就是不仁，犯罪灭族就是不孝，犯上弑君就是不忠。如果你一定要做不忠、不孝、不仁、不智的事，要犯弑君之罪，我就先杀了你，为国除害。"因鄖邑兵力薄弱，不足以抗御吴军，斗辛便与另一个弟弟斗巢一起，护送楚昭王逃到北边的随国。

斗辛不仅是忠臣，还是足智多谋的谋士。他给楚昭王分析时局，指出吴军内部矛盾重重，猛将夫概野心勃勃，吴国将领争权夺利，发生内讧。不谦让就会不和睦，不和睦就不能远征；吴国高层为小事而反目，必将滋生祸乱；祸乱必然使其撤军，吴人不可能久留楚国。他鼓励楚昭王树立必胜信心，重整旗鼓，驱吴复楚，再展大国雄风。《左传·定公五年》记载："楚子入于郧。初，斗辛闻吴人之争宫也，曰：'吾闻之，不让，则不和，不和，不可以远征。吴争于楚，必有乱；有乱，则必归，焉能定楚？'"

吴军兵临随国，提出把汉水一带的地盘全部交给随国，换取随人交出楚昭王。《左传·定公四年》："汉阳之田，君实有之。"斗辛看穿吴人离间随、楚两国的险恶用心，与随国君臣盟誓，共同保护楚昭王。楚昭王之兄子期长相与楚昭王相似，挺身而出，穿着楚昭王的衣服，让随国把自己交给吴人。随人占卜的结果不吉，就郑重地对吴人说："以随之辟小，而密迩于楚，楚实存之。世有盟誓，至于今未改。若难而弃之，何以事君？执事之患不唯一人，若鸠楚竟，敢不听命？"（《左传·定公四年》）吴人见随人软硬不吃，而吴军兵力薄弱难以强攻，只得引兵而退。

后来，形势演变果然如斗辛所料，楚昭王之兄子西率领楚人反击吴军，并到随国与楚昭王共谋复国大计。同时，楚国大臣申包胥出使秦国,哀求秦国出动大军与楚军组成联军,大破吴军。这年九月,楚昭王历经颠沛流离,终于还郢返国,重掌国政。

《国语·楚语下》记载:"吴人入楚,昭王奔郧,郧公之弟怀将弑王,郧公辛止之。怀曰:'平王杀吾父,在国则君,在外则仇也。见仇弗杀,非人也。'郧公曰:'夫事君者,不为外内行,不为丰约举,苟君之,尊卑一也。且夫自敌以下则有仇,非是不仇。下虐上为弑,上虐下为讨,而况君乎!君而讨臣,何仇之为?若皆仇君,则何上下之有乎?吾先人以善事君,成名于诸侯,自斗伯比以来,未之失也。今尔以是殃之,不可。'怀弗听,曰:'吾思父,不能顾矣。'郧公以王奔随。王归而赏及郧、怀。子西谏曰:'君有二臣,或可赏也,或可戮也。君王均之,群臣惧矣。'王曰:'夫子期之二子耶?吾知之。或礼于君,或礼于父,均之,不亦可乎?'"

楚昭王襟怀大度,不但重赏有功之臣斗辛,而且不计前嫌赏赐曾想杀掉自己以报父仇的斗怀,安定了楚国人心,使遭遇战乱的楚国迅速恢复社会秩序。这一明智之举得到孔子称赞。《容斋随笔·卷六·邾文公楚昭王》记载:"楚昭王之季年,有云如众赤鸟,夹日以飞三日。周太史曰:'其当王身乎?若禜之,可移于令尹、司马。'王曰:'除腹心之疾而置诸股肱,何益?不穀不有大过,天其夭诸?有罪受罚,又焉移之?'遂弗禜。孔子曰:'楚昭王知大道矣,其不失国也宜哉!'"

斗辛的耿耿忠心历代为人称道。晋代文学家陆机《豪士赋序》赞誉郧公斗辛:"人主操其常柄,天下服其大节,故曰'天可雠乎'。而时有袨服荷戟,立于庙门之下,援旗誓众,奋于阡陌之上。"

安陆历代修建郧公祠,纪念斗辛。清代康熙《德安安陆郡县志》记载:"郧公祠,府治中,春秋时建,祀郧公斗辛。今废。昭公十四年,楚子杀斗然而灭养氏之族,使斗辛居郧,是为郧公,以无忘旧勋。"

第六章 安陆肇始

早在战国中期,"安陆"之名已见诸史册。秦昭襄王二十八年(公元前279年),秦将白起率大军攻楚,拔鄢(今湖北宜城)、邓(今河南邓州)五城。第二年(公元前278年,楚顷襄王二十一年),秦军拔郢(今湖北荆州),烧夷陵(今湖北宜昌),遂东渡至竟陵(今湖北天门、潜江一带),攻占安陆(今湖北安陆),在所占领的楚国北部地区设置南郡,安陆县属秦之南郡。

第一节 安陆得名与建县时间

作为楚文化的发祥地之一,安陆是湖北境内最早设立的古县之一,也是鄂中地区最早设立的县。在漫长的历史长河里,安陆先后作为楚、秦的安陆县治,以及西汉、西晋的江夏郡治,南北朝时期的安陆郡治,西魏至唐宋时期的安州州治,北宋末期至清代的德安府治所,始终是鄂中一带的政治、经济、文化中心。

一、战国楚简上最早出现"安陆"之名

"安陆"作为县名,最早出现在战国楚简。1987年,湖北荆沙铁路考古队在荆门十里镇王场村包山二号战国楚墓发掘了一批楚简,计有448枚竹简(有字者278枚)和1枚竹牍,包括司法文书简、卜筮祭祷简和遣策三种。该发现地南距战国楚古都郢(纪南城)16 km,墓主人为邵㐮,居官左尹。简牍制成时间约为公元前322年—公元前316年。这批战国竹简内容丰富,纪年明确,为研究战国时期楚国乃至秦、汉时期的政治、经济、法律和历史地理,以及文字、书法提供了十分珍贵的资料。

经整理,司法文书类竹简分别是《集箸》《集箸言》《受期》《疋狱》四种。《集箸》是有关验查名籍的案件记录;《集箸言》是关于名籍纠纷的起诉及呈送主管官员的记录;《受期》是受理各种诉讼案件的时间与审理时间及初步结果的摘要记录;《疋狱》即记狱,是关于起诉的简要记录,引起诉讼的事情有杀人、逃亡、反官、土地纠纷等。

包山楚简《疋狱》记载:"九月壬戌之日,司德秀阳受期,辛巳之日……安陆之下里人屈犬、少邑阳申以廷,陞门又败。"这里记载的是一起民事诉讼案件,案件当事人是安陆人屈犬、阳申。审理这起案件的是司德秀阳。"司德"是官职,"秀阳"是官员的名字。确定辛巳之日,宣双方当事人到安陆县衙廷讯诉讼。这批战国楚简,年代为楚怀王时期,即公元前322年前后。这是目前发现的最早记载"安陆"名称的历史资料。战国楚简上的记载证明,"安陆"一名早在战国中期已经出现,安陆那时候已经是楚国的属县。

《安陆县志》(武汉出版社,1992年版),认为"安陆"之名最早见于云

包山楚简

梦睡虎地出土的秦代竹简《编年纪》,以其中的"(秦昭襄王)廿九年(注:公元前278年),攻安陆"的记载为证,这是错误的。

二、安陆得名的几种说法

"安陆"的得名,历来众说纷纭,主要有以下几种说法。

一种是"地理说",意思是"安陆"就是"安全的陆地"。《湖北县政概况》(1934年版):"查鄂中地势,自县南云梦、汉川及监、沔一带,古时称为云梦泽。惟安陆地势较高,地形多为平陆,或取意于'安于陆地'之义。"安陆地处江汉平原与鄂北岗地交会地带,南部为地势低洼的古云梦泽,北部为低山丘陵。古云梦泽烟波浩渺,常闹水灾,而北缘安陆地势较高,丘陵山岗相连,易于防范水患,取"安于陆地"之意而命名此地为"安陆"。

二是战争说。1980年《江汉考古》载有孝感博物馆原馆长宋焕文《安陆考源》一文,认为"安陆"一名起源于公元前278年,秦将白起占领楚郢都后。"安陆"为秦、楚接壤处,秦人为巩固南方,必须加强前哨阵地防守,才能确保安全,于是将此地取名"安陆",意为"安全的陆地"。

三是移民说,意思是"安陆"就是"安置陆浑遗民的地方"。何光岳《楚源流史》一书《楚国灭国与移民》一节,根据《左传·昭公十七年》"庚午,遂灭陆浑,数之以其贰于楚也。陆浑子奔楚,其众奔甘鹿"的记载,认为公元前525年晋国灭陆浑,部分陆浑遗民逃到甘鹿,陆浑国君率众逃奔楚国,被安置在郧国故地,称该地为"安陆"。

三、安陆建县时间探讨

中国县制起源于春秋时期的楚国。《左传·庄公十八年》记载:"初,楚武王克权,使斗缗尹之。以叛,围而杀之,迁权于那处,使阎敖尹之。"公元前706年,楚国灭了今湖北荆门一带的权国,设权邑,让斗缗做权尹。权,是中国最早设立的县级地方行政单位。

县制的建立是楚国政治革新的基点,使楚国的军事组织发生了革命性的变化。楚在建立县之前,其军队主要是王卒和私卒,由王室领地和卿大夫封邑的族人组成,带有浓厚的宗族色彩。置县后,为了满足日益频繁的战争需要,楚在各县邑"赋车籍马,赋甲兵、徒兵、甲楯之数",直接向各县邑征赋、征兵,以县邑为单位组建直属楚王的正规军——县师,进行经常性的训练,确保其战斗力。楚国争霸中原也就有了坚实的体制和制度基础。楚武王、楚文王、楚成王、楚庄王等都是春秋时期天下雄主,楚庄王更是名列"春秋五霸",都得益于县制的建立。

春秋时期,楚先后灭掉四十多个诸侯国,将其地设县治理。各县初称邑,后称县;地方长官初称"尹",后称"公"。如楚文王(公元前689年—公元前675年)攻灭申、息两诸侯国后,设申县、息县,统治两地的官员分别称申公、息公。而安陆设县,在公元前701年郧、楚"蒲骚之战"以后。楚国战胜郧国,逐渐吞并了郧国。至于设县的准确时间,目前没有定论。《左传》记载了两位春秋时期的郧邑地方长官——钟仪、斗辛。钟仪任郧公,在楚共王时期。楚共王七年(公元前584年)郧公钟仪参加讨伐郑国的战争失败被俘,被掳往晋国,但他忠于楚国,宁死不屈。成语"南冠楚囚"就是称赞钟仪的爱国主义精神。斗辛,是楚昭王时期的郧公。公元前506年,吴国大军征伐楚国,在安陆境内"清发水之战"中大败楚军,势如破竹攻占了楚国都城——郢。楚昭王经云梦古泽逃到郧邑,被郧公斗辛所救。

从《左传》记载看,至迟在楚共王时期,楚已灭郧国,设置了县级行政单位——郧邑,命钟仪为郧公,作为郧地行政长官。邑,《辞海》解释:"古代称国为邑,《左传·桓公十一年》:'君次于郊郢,以御四邑。'"另外一种解释,就是旧时对县的别称,如邑宰。楚称邑宰为"公",即后世之县令。西晋杜预《春秋左氏经传集解》注:"楚县大夫皆僭称公。"宋代邓名世《古今姓氏书辩证·十七真》:"春秋时……楚僭王号,其县尹皆称公。"清代顾炎武《日知录·卷二十》:"高祖初称沛公,太上皇父称丰公,皆楚之遗名,此县公之公也。"清代永瑢《钦定历代职官表》曰:"县邑之长曰宰、曰尹、曰公、曰大夫(晋谓之大夫,鲁卫谓之宰,楚谓之公、尹,其职一也)。"清代易本烺《春秋楚地问答》:"公元前639年,郧国尚存。成公七年,即周简王三年,公元前583年,是郧之被楚灭为县,始有郧公钟仪。"今人杨伯峻《春秋左传注》认为:"(此时)楚称县宰为县尹,亦称县公。"

公元前223年,秦灭楚,将楚地划分为四郡,安陆县属南郡。清代道光《安陆县志》记载,汉高帝六年(公元前201年)设立江夏郡,治安陆县,管辖十四县(张家山汉墓竹简记载汉武帝时期公元前121年析南郡设江夏郡)。安陆县的建制则延续了楚、秦时期的设置。

第二节　秦将白起攻占安陆

1975年,湖北省云梦县睡虎地出土的秦简《编年纪》记载:"(秦昭襄王)廿九年,攻安陆。"

《战国策·秦策四》:"顷襄王二十年,秦白起拔楚西陵,或拔鄢、郢。夷陵,烧先王之墓。王徙东北,保于陈城。楚遂削弱,为秦所轻。于是白起又将兵来伐。"

《史记·白起王翦列传》:"白起者,郿人也。善用兵,事秦昭王……明年,白起为大良造。攻魏,拔之,取城小大六十一。明年,起与客卿错攻垣城,拔之。后五年,白起攻赵,拔光狼城。后七年,白起攻楚,拔鄢、邓五城。其明年,攻楚,拔郢,烧夷陵,遂东至竟陵。楚王亡去郢,东走徙陈。秦以郢为南郡。白起迁为武安君。"

战国时期,秦昭襄王为了吞并六国,统一天下,制定了"远交近攻"的战略方针,时常派兵进攻韩、赵、魏、楚等国,攻城略地,使秦国疆域不断扩大,逐步取得对函谷关以东六国的军事战略优势。

随着秦国加快兼并进程,秦、楚矛盾激化。公元前281年,楚顷襄王召见了一位善于使用轻弓射猎归巢大雁的人,那人向楚顷襄王指出,自己的本领不过是雕虫小技,而像楚国这种土地方圆五千里、带甲之士百万的万乘之国,楚王应当像射鸟一样射猎周边各国,成就霸业。在他的一番说辞下,楚顷襄王回想起其父楚怀王客死秦国的屈辱,决定与秦国断交,并派使者到各国缔结合纵盟约,准备攻打秦国。秦昭襄王得知消息后,决定先发制人,出兵攻打楚国。公元前280年,秦将司马错集结蜀兵自陇西郡出兵,攻取了楚国的黔中郡,楚顷襄王被迫割让上庸(今湖北省竹山县东南)和汉江以北的土地给秦国。

为全力进行对楚国的战争,公元前279年,秦昭襄王与赵惠文王在渑池相会修好。安定北部边境以后,秦国派大良造白起出武关,进攻楚国。此时楚国国内政治腐朽,楚顷襄王不修国政,大臣居功自傲、嫉妒争功,阿谀谄媚之臣掌权,贤良忠臣受到排挤,致使国内百姓离心离德,城池年久失修。白起决定采取直接进攻楚国统治中心地区的战略,于公元前279年率军数万沿汉江东下,秦军拆除桥梁,烧毁船只,自断归路,以此表示决一死战的信心,并在沿途寻找食物以补充军粮。楚军毫无斗志,节节败退。秦军长驱直入,迅速攻取汉水流域要地邓(今湖北省襄阳市北),直抵楚国别都鄢(今湖北宜城)。楚国集结重兵阻止秦军南下。白起引水灌城,攻破鄢城,楚军死伤数十万。接着,白起又直指楚都郢(今湖北荆州),此时楚国"百姓心离,城池不修,既无良臣,又无守备",懦弱无能的楚顷襄王只得迁都于陈(今河南淮阳),数百年的郢都毁于战火。白起攻下郢都后,挥兵直下江汉腹地,烧毁楚先王陵墓夷陵(今湖北省宜昌市夷陵区),向东进兵至竟陵(今湖北省天门、潜江一带)、安陆(今湖北安陆)、西陵(今湖北武汉)等地,甚至南渡长江攻入洞庭、五渚、江南等地。

因为楚国君臣的昏庸腐败,秦军铁骑所过,楚军望风披靡。白起夺取楚国洞庭湖周围的水泽地带、长江以南以及北到安陆(今湖北省孝感市一带)的大片土地。此战白起率领秦军深入楚国腹地,攻破楚国都城,为秦国最终攻灭国土广袤的楚国奠定了坚实基础。

第三节 战国楚简与秦简里的安陆

湖北省云梦县自1972年起就陆续发掘出大量的秦汉古墓,在云梦县城关镇东南郊和西郊一带发现了古墓群,如珍珠坡墓群、龙岗墓群、木匠坟墓群、睡虎地墓群、大坟头墓群等,其时间跨度大致从春秋战国时期至东汉时期,以秦代古墓数量为多。其中,1975年底睡虎地战国晚期秦墓发掘大量竹简。1987年,荆门包山大冢又出土大批战国楚简。这些战国楚简和秦代竹简储存大量古安陆信息,有助于解开安陆历史之谜。

一、战国楚简中的安陆

包山大冢是新中国成立以来湖北发掘的第三大古墓。墓主人为楚王左尹邵𰣝,是处理司法事务的官员,公元前316年即楚怀王十三年下葬。其墓出土战国时期的竹简,为研究楚文化提供了重要史料。

"安陆"之名,赫然出现在包山大冢出土的战国楚简。这批楚简内容广泛,包括一批司法文书,文书中(竹简62号)有这样的记载:"(十月)辛巳之日,不,安陆之下里人屈犬、少邑阳申以廷,陞门又败。"包山楚简证明,"安陆"一名战国中期已出现,安陆那时候已是楚国的属县。

二、云梦秦简中有关安陆的内容

（一）安陆人留下的中国最早的家书——木牍寄信

睡虎地出土了两件木牍，是两名南郡安陆县籍士兵从淮阳前线寄回的家信。这两名士兵是兄弟，一个叫黑夫，一个叫惊。

黑夫的家信内容是："二月辛巳，黑夫、惊敢再拜问中，母毋恙也？黑夫、惊毋恙也。前日黑夫与惊别，今复会矣。黑夫寄益就书曰：遗黑夫钱，母操夏衣来。今书即到，母视安陆丝布贱，可以为襌裙襦者，母必为之，令与钱偕来。其丝布贵，徒操钱来，黑夫自以布此。黑夫等直佐淮阳，攻反城久，伤未可知也，愿母遗黑夫用勿少。书到皆为报，报必言相家爵来未来，告黑夫其未来状。闻王得苟得。"

惊的家信内容是："惊敢大心问衷，母得毋恙也？家室外内同……以衷，母力毋恙也？与从军，与黑夫居，皆毋恙也……钱衣，愿母幸遣钱五六百，布谨善者毋下二丈五尺……用垣柏钱矣，室弗遣，即死矣。急急急。惊多问新负，妴皆得毋恙也？新负勉力视瞻二老……"背面有墨书秦隶五行："惊远家故，衷教诏妴，令毋敢远就取新，衷令……闻新地城多空不实者，且令故民有不从令者实……为惊祠祀，若大发毁，以惊居反城中故。惊敢大心问姑秭，姑子产得毋恙……新地人盗，衷唯毋方行新地，急急急。"

这两封书信的内容分两部分：一是向家人问安，说明自己在淮阳打仗的情况，向家人报平安；二是希望家里迅速寄衣寄钱。内容有所区别之处就是：黑夫让母亲看看安陆的丝布价格如何，如果便宜就买布做好衣服，和钱一同寄来，如果安陆丝布价格昂贵，就只寄钱来，黑夫自己在淮阳买丝布做夏衣;惊则是希望母亲赶快寄钱,并买质量好的丝布,心情之急切溢于言表。

这是目前中国史籍所载最早的家书,距今 2200 余年。

(二)云梦秦简中记载的秦始皇与安陆

睡虎地出土秦简《编年纪》记载:"廿八年(公元前 219 年),今过安陆。"秦始皇这次出巡,东登泰山,祭拜天地;南登琅琊,过彭城;南渡淮河,准备渡长江去洞庭湖祭祀湘水之神,因此经过安陆。《史记》记载,秦始皇三十七年(公元前 210 年),秦始皇第二次经过安陆。这一次,秦始皇出巡声势更大,左丞相李斯、少子胡亥以及他宠信的宦官赵高跟随,本拟再次南泛洞庭祭拜湘神,因洪水泛滥,只得盘桓安陆,对着南方的九嶷山遥祭舜帝。

秦国攻掠楚国安陆县亦有记录。

秦简《编年纪》记载:"(秦昭襄王)廿九年(公元前 278 年),攻安陆。"

此外,云梦县出土文物还有刻有"安陆市亭"的陶印。20 世纪 70 年代中期以来,与秦简出土时间相同,湖北省云梦县睡虎地和龙岗的多座秦墓出土了 20 多件盖有"安陆市亭"戳印的陶器:睡虎地 14 号秦墓出土的陶瓮,上有戳印"安陆市亭";1977 年秦墓 M36 出土的陶釜,上有戳印"安陆市亭";1978 年秦墓出土的陶瓮、陶壶、鍪,上有戳印"安陆市亭";1988 年云梦县楚王城遗址编号 88T2604 探方出土两件陶器,上有戳印"安陆市亭";此外,1989 年云梦龙岗秦墓 M4 出土的陶瓮、陶罐、陶釜,M3 墓出土的陶罐、陶盂,M6 墓出土的陶瓮、陶釜上都有戳印"安陆市亭"。"安陆市亭"印面呈方形,字体为秦篆。"安陆市亭"陶印的出

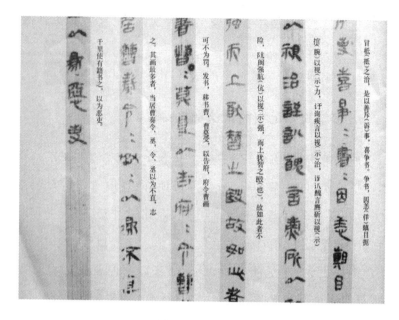

睡虎地秦墓出土竹简

土,证明秦代安陆民间商贸活动频繁,商品经济较为成熟,官方重视商品质量和市场管理;也说明虽然秦的统治短暂,但秦统一后仍不遗余力恢复地方经济,加强地方治理。

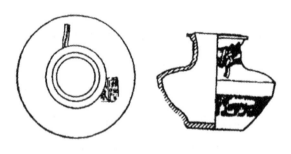

戳印"安陆市亭"的陶器

"安陆市亭"陶印

三、其他秦简中有关安陆的内容

岳麓秦简、北大秦简也记载了与安陆相关的珍贵历史资料。

湖南大学岳麓书院藏秦简《日志》记载:"丁巳,腾之安陆。""己卯,腾道安陆来。"这里记载的是秦始皇二十七年(公元前 220 年)的内容。"腾",是秦代南郡郡守的名字。

1977 年出版的《睡虎地秦墓竹简》收录一道文书,名为"南郡守腾文书",是秦王嬴政二十年由南郡的地方行政长官"腾"下发至县、道啬夫的一份下行文书,整理自 1975 年湖北省云梦县睡虎地 M11 号秦墓出土的一批竹简,对研究秦代法律与秦代吏治有重要价值。

北京大学收藏的秦简卷四中内容为《道里书》,主要记述江汉地区的水陆交通路线和里程,地名大多属秦代南郡,以安陆、江陵两地出现最多。

第四节　秦简中记载最早的安陆官员——喜

1975 年 12 月,今湖北省云梦县城附近睡虎地发现一座秦代古墓,出土了 1155 枚竹简,这是首次大规模发掘出土秦简,立即在文物考古界引起轰动。考古工作者精心整理、考释,将竹简内容编辑成《云梦睡虎地秦简》一书,涵盖史学、司法、文字、书法等方面的内容,其中《编年纪》揭开尘封 2200 多年的睡虎地秦简主人、最早的安陆官员"喜"的身世。

睡虎地秦简《编年纪》涉及秦国 90 年间的国事和喜的家事。喜(公元前 262 年—公元前 217 年),秦国安陆人,出生于一个读书人家庭,19

岁时进用从事文书工作的小吏。秦始皇四年（公元前243年）被任命为安陆御史；秦始皇六年（公元前241年）四月，任安陆令史。秦始皇七年（公元前240年），喜调任鄢地令史。公元前234年，秦军攻赵，喜投笔从戎，赴前线作战；喜随秦军攻韩、攻赵、攻魏，转战南北。秦始皇十九年（公元前228年），喜随内史腾回到南郡，仍回安陆县任职。秦始皇二十八年（公元前219年），秦始皇东封泰山，由彭城（今江苏徐州）、衡山（今安徽霍山）到达南郡，经过安陆。喜作为安陆县官员，参加了迎接秦始皇的活动。秦始皇三十年（公元前217年），喜卒于安陆，享年46岁。

秦的安陆官员——喜

第六章 安陆肇始

为什么身为故楚之人的喜,会成为秦的安陆县官员?

相关学者研究指出,公元前309年,秦昭襄王即位。这位年轻的君主心智成熟、手腕超绝,却十分诡谲难缠。他横扫楚国数十城池,将楚怀王玩弄于股掌,又令楚顷襄王一生惶惶……家仇国恨两相混杂,秦楚之间矛盾愈演愈烈,双方开始了持续数十年的拉锯战。在这场拉锯战中,楚接连失去了襄城、汉中、巫郡、黔中、鄢、邓等地,楚国都城郢(今湖北荆州)已完全暴露在秦国的兵锋之下。公元前278年,秦将白起率十余万大军伐楚,攻破楚都郢城,楚顷襄王仓皇东迁至陈(今河南淮阳)。秦国占领楚国国都后,设南郡,安陆县为南郡的一部分。秦始皇时期,安陆县入秦经历六十多年,当地居民已经秦化。所以,身为故楚之人的喜出任秦吏,他内心已视自己为秦人,在任期间尽忠职守、鞠躬尽瘁。

喜的最大贡献是书写和保存了极为珍贵的秦代文字资料。据《云梦睡虎地秦简》一书,出土秦简共1155枚,残片80枚,竹简长23.1~27.8 cm,宽0.5~0.8 cm,字体为秦篆,共计近四万字。喜的书法清晰端秀,笔画浑厚朴拙,所记述的内容涵盖了秦国的政治、法律、经济、文化、医学等,经考包括:《秦律十八种》《效律》《秦律杂抄》《法律答问》《封诊式》《编年记》《语书》《为吏之道》以及甲种、乙种《日书》。其中《语书》《效律》《封诊式》《日书》为原书标题,堪称秦国的百科全书。对于史料奇缺的秦汉史研究而言,云梦秦简的出土无疑具有无可比拟的重大历史意义和无可替代的史料价值。

喜一生所任官职,都是需要具备扎实的法律素养才能够胜任的职位,因此他的随葬简中法律文书是最多的,共计612枚,根据出土位置的不同可以分为《秦律十八种》《封诊式》《法律答问》《秦律杂抄》《效律》五个部分。《秦律十八种》《秦律杂抄》和《效律》以摘记秦代法律律文为主,应该是喜从秦律中摘录的自己所需要的内容;《封诊式》则以记录案例为主,这些案例具有典型性,不仅可以为官员判案提供参考,而且对秦律具有补充作用;而《法律答问》则是通过问答形式,对秦律中的一些条文、术语和律文意图进行解释,应该具有法律效力。

睡虎地秦简除法律文书之外,还有《语书》《为吏之道》和《日书》。《语书》是一本杂编的册子,其中包括喜的上司——南郡内史腾发放的文书和"良吏""恶吏"的鉴定标准等内容;《为吏之道》则是将要做官之人学习如何做官的官箴,也就是古代版的"官场生存指南",里面记载了如何治理百姓、如何待人接物、如何邀赏免罚等内容。《语书》和《为吏之道》中所记载的内容应该是一个官场小吏每天都会面对的现实问题,这些问题如果处理不好,可能会导致乌纱不稳,想来喜应是将它们置于案头,常常读之、审之、慎之。《日书》是秦代占卜时日凶吉和记录日常术数的高配版"老皇历",换言之,这是通行于秦代社会的、人们奉若圭臬的日常行为指南,例如何时生产、何时制衣、何时购粮、何时沐浴以及如何建屋、占梦、驱鬼辟邪等,事无巨细,均有趋吉避凶之法。

睡虎地秦简,让我们看到一个血肉丰满的立体喜的形象。我们似乎可以想象出他每日晨昏拾起案头《日书》查看当日宜忌的样子,可以感受到他生怕触犯忌讳受到神明处罚时的恭敬与惶恐;也可以透过历史的尘埃看到他在昏暗的烛光下眯着双眼逐字抄写秦律时的身影和凝神反思自己是否逾越本分、有失礼法时紧皱的眉头,可以体会他为官为臣时时勤勉、处处谨慎却不遇伯乐的挣扎与迷茫……

睡虎地秦简,第一次拂开历史尘埃,让人们认识真实的秦代社会和秦人的精神世界。守护国宝,不仅仅是守护国宝本身,更是守护它穿越时光传送来的谜底。喜,亲身经历了秦始皇从亲政到统一六国的整个过程。喜的主要工作内容是负责法律执行和法律解释的相关工作,他任职十年司法小吏,勤奋好学,熟识秦的法律法规,关心国事家事,主动坚持记载国家大事。他生前书写、收藏,并在死后随葬的秦代竹简册,为后世留下了宝贵遗产,为历史作出了独特贡献。

第五节　秦始皇二过安陆

作为中国封建社会的第一位皇帝,秦始皇在统一全国后的十多年里,先后五次巡察各地,其中两次亲临南郡安陆县。《读史方舆纪要·卷七十七·湖广三》记载:"《史记》:秦始皇三十七年,出游,行至云梦,望祀虞舜于九疑。又自云梦浮江,下观籍柯。"

一、秦始皇第一次过安陆

秦始皇第一次来到安陆,是在公元前219年。

云梦睡虎地秦简《编年纪》记载:"廿八年,今过安陆。"

《史记·秦始皇本纪》记载:"二十八年,始皇东行郡县。上邹峄山,立石,与鲁诸儒生议,刻石颂秦德,议封禅望祭山川之事。乃遂上泰山,立石,封,祠祀。……始皇还,过彭城,斋戒祷祠,欲出周鼎泗水。使千人没水求之,弗得。乃西南渡淮水,之衡山、南郡。浮江,至湘山祠。逢大风,几不得渡。上问博士曰:'湘君何神?'博士对曰:'闻之,尧女,舜之妻,而葬此。'于是始皇大怒,使刑徒三千人皆伐湘山树,赭其山。上自南郡由武关归。"

秦始皇统一天下后,实行统一文字、统一度量衡、兴修驰道等一系列促进统一的措施。为宣扬国威、推行新政,秦始皇于公元前220年巡行天下，次年南巡江淮，拟穿越荆楚大地，南下洞庭湖祭拜湘水之神，途经安陆，以此作为中继站。在安陆休整后，秦始皇"浮江，至湘山祠"。

为体察民情，祭拜山川，彰显国威，除了朝廷重臣如丞相王绾、上卿李斯等随从，秦始皇此行还有庞大的护卫队伍。秦始皇从咸阳出发，经函谷关，沿驰道东驱齐鲁，封禅泰山；后至渤海，上芝罘，登琅琊，筑琅琊台以观沧海；然后南至彭城，至泗水，南渡淮水，向衡山、南郡进发。进入今湖南洞庭湖，突遇大风，随行船只多被掀翻，秦始皇也险些丢命。一怒之下，秦始皇令三千刑徒将湘山树木伐尽烧光，变其为赭山。北归途中，秦始皇来到南郡安陆县，以此地为行宫，稍做休整。

安陆，是春秋战国时期郧国都邑和楚国别都所在地。公元前278年，秦将白起攻陷楚国郢都，进而占领安陆。这里是古云梦泽的核心区域，山岗绵延，河湖纵横，森林密布，水草丰美，是无可比拟的天然动物园，春秋时期就是楚王的游猎禁苑。秦始皇来到这里，见此美景，消除一路上的烦恼和疲乏。秦始皇此次远行返程的具体路线是由南郡的安陆，经随枣走廊，过南阳，入武关而回到咸阳。

二、秦始皇第二次过安陆

《史记·秦始皇本纪》："三十七年十月癸丑，始皇出游。左丞相斯从，右丞相去疾守。少子胡亥爱慕请从，上许之。十一月，行至云梦，望祀虞舜于九疑山。浮江下，观籍柯，渡海渚。过丹阳，至钱唐。临浙江，水波恶，乃西百二十里从狭中渡。上会稽，祭大禹，望于南海，而立石刻颂秦德……还过吴，从江乘渡。并海上，北至琅邪。方士徐市等入海求神药，数岁不得，费多，恐谴，乃诈曰：'蓬莱药可得，然常为大鲛鱼所苦，故不得至，愿请善射与俱，见则以连弩射之。'始皇梦与海神战，如人状。

问占梦,博士曰:'水神不可见,以大鱼蛟龙为候。今上祷祠备谨,而有此恶神,当除去,而善神可致。'乃令入海者赍捕巨鱼具,而自以连弩候大鱼出射之。自琅邪北至荣成山,弗见。至之罘,见巨鱼,射杀一鱼。遂并海西。"

秦始皇三十七年(公元前210年),秦始皇第二次来到古云梦泽畔的南郡安陆县。在丞相李斯等人的陪同下,秦始皇带着幼子胡亥、中车令赵高等,十月离开咸阳,由武关直行南下楚境驰道,于十一月到达云梦泽,来到安陆县,举行"望祀虞舜于九嶷山"的盛典,祭拜湘水之神。

九嶷山又名苍梧山,位于今湖南宁远境内。传说帝舜南巡死于资、湘之间,葬于九嶷山。舜娶尧二女娥皇、女英。娥皇和女英南下寻夫,千里迢迢赶到潇湘,得知舜帝死在苍梧,泪如滂沱,眼泪洒在山野的竹子上,形成美丽的斑纹,世称"斑竹"。二女思念夫君,跃身湘江殉情而死。后世在洞庭湖湘山立祠祭祀。

《云梦龙岗秦简·禁苑》26号简记载:"从皇帝而行及舍禁苑中。""舍"是住宿的意思。此简说明,秦始皇到安陆,曾到"云梦禁苑"狩猎,而且在禁苑住宿过。

秦始皇"望祀"湘神后,改行水道,由涢水而入长江,顺江东下直达吴越一带,到达今浙江境内。至钱塘,上会稽,祭大禹,北登琅琊,巡视今山东半岛。秦始皇到琅琊,找到派出寻求长生不死之药的徐市,问其结果。徐市狡黠,利用秦始皇迷信神鬼的心态,糊弄说因海中大蛟鱼所阻,不能到达海外仙岛,请求派善射者射杀大蛟。痴迷长生不死的秦始皇,亲率人马入海捕杀蛟龙。秦始皇率众自琅琊北至荣城山,不见大鱼蛟龙;直至芝罘,终于发现巨鱼,秦始皇亲自引弓射杀;然后沿海向西换乘车走驰道,行至平原津,在今山东德州与河北交界处渡黄河时突发疾病。行至原赵国境内今河北邢台平乡,秦始皇病情加重,死于"沙丘禁苑"宫中,这里也是赵武灵王去世之地。为了稳定政局,防止发生动乱,陪同巡视的丞相李斯、中车令赵高和秦始皇少子胡亥,秘不发表,护送始皇遗体经函谷关回到咸阳。

第七章 郧国人文

郧人在涢水流域繁衍生息,创造了丰富多彩的文化。郧国,是安陆乃至鄂中地域有史可载的文明发端,是楚文化乃至长江文明的发祥地之一,是江汉地域无可替代的历史记忆。

第一节 春秋时期楚国令尹斗子文

"何环穿自闾社丘陵,爰出子文?吾告堵敖以不长。何试上自予,忠名弥彰?"这是楚国著名诗人屈原《天问》中的最后两问,其中称颂了楚国著名政治家——斗子文。"石崖高踞涢水东,旧史相传古梦中。"(清代嘉庆德安知府周开谟《虎头崖令尹子文祠》)。斗氏,源出楚国王室芈姓,始祖为斗子文之父斗伯比,出自若敖(楚王熊仪谥号)氏。熊仪曾娶于郧,生子伯比。伯比后来被封于斗邑(今湖北郧西),以邑称氏,史称斗伯比,从此楚国开始有斗氏一族。

斗子文名斗穀於菟,字子文,楚成王八年(公元前664年)任令尹,执掌楚国军政大权二十余年,其间两次去职又复职,对个人进退处之泰然,得到孔子的称誉。《论语·公冶长》:"子张问曰:'令尹子文三仕为令尹,无喜色;三已之,无愠色。旧令尹之政,必以告新令尹,何如?'子曰:'忠矣!'"

斗子文,是楚国历史上著名的令尹(相当于后世的宰相)之一,楚成王时期先后担任令尹二十八年,不计成败,毁家纾难;辅佐成王,富国强兵;依法治国,不徇私情;为政清廉,不蓄私财。他辅政期间,楚国灭掉黄、弦等诸侯国,镇服"汉阳诸姬"的随、蔡等诸侯国,让楚国在南方强势崛起。楚成王三十五年(公元前637年),斗子文急流勇退,辞职让贤,其高风亮节历代传为佳话。

一、斗子文主要政绩

(一)毁家纾难

楚文王十五年(公元前677年),楚文王在伐黄(今河南潢川西南)返国途中,至湫(今湖北宜城东南)病逝。其长子芈囏被立为王(堵敖)。堵敖与其弟熊恽均为楚文王与宠姬息妫所生。堵敖三年(公元前672年),堵敖欲杀其弟熊恽。熊恽奔随。公元前671年,楚文王之弟子元发动政变,杀堵敖,立楚文王幼子芈恽,是为楚成王。楚成王任命子元为令尹,主持国政。子元独揽大权,欺成王年幼,阴谋篡位夺权。

子元是楚文王之弟、楚成王之叔,居功自傲,飞扬跋扈,对文夫人(息妫)极其无礼。《左传·庄公二十八年》记载:"楚令尹子元欲蛊文夫人,为馆于其宫侧,而振万焉。夫人闻之,泣曰:'先君以是舞也,习戎备也。今令尹不寻诸仇雠,而于未亡人之侧,不亦异乎!'"子元竟狂悖地在成王母亲所居的宫室旁边建馆舍,振铃铎,跳《万》舞,惑以淫乱。由于文夫人泣诉反对才停止。

此后,子元为平息物议,仓促起兵攻郑。郑国"县门不发,楚言而出"。杨伯峻《春秋左传注》:"楚子元等既入城,见其县门不发,复操楚语退出。"见郑人城门半悬而不关闭,子元疑有伏兵,又见中原诸国联军救郑,害怕遭到两面夹击,于是狼狈退兵。子元回来后,变本加厉,公然住进王宫,企图强占息妫。若敖氏一族为了维护楚国政治秩序,强烈反对子元的僭越行为。斗氏家族的成员斗射师谏阻,竟被子元拘捕、囚禁。这引发了若敖氏家族的极大愤怒。楚成王八年(公元前664年),斗子文之子、申公斗班杀死子元,平定了楚国内乱。楚成王任命斗子文为令尹,稳定了楚国政局。

斗子文任令尹时,正是楚国踏出南阳盆地、参与中原争霸的关键时刻,而因子元内乱,国库空虚,斗子文毫不犹豫献出家财以助国用,帮助楚成王渡过难关。若敖氏之族从稳定楚国政局,到解决国计民生困难,均作出了巨大贡献。《左传·庄公三十年》载:"斗穀於菟为令尹,自毁其家以纾楚国之难。"《左氏会笺》说:"时楚国府库空竭,子文,财巨室,积财不少,故自减少家产,以纾其难也。"

(二)辅佐成王

从成王八年至三十五年,斗子文先后三度出任令尹。在任期间,他忠于职守,清正廉明,选贤任能,除弊兴利,励精图治,辅佐成王攻灭了弦国、黄国、英国和夔国等诸侯国,讨伐镇服了随国、徐国和许国等诸侯国,使楚国迅速强盛,雄霸南方并争霸中原。

公元前671年,楚成王初立,由于齐国强大,楚国采取了尊周、亲诸侯的外交政策。《史记·楚世家》载:"(成王)初即位,布德施惠,结旧好于诸侯。使人献天子,天子赐胙,曰:'镇尔南方夷越之乱,无侵中国。'于是楚地千里。"楚国这一策略,不仅取得了与齐等华夏之国抗衡的合法地位,而且以奉周天子之命为由,大力攻伐不臣之国,开拓疆域。

郑国地处中原腹地,是当时齐、楚争夺的焦点。楚成王、斗子文于公元前659年、658年、657年连续三年攻郑,郑国无法抵挡,不得已向齐国求和。齐桓公为救郑防楚,连续三次与中原各国会盟。楚成王十六年(公元前656年)春,齐桓公为遏制楚国北进,亲率齐、鲁、宋、陈、卫、郑、许、曹等八国军队南下攻楚,打败了亲楚蔡国后,挥师突入楚国国境。面对气势汹汹的中原八国联军,斗子文辅佐楚成王沉着应对,率大军迎战,迫使齐军等八国军队退驻召陵(今河南郾城东),双方达成召陵之盟。斗子文面对严峻形势,沉着镇定,文武两手,以战逼和,充分展示了其突出的政治、军事才干。斗子文辅政成王二十多年,楚国开疆拓土,领土由汉水以东扩张到淮河中下游。

(三)不徇私情

斗子文以国为家,执法无私。据《说苑》载,子文族人犯法,被廷理(楚国执掌刑法之官)拘捕。廷理后听说是子文族人,立即释放。子文听说后,对廷理批评说:"凡立廷理者,将以司犯王令而察触国法也。夫直士持法,柔而不挠,刚而不折,今弃法而背令而释犯法者,是为理不端,怀心不公也,岂吾营私之意也。何廷理之驳于法也?吾在上位以率士民,士民或怨,而吾不能免之于法。今吾族犯法甚明,而使廷理因缘吾心而释之,是吾不公之心明著于国也。执一国之柄,而以私闻,与吾生不以义,不若吾死也。"子文一方面批评官员,一方面教育族人主动认罪,将违法的族人交给廷理秉公处理。楚成王得到消息,罢免了廷理的官职。

(四)为政清廉

斗子文律己恤民、清廉自守。由于斗子文为国家强盛和治理费尽心血,楚成王几次想增加他的俸禄,斗子文都逃得远远的。成王问他缘故,他说:"从政为官,应以保护民众为己任。现在民众大多贫困而我却去追求财富,这不是苦了民众而我自掘坟墓吗?我若增加俸禄,只怕离死不远了。我是逃避死,不是逃避富啊!"据说古时候人们每日只吃早晚两餐。斗子文为官勤政,宵衣旰食,每天天不亮就早朝,整天忙于处理政务,只吃两餐力不能支。楚成王非常体恤他,每天中午都会令人准备干粮赐给他充饥。据说,这就是中国人每天吃午餐的来历。

《国语·楚语下》:"昔斗子文三舍令尹,无一日之积,恤民之故也。成王闻子文之朝不及夕也,于是乎每朝设脯一束、糗一筐,以羞子文,至于今秩之。成王每出子文之禄,必逃,王止而后复。人谓子文曰:'人之求富,而子逃之,何也?'对曰:'夫从政者,以庇民也。民多旷者,而我取富焉,是勤民以自封也,死无日矣。我逃死,非逃富也。'故庄王之世,灭若敖氏,唯子文之后在,至于今处郧,为楚良臣。"

《战国策·楚策一》记载莫敖子华语:"昔令尹子文,缁帛之衣以朝,鹿裘以处,未明而立于朝,日晦而归食,朝不谋夕,无一日之积。故彼廉其爵,贫其身,以忧社稷者。"

二、斗子文在安陆的遗址遗迹

(一)虎乳岩、子文庙

相传因虎乳子文而得名的虎乳岩,亦名虎子岩,屹立在安陆城南十里的涢水岸边,北揖白兆山,南望云梦古泽,为十数丈高的玄武岩,在一览无余的府河平原特别引人注目。整块山岩高踞山岗,坐东朝西,如伏卧的巨虎,眺望滔滔府河。山崖面现八卦状斑纹,光洁剔透。安陆历代尊崇斗子文,于虎乳岩立庙祭祀。《渊鉴类函》记载,宋哲宗元祐八年(1093年),诏赐安州楚令尹斗穀於菟子文祠为"忠应庙",追封子文为"景德侯"。

虎乳岩有座子文庙,逢年过节前来祭拜的人络绎不绝。子文庙前有放生池,下有回音壁。传说虎乳岩下埋藏无数金银珠宝,有条银蛟龙在岩内看守,每遇人来,便会发起阵阵骚动。

虎乳岩

历代名人对此多有题咏。唐武宗会昌二年(842年),宰相张弘靖之子张文规任安州刺史,曾留下题咏:"谁云隼旟吏,长对虎头岩。"明代王阳明赋诗《道过子文故里有感》:"胜地传於菟,声名爵里存。神灵腓异物,忠孝锡贤孙。岩石蔚然古,风流邈不喧。谁人任刚武,虎乳在方言。"

(二)於菟山

斗子文名斗穀於菟,"於"在鄖、楚方言中读"wū"。今安陆城北洑水镇、接官乡交界有於菟山,是一片连绵起伏的葱茏山丘。桐柏山自豫西绵延至鄂中,被汹涌奔流的涢水所阻,其余脉至安陆北部戛然而止,所以,史书称这片低山为陪尾山,意为桐柏山之尾。於菟山林木繁茂,锦峰秀岭,苍翠如画,绵延于涢水东岸,俯瞰奔流不息的河水,西望巍峨高耸的白兆山,北连形似穹隆的寿山,怀抱明清濒河古镇三陂港,是游人踏青畅游、览胜怀古的风景名胜之一。《尚书》记载:"熊耳、外方、桐柏至于陪尾。郑玄曰:陪尾,在江夏安陆东北,若横尾者。"《汉书·地理志》:"江夏郡,高帝置。属荆州……鄂,安陆,横尾山在东北,古文以为陪尾山。"

(三)子文乡、乳岩乡

1937年至1942年,安陆设有子文乡、乳岩乡。民国时期安陆县曾设子文乡,管辖今安陆市南城办事处及李店镇南部一带。《1937年安陆县区域表》列其所辖"旗会"有赵家洲、新添铺等。赵家洲即宋末元初大儒江汉先生赵复故里,在今安陆市南城办事处石桥村、仰棚村一带。新添铺则是今安陆市李店镇新天村一带。子文乡的治所在今安陆南城办事处。抗日战争时期,国民党安陆县政府改子文乡为乳岩乡,管辖范围及治所不变。1946年,国民党安陆县政府复设子文乡。1949年冬,孝感地区进行县域管辖范围调整,将安陆县子文乡的周、张、陈、夏等村湾划入云梦县北境的观音乡,而把云梦县北境观音乡的王家寨河等村湾划归安陆县子文乡。同年,安陆县南部府河东岸陈沟以南的张村、胡家巷子、周寨、河边四保划入云梦县,云梦县北部府河西岸的高店、永和二保划归安陆县。

第二节 郧地走出的楚国斗氏家族

斗氏,源于春秋时期楚国王室姓氏芈姓,始祖为楚国公子斗伯比,属于以国名或封邑名称为氏。楚国除王室熊氏以外,其氏族的宗子世系有十余氏,即斗氏、蒍氏、伯氏、成氏、屈氏、蓬氏、熊氏(非王族庶支)、阳氏、申叔氏、申氏、伍氏、潘氏、沈氏、观氏。周平王七年(楚若敖熊仪二十七年,公元前764年),熊仪逝世,被尊为"若敖"。楚国君主自此始有谥号,并有若敖氏一族。熊仪曾娶于郧,生子伯比。伯比从小跟随母亲在郧国长大,并娶郧国公主为妻,生下斗子文。伯比后来成为楚国重要政治家,被封于斗邑,以邑称氏,史称斗伯比,从此楚国开始有斗氏一族。春秋战国时期,斗氏家族在楚国政坛演绎了波澜壮阔、跌宕生姿的精彩故事。

一、春秋初期楚国大夫斗伯比

伯比(生卒年不详),芈姓,斗氏,名伯比,春秋时期楚国第十四任君主熊仪之子,楚霄敖熊坎之弟,被封于斗邑。斗伯比很小的时候,楚王

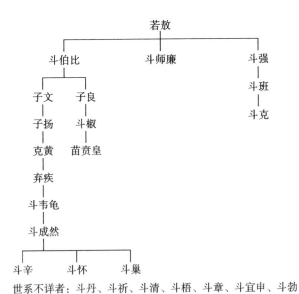

楚国斗氏家族世系传承示意图

熊仪就去世了。年幼的斗伯比随其母回到䢵国,在䢵国长大成人。后来,斗伯比与表妹䢵国公主相恋,并生下了私生子,这就是斗子文。

斗伯比是楚国一代富有远见卓识的政治家,极有战略眼光。公元前741年,楚厉王蚡冒去世,其弟熊通杀死侄儿自立为君,是为楚武王。经过三十多年的经营,楚人将势力范围推进至汉水流域,但遇到了以汉东大国随国为核心的"汉阳诸姬"的顽强抵御。此时,斗伯比跻身楚国决策层,积极提出对策和建议,帮助楚国取得征伐随国乃至"汉阳诸姬"的主动权。

公元前706年,楚武王征伐随国,斗伯比有非常精彩的表现。《左传·桓公六年》记载:"楚武王侵随,使薳章求成焉,军于瑕以待之。随人使少师董成。斗伯比言于楚子曰:'吾不得志于汉东也,我则使然。我张吾三军,而被吾甲兵,以武临之,彼则惧而协以谋我,故难间也。汉东之国,随为大。随张,必弃小国。小国离,楚之利也。少师侈,请羸师以张之。'熊率且比曰:'季梁在,何益?'斗伯比曰:'以为后图,少师得其君。'王毁军而纳少师。少师归,请追楚师。随侯将许之。季梁止之曰:'天方授楚,楚之羸,其诱我也。君何急焉?臣闻小之能敌大也,小道大淫。所谓道,忠于民而信于神也。上思利民,忠也;祝史正辞,信也。今民馁而君逞欲,祝史矫举以祭,臣不知其可也。'公曰:'吾牲牷肥腯,粢盛丰备,何则不信?'对曰:'夫民,神之主也,是以圣王先成民而后致力于神。故奉牲以告曰博硕肥腯,谓民力之普存也,谓其畜之硕大蕃滋也,谓其不疾瘯蠡也,谓其备腯咸有也。奉盛以告曰:'絜粢丰盛,谓其三时不害而民和年丰也。奉酒醴以告曰嘉栗旨酒,谓其上下皆有嘉德而无违心也。所谓馨香,无谗慝也。故务其三时,修其五教,亲其九族,以致其禋祀。于是乎民和而神降之福,故动则有成。今民各有心,而鬼神乏主,君虽独丰,其何福之有?君姑修政而亲兄弟之国,庶免于难。'随侯惧而修政,楚不敢伐。"

首先,斗伯比分析了楚国多年来征伐随国及"汉阳诸姬"没有进展的原因,认为是楚国自己战略举措失当。鉴于随国势较强并与"汉阳诸姬"结为联盟,斗伯比提出了引诱随国进入圈套、离间汉阳诸姬的骄兵之计,建议楚武王向随国示弱,让随国轻敌自傲,抛弃汉东诸国。这样,楚国就能瓦解汉东诸小国抗楚联盟。另外,随国这次负责和谈的少师为人骄横、贪鄙,深得随君宠信,如果楚国隐藏精锐,故意让他看到只有老弱士兵,随国一定上当而进攻楚军。可惜,随国贤大夫季梁识破了楚军企图,劝导随君,没有上当。虽然斗伯比这次的诱敌之计没有成功,但他的骄兵之计、离间之计仍然取得重大成果。两年后,楚、随两军在随国与鄾国相邻的速杞(今湖北广水西南)发生战事。

公元前704年，随侯通报楚国，说周天子拒绝提高楚君的名号。熊通于是自立称王，即楚武王，主持"沈鹿会盟"，江、淮间诸小国慑于楚国之威纷纷参加盟会，只有黄、随两国没参加。斗伯比审时度势，建议楚武王趁随国佞臣少师有宠、随侯昏庸之机起兵伐随。

《左传·桓公八年》记载："随少师有宠。楚斗伯比曰：'可矣。雠有衅，不可失也。'夏，楚子合诸侯于沈鹿。黄、随不会，使薳章让黄。楚子伐随，军于汉、淮之间。季梁请下之：'弗许而后战，所以怒我而怠寇也。'少师谓随侯曰：'必速战。不然，将失楚师。'随侯御之，望楚师。季梁曰：'楚人上左，君必左，无与王遇。且攻其右，右无良焉，必败。偏败，众乃携矣。'少师曰：'不当王，非敌也。'弗从。战于速杞，随师败绩。随侯逸，斗丹获其戎车，与其戎右少师。秋，随及楚平。楚子将不许，斗伯比曰：'天去其疾矣，随未可克也。'乃盟而还。"

楚、随"速杞之战"，少师兵败被俘，随侯逃走，随国被迫与楚国议和，结城下之盟，屈服于楚国。此次楚武王从善如流，抓住时机击败了随国。鉴于随国力量仍然相当雄厚，在随国少师被楚国所俘、贤臣季梁受重用后，楚武王采纳斗伯比建议，只是逼迫随国签订屈辱和约，实现了打开东侵汉水中下游大门的战略目标。在随后公元前701年的"蒲骚之战"中，随人不敢出兵支持郧国，楚军夜袭击败郧国，成功与贰国、轸国结盟，不但分裂了"汉阳诸姬"，还将楚国势力范围顺利地扩张到了汉水以东的大别山区。

斗伯比不仅多谋善断，而且富于识人之明，曾准确预言莫敖屈瑕伐罗战败。《左传·桓公十三年》记载："十三年春，楚屈瑕伐罗，斗伯比送之。还，谓其御曰：'莫敖必败。举趾高，心不固矣。'遂见楚子曰：'必济师。'楚子辞焉。入告夫人邓曼。邓曼曰：'大夫其非众之谓，其谓君抚小民以信,训诸司以德,而威莫敖以刑也。莫敖狃于蒲骚之役,将自用也,必小罗。君若不镇抚,其不设备乎?夫固谓君训众而好镇抚之,召诸司而劝之以令德,见莫敖而告诸天之不假易也。不然,夫岂不知楚师之尽行也?'楚子使赖人追之,不及。莫敖使徇于师曰:'谏者有刑。'及鄢,乱次以济。遂无次,且不设备。及罗,罗与卢戎两军之,大败之。莫敖缢于荒谷,群帅囚于冶父以听刑。楚子曰:'孤之罪也。'皆免之。"

公元前 700 年,楚武王借口绞国曾与郧国合谋袭楚,兴兵征伐绞国。屈瑕率军兵临城下,顺利攻下绞国。因屡立战功,屈瑕有些趾高气昂。当楚伐绞时,楚的东南邻国罗国企图偷袭楚国郢都。伐绞次年,楚武王派屈瑕率军征伐罗国。斗伯比为屈瑕送行,见屈瑕有骄矜之色,深为担忧,建议楚武王派兵增援屈瑕。楚武王不以为然,回宫后告诉夫人邓曼。邓曼道:"大夫斗伯比所担心的,怕不是士卒寡不敌众吧,他所担心的是莫敖可能轻敌致败呀!"楚武王恍然大悟,急派人追告屈瑕,但为时已晚。

当时,屈瑕轻敌冒进,为了一举击败罗国,督催全军迅速渡过鄢水,以致楚军阵列混乱。当楚军正全力与罗军对垒之时,另一邻国卢国军队偷袭楚军。楚军腹背受敌,迅即溃败。屈瑕因退路被卢、罗联军截断,不得已南逃到荒谷(今湖北江陵境内),自愧战败,自缢谢罪。其他将领都自囚听罪。楚武王想起斗伯比进谏之言,深感自责,宽宥了全体将士。

二、运筹帷幄、用兵如神的斗廉

斗廉是春秋初期楚国著名的军事将领,在楚国征伐"汉阳诸姬"的进程中有多次出彩表现,尤其是在蒲骚之战中斗廉作为莫敖屈瑕的智囊和先锋,对战争胜利起到了决定性作用。

楚武王四十年(公元前701年),楚武王为分化汉水以东诸国,遣莫敖屈瑕领兵东行,以期与贰、轸两国会盟。随、绞、州、蓼、郧五国联合起来对抗楚国。郧国倾全国之兵西进大洪山,驻军蒲骚,阻止楚国与自己的邻国贰国、轸国结盟。鉴于郧国具备相当实力,而其他四国联军人数众多,楚军主将莫敖屈瑕担心不已,深恐寡不敌众。此时斗廉主动请战:"郧人驻扎本国边境,依托蒲骚城池,一定疏于防范。况且他们满心期待其他四国前来救援,过于依赖城郭,战斗意志一定不坚定。您在郊郢(今湖北钟祥)率军与其他四国对抗,我率一支精兵前往攻打郧军。郧国军队败了,其他四国自然也就畏难而退。"一听说要分兵作战,屈瑕更感兵力不足,担心地说:"何不向君王请兵增援?"斗廉信心满满地答道:"军队打胜仗,在于上下齐心,不在于兵力多寡。商纣王虽然兵多,可最终却败在周武王手下,这是您熟知的事。我自成一军出征,还要增兵干什么?"见斗廉充满自信,屈瑕还是有些犹豫:"不如按老规矩,咱们占卜一下,预测吉凶吧!"斗廉坚定地说:"占卜是要解决疑惑,现在没有疑惑,还要占卜干吗?"禁不住斗廉坚决请求,屈瑕终于同意了他的作战计划。

斗廉在夜色掩护下,率领楚国精兵跋山涉水,越过大洪山,赶到郧人重兵聚集的蒲骚军营,连夜偷袭郧军。睡梦之中的郧国将士猝不及防,毫无还手之力,很快溃败。看到郧人惨败,其他四国军队吓得不知所措,也慌不择路地退军了。莫敖屈瑕顺利地完成了与贰国、轸国结盟的战略部署,率领得胜之师返回楚国。

三、中国历史上第一个县级地方行政长官——斗缗

春秋初期,楚武王开创县制,加强君主专制,削弱了世袭贵族势力,为楚国崛起与强大奠定了政治体制基础。《左传·庄公十八年》追述楚武王时期灭权之事:"初,楚武王克权,使斗缗尹之。以叛,围而杀之。迁权于那处,使阎敖尹之。"大意是说,楚武王攻灭权国,将权国改为权县,并命斗缗为权尹管理该地。而时隔不久,斗缗却反叛了,于是楚武王派兵围而杀之,并将权地的百姓迁移到那处,另派阎敖为尹进行管理。权国,管辖中心在今湖北省当阳市东南,或认为在和当阳相邻的沙洋县境内。那处,地名,在今湖北荆门东南。楚武王鉴于斗缗作乱,对若敖氏也有些担忧,再没有让他们独当一面。

四、被楚庄王所灭的若敖氏

若敖氏源自春秋初期楚国国君熊仪,若敖氏族分支有斗氏、成氏等。楚武王、成王、穆王、庄王诸代,若敖氏人才辈出,在楚国政坛独领风骚,是楚国举足轻重的公族力量。楚武王创设令尹,首先从若敖氏族中挑选斗祁充任。楚成王初立,子元乱国,为斗般所杀。斗子文任令尹,其弟子良任司马。子文"毁家纾难",辅佐楚成王东征北战,争霸立业,功勋卓著。其后,若敖氏的一支成氏子玉任令尹,子西任司马。子玉死后,子上曾继任令尹。楚穆王、楚庄王时期,若敖氏出任令尹的至少有四人(楚穆王时令尹为成大心、子孔。楚庄王时期令尹除子孔外,还有子扬、子越),可见若敖氏之族如楚政坛常青树,长盛不衰。

在楚国崛起过程中,若敖氏一族权势日趋膨胀炽盛,不仅与王室存在矛盾,而且也招致其他贵族大姓的不满,其中若敖氏与蒍氏矛盾一直

很尖锐。楚成王三十五年(公元前 637 年),斗子文推荐若敖氏一族的成氏子玉继任令尹,大夫蒍吕臣就质问:"子若国何?"(《左传·僖公二十三年》),表示怀疑与非难。城濮之战前夕,子玉在蒍地治兵,蒍贾又在斗子文面前抨击子玉:"子玉刚而无礼,不可以治民,过三百乘,其不能以入矣。"(《左传·僖公二十七年》)果然,晋、楚成濮之战,楚国大败,子玉被迫自杀,蒍吕臣则被任命为令尹。当时,楚国王权与若敖氏的矛盾已日渐表面化。

双方的摊牌在楚庄王继位以后。楚庄王刚继位时年龄尚小,朝政大权落在若敖氏的成嘉手里。公元前 613 年,趁令尹子孔和太师潘崇率军讨伐淮河流域的群舒之机,楚穆王的另一个儿子公子燮与斗子文族弟斗班之子斗克勾结,挟持楚庄王离开郢都,打算去商密(今河南淅川西)。斗克叛乱,成为众矢之的,若敖氏的斗般、斗越椒都参与了对斗克的围剿。楚国卢(今湖北南漳东)邑大夫戢黎与叔麇设计诱杀斗克和公子燮。平定了斗克之乱后,楚国令尹一职由斗般担任。斗越椒因功被任命为楚国司马。

斗越椒,名椒,字子越,一字伯棼,史书多称其为斗越椒,是楚国令尹斗子文的侄子。传说斗越椒出生时,斗子文见他熊虎之状而豺狼之声,劝斗越椒的父亲把这个儿子掐死,以防祸害全族,但斗越椒的父亲不忍杀子。斗子文临终前担忧地说,如果斗越椒执政,斗氏家族就要赶紧逃命,不要成为若敖氏之"馁鬼"。《左传·宣公四年》记载:"初,楚司马子良生子越椒。子文曰:'必杀之!是子也,熊虎之状而豺狼之声;弗杀,必灭若敖氏矣。谚曰:狼子野心。是乃狼也,其可畜乎?'子良不可。子文以为大戚。及将死,聚其族,曰:'椒也知政,乃速行矣,无及于难。'且泣曰:'鬼犹求食,若敖氏之鬼不其馁而!'"

楚庄王九年（公元前605年），正当楚庄王伐陆浑戎、观兵周疆凯旋时，若敖氏、蒍氏这两大姓之间的斗争白热化。其时，斗子文之子斗般（子扬）、侄子斗越椒分别担任令尹和司马，掌控楚国军政大权，引起楚庄王的忌惮。蒍贾揣度楚庄王心思，诬陷令尹斗般谋反，导致斗般被楚庄王所杀。楚庄王为稳住若敖氏，任命斗越椒为令尹，以蒍贾升任司马，掌握军权。斗越椒洞悉楚庄王意图，哪肯交出军权，孤注一掷，先杀蒍贾，又铤而走险谋害楚庄王，企图夺取楚国政权。

《左传·宣公四年》记载："及令尹子文卒，斗般为令尹，子越为司马。蒍贾为工正，谮子扬而杀之，子越为令尹，己为司马。子越又恶之，乃以若敖氏之族，圄伯嬴于轑阳而杀之，遂处烝野，将攻王。王以三王之子为质焉，弗受，师于漳澨。秋七月戊戌，楚子与若敖氏战于皋浒。伯棼射王，汰辀，及鼓跗，著于丁宁。又射，汰辀，以贯笠毂。师惧，退。王使巡师曰：'吾先君文王克息，获三矢焉。伯棼窃其二，尽于是矣。'鼓而进之，遂灭若敖氏。"

鉴于斗氏家族在楚国朝野盘根错节，楚庄王富于政治谋略，故意显露妥协之意，提出由"三王之子（楚文、成、穆王之子孙）"为人质，谈判解决危机。但斗越椒骄狂至极，拒不接受。楚庄王于是亲领大军出征，会师于漳澨（漳水和澨水交汇之处）。七月，楚庄王率军与斗越椒的军队在皋浒（今湖北襄阳西）大战。斗越椒射出一箭，飞过楚王的战车，穿过鼓架，钉在铜钲上；又一箭，飞过战车，穿透车盖。士兵们都害怕，向后退却。楚庄王急中生智，派人向全军传令："当年先君（楚文王）平定息国时得到三支神箭，斗越椒偷了两支，已经射完了。"楚庄王军队擂响战鼓，发动反攻，斗氏大败，斗越椒被杀。其子斗贲皇逃往晋国（后封于苗，称苗贲皇）。事后，斗氏惨遭灭族，若敖氏的势力基本被消灭。

斗子文的孙子斗克黄时任箴尹,斗越椒举族叛乱时,他正出使齐国,返楚时道经宋国,听到若敖氏被镇压的消息。有人劝他不要回去,他认为君命为重,坚持回国向楚庄王复命,然后自拘于司败,主动请罪。楚庄王念及斗子文之功,让斗克黄仍然担任箴尹,改名为"生"(《左传·宣公四年》)。

五、被楚平王所杀的斗成然

《左传·昭公十四年》记载:"楚令尹子旗有德于王,不知度。与养氏比,而求无厌。王患之。九月甲午,楚子杀斗成然,而灭养氏之族。使斗辛居郧,以无忘旧勋。"

斗成然(?—公元前528年),春秋后期楚国令尹,名成然,因采邑在蔓地,又称蔓成然,字子旗,系斗子文后裔斗韦龟之子。楚灵王即位(公元前640年)不久,斗成然的封邑被侵夺,被任命为郊尹(管理郊区的大夫)。他早年遵父命,事奉楚共王之子公子弃疾。楚灵王十年(公元前531年),楚灵王灭蔡(今河南上蔡)设县,任命公子弃疾为蔡公,斗成然跟随弃疾赴蔡。楚灵王十二年(公元前529年),楚共王诸公子反叛楚灵王。斗成然也带领斗氏族人进入楚都郢。楚灵王自杀,公子弃疾即王位,改名熊居,是为楚平王。楚平王即位后,任命斗成然为令尹。不料斗成然贪得无厌,勾结楚国公族另一支养氏作乱,被楚平王杀死。为了不忘旧勋,楚平王又任命斗成然之子斗辛担任郧公,治理以今湖北安陆为中心的涢水流域以及江汉地域。

第三节　知音世家——楚国钟氏家族

唐代大诗人李白在《送储邕之武昌》一诗中写道:"黄鹤西楼月,长江万里情。春风三十度,空忆武昌城。……诺谓楚人重,诗传谢朓清。沧浪吾有曲,寄入棹歌声。"楚人诚实守信、重诺忠诚,千百年蔚为传统,注入了湖北人的精神底色。而这种精神特质,鲜明地体现在春秋战国时期楚国音乐世家——钟氏家族的高风义行上。这个世居江汉之地、以琴艺著称的音乐世家,历代职司楚国宫廷礼乐,人才辈出,重义守诺,诚信懿行千秋传颂。

一、郧公钟仪,琴音结缘化干戈

古琴,是中国传统乐器中最古老、最优雅、最富代表性的乐器之一,史载上古时期伏羲"断桐为琴,修身理性",女娲"宓犧置琴,女娲和之",神农"测桐为琴,绳丝为弦",黄帝"以号钟之琴,奏清角之音"。古琴,成为古代乐器之王。琴艺赓续,琴脉悠长。《诗经·关雎》:"窈窕淑女,琴瑟友之";《诗经·鹿鸣》:"我有嘉宾,鼓瑟鼓琴"……

在中国古琴史上,有这样一位杰出的音乐人,不仅凭借出神入化的琴艺改变个人命运,由宫廷乐师一跃成为封疆大吏;而且融爱国忠诚品德于古琴艺术之中,成为楚、晋两大强国的和平使者,改变了春秋时期列国争霸的国际局势。这位富有传奇色彩的音乐家就是楚国人钟仪。

清代嘉庆《湖北通志》记载:"钟仪,楚大夫,食邑于郧。"

钟仪,春秋时期楚国著名古琴演奏家,世代为楚国宫廷琴师。楚共王时期,钟仪被任命为郧邑行政长官,称郧公。因身陷敌国而不忘故土,节操高洁,和好楚晋,钟仪得到后世敬仰。

钟,这个姓氏系以官为氏,据《周礼·春官》记载,负责宫廷祭祀、典礼的大宗伯属下职司击钟奏乐的艺人称为钟师,"钟师,掌金奏"。先秦时期从周王室到各诸侯国都对礼乐十分重视,乐官的职事非常重要,尤其是职掌号称中国古代宫廷十二乐器之首——钟的乐官,实际相当于今天的首席音乐家,兼任乐队指挥的角色,地位重要,责任重大。在楚国,这一家族世袭乐官,后裔于是以"钟"为姓。

钟仪不仅琴艺高超,而且精擅乐队指挥,每次宫廷演奏,乐队协调配合浑然一体,乐声悠扬令人如痴如醉,楚国君臣无不赞叹。那时候楚国有处县邑,地处江汉腹地,北倚大别山、桐柏山、大洪山,南跨云梦古泽,襟长江而带汉水,水网密布,山林茂密,蛮族杂居,民风剽悍,极难治理。这个地方就是郧邑。

郧邑的前身是西周时期分封的郧国,又称郧子国,为沿汉水及长江中游分布的众多小诸侯"汉阳诸姬"之一,统治区域大约在今武汉市汉阳、汉口以北至安陆、云梦、孝感、京山等地,都城在今天的湖北安陆。史称安陆为"郧城"。春秋初期,面对楚国的扩张,郧国奋起反抗,公元前701年,郧国与楚国在今应城市西北发生了蒲骚之战,郧国不幸战败。郧国虽然逐渐被楚国吞并,郧人却不甘被奴役,故郧国经常发生动乱。见无人敢于前往治理,钟仪挺身而出,毛遂自荐,愿前往治理这片烟瘴水泽。面对满朝权贵的斥责、藐视和质疑,钟仪不因地位卑微而改变初衷。楚共王见钟仪多才多艺,智勇双全,便力排众议,破格任命钟仪为郧邑行政长官,人称"郧公"。钟仪不畏艰险,泛舟汉水,溯流而入涢水(府河),走遍江汉大地,巡视领地、安抚百姓、惩奸除恶、恩威并施,很快便稳定了局势,江汉大地欣欣向荣。处理政务闲暇之时,钟仪往往悠然奏乐，以诗书礼乐教化一方百姓。郧邑，成为一方礼仪之邦，钟仪这位"伶人"出身的地方长官，一时让楚国上下刮目相看。

政治人物的命运大多起伏跌宕。历史如过山车一般，令钟仪的命运充满了戏剧性的变化。这一次，超凡脱俗的琴艺，不但让深陷异国囹圄的钟仪得脱牢狱，而且从阶下囚变为座上宾，华丽转身为两大敌国的和平使者。

《左传·成公七年》记载："秋，楚子重伐郑，师于氾。诸侯救郑。郑共仲、侯羽军楚师，囚郧公钟仪，献诸晋。八月，同盟于马陵，寻虫牢之盟，且莒服故也。晋人以钟仪归，囚诸军府。"

春秋中期，晋、楚争霸，中原地区战争频仍。公元前584年，楚国令尹子重率领大军进攻晋国的盟国郑国以打击晋国，钟仪随军出征。楚军因内部不和，被救郑联军击败。危急关头，钟仪率部断后，掩护全军撤退，不幸沦为战俘。郑国国小力微，深恐楚人报复，便把楚国战俘都转送给晋国。

身为"楚囚"，与其他垂头丧气、神色黯然、悲叹愁苦的战俘相比，钟仪不卑不亢。他怀念故国，不忘家乡，想到楚国的战败总是痛心疾首，爱国之情溢于言表。钟仪坚决不穿晋国囚服，坚持戴楚人的帽子、穿楚人的衣服、操楚人方言、弹奏楚地的乐曲，处处不忘荆楚故乡。钟仪的另类让他吃尽了苦头。长达两年时间，晋人给这个"冥顽不化"的"南冠楚囚"戴上镣铐，让他在军府做苦役，企图迫使他屈服。钟仪的特立独行和高洁节操在晋国传扬，最终引起了一个人的关注，这个人就是晋国的国君晋景公。这让钟仪的命运又一次发生巨大的改变。

《左传·成公九年》记载："晋侯观于军府，见钟仪，问之曰：'南冠而絷者，谁也？'有司对曰：'郑人所献楚囚也。'使税之，召而吊之。再拜稽首。问其族,对曰:'泠人也。'公曰:'能乐乎?'对曰:'先父之职官也,敢有二事?'使与之琴,操南音。公曰:'君王何如?'对曰:'非小人之所得知也。'固问之,对曰:'其为大子也,师保奉之,以朝于婴齐而夕于侧也。不知其他。'公语范文子,文子曰:'楚囚,君子也。言称先职,不背本也。乐操土风,不忘旧也。称大子,抑无私也。名其二卿,尊君也。不背本,仁也。不忘旧,信也。无私,忠也。尊君,敏也。仁以接事,信以守之,忠以成之,敏以行之。事虽大,必济。君盍归之,使合晋、楚之成。'公从之,重为之礼,使归求成……十二月,楚子使公子辰如晋,报钟仪之使,请修好、结成。"

当时晋、楚争霸中原,经常发生战争,双方都有些不堪重负,晋国又面临崛起的秦国的威胁,希望与楚国改善关系,苦于难以寻找到双方都信任的使者。钟仪被囚晋国两年之后(公元前582年),晋国国君到军府视察,发现钟仪仍然戴着自己国家的帽子,不由十分惊奇,便让人释放钟仪,以礼相待。晋景公问起钟仪的家世,钟仪回答:"我的先世是伶人(宫廷乐师)。"晋景公当即要他奏乐。钟仪调琴理弦,演奏起楚国乐曲。晋景公来了兴趣,问道:"你觉得你们的国君楚共王这人怎样?"钟仪摇头:"这不是小人所能知道的。"拒不评论楚共王的为人。晋景公坚持要他回答。钟仪便称赞楚共王当太子时的优异表现。"咱们要找的就是这个人啊!"晋国大夫范文子对晋君说:"这个楚囚是了不起的君子呀。他介绍职业强调继承父亲的教导,这是不忘本;弹琴只弹楚国的音乐,这是不忘旧;问他君王的情况,他只说楚王小时候的事,这是无私;只说父亲是楚臣,这是表示对楚王的尊重。不忘本是仁,不忘旧是信,无私是忠,尊君是敬。他有这四种美德,一定能承担您托付的重任。"于是晋侯以对外国使臣的礼待钟仪,让他回楚国转达晋国的和平意愿,以促进两国和好。钟仪回到楚国后,如实向楚共王转达了晋国君臣的想法,并建议两国罢战休兵。楚共王采纳了钟仪的意见,与晋国重归于好。

钟仪爱国的故事对后世影响很大。东汉王粲在《登楼赋》中对钟仪大加赞赏。初唐四杰之一的杨炯在《和刘长史答十九兄》诗中,还把"钟仪琴"与汉代著名的爱国者苏武的"苏武节"相提并论——"钟仪琴未奏,苏武节犹新",字里行间流露出对钟仪那种大义凛然、不顾个人安危、深切怀念故国的爱国情操的深情赞颂。

二、钟建,乱世真爱得佳人

作为音乐人的后裔,钟氏子弟传承了忠于职守、不避艰险的家族美德。春秋后期,钟仪后嗣钟建于战乱中不忘初心,保护楚国公主,二人结为知音。钟建与楚国公主的爱情故事见于《左传》记载。

《左传·定公四年》记载:"冬,蔡侯、吴子、唐侯伐楚……十一月庚午,二师陈于柏举。……吴从楚师,及清发……楚子涉睢,济江,入于云中。王寝,盗攻之,以戈击王,王孙由于以背受之,中肩。王奔郧。钟建负季芈以从,由于徐苏而从……"

《左传·定公五年》记载:"(吴军败退后)楚子入于郢。……王赏斗辛、王孙由于、王孙圉、钟建、斗巢、申包胥、王孙贾、宋木、斗怀。……王将嫁季芈,季芈辞曰:'所以为女子,远丈夫也。钟建负我矣。'以妻钟建,以为乐尹。"

公元前516年,楚平王去世,楚昭王熊轸继位。楚昭王十年(鲁定公四年冬,公元前506年),伍子胥、孙武辅佐吴王率领大军征伐楚国,一路势如破竹,相继在今湖北麻城境内的"柏举之战"、湖北安陆境内的

"清发水之战"、湖北京山境内的"雍澨之战"中大败楚军,长驱直入楚国国都郢(今湖北荆州)。就在吴国大军攻破楚国的前一天傍晚,楚昭王见大势已去,仓皇出逃。楚昭王与妹妹季芈在亲随侍卫和大臣的护卫下,出郢都,过睢水,渡长江,一行人在云梦泽中深一脚浅一脚地逃亡,浑身连水带泥,连鞋子都跑丢了。祸不单行,楚昭王一行在云梦泽遇到盗匪袭击。年方十四的公主季芈成为盗匪抢夺的目标。又急又怕、又累又饿的季芈惊慌失措,苦不堪言。身强力壮的年轻侍从钟建见公主体衰力弱,常常护卫其左右。后来,见盗匪紧追不舍,公主精疲力竭,钟建便奋不顾身,让公主趴在他的背上,背着公主舍命奔逃。楚昭王一行好不容易逃到郧邑,吴国大军紧追不舍,一路杀向郧邑。此时,楚国令尹斗子文的六世孙斗辛担任郧邑大夫,忠心救主,护送楚昭王逃到随国(今湖北随州)避乱,摆脱吴军的魔掌,侥幸安定下来。

　　由于秦国出兵救楚,又逢吴国内乱,吴军退出楚国。楚昭王返回楚国国都郢后,重赏有功人员。功劳最大的就是在秦国王宫外痛哭七天、力请秦国出兵救楚的申包胥,楚昭王打算将公主季芈赐给申包胥为妻。可是,情窦初开的花季少女季芈早就心属忠心耿耿、舍生相救的年轻卫士钟建。在逃难郧邑的日子里,这对地位尊卑悬殊到天壤之别的主仆早已把对方视为最亲密的人。季芈说:"所以为女子,远丈夫也。钟建负我矣。"此话明确表达了她对爱情的忠贞:钟建背负过我,我不能再嫁给别的男子。随楚昭王逃难的大臣谁都看得出来,逃难路途,季芈一颗芳心早已暗许钟建这个精擅古琴、英俊高大的文艺青年,纷纷替季芈说情。楚昭王虽然怯弱无能,却也成人之美,当即改了主意,破除礼制的藩篱,让妹妹嫁给了钟建,并且根据钟氏世家的音乐特长,提拔他做了主管宫廷音乐事务的乐尹。

一个是地位尊贵的楚国公主,一个是身份卑微的赳赳卫士,二人患难情深,有情人终成眷属,演绎了 曲春秋版的爱情喜剧《凤求凰》。

三、钟子期,高山流水遇知音

古琴台与黄鹤楼、晴川阁一起并称为武汉三大名胜,其中古琴台有着"天下知音第一台"的美誉。

高山流水结知音的感人故事见于《列子·汤问》:"伯牙善鼓琴,钟子期善听。伯牙鼓琴,志在登高山。钟子期曰:'善哉!峨峨兮若泰山!'志在流水,钟子期曰:'善哉!洋洋兮若江河!'伯牙所念,钟子期必得之。伯牙游于泰山之阴,卒逢暴雨,止于岩下;心悲,乃援琴而鼓之。初为霖雨之操,更造崩山之音。曲每奏,钟子期辄穷其趣。伯牙乃舍琴而叹曰:'善哉!善哉!子之听夫!志想象犹吾心也。吾于何逃声哉?'"

相传春秋时期著名琴师俞伯牙登上汉阳龟山之巅,远眺滚滚长江,俯临滔滔汉水,兴至大起,鼓琴抒怀。随着琴声渐入佳境,山中"铮铮"伐木声音陡停,樵夫倚树静听,不住会意赞叹。"咦,老哥也识音律?"俞伯牙奇道。樵夫手持扁担,莞尔笑道:"小可钟子期,略通韵律。""失敬,倒要请教了。"俞伯牙端坐调琴,凝神弹奏。当俞伯牙心念高山的时候,钟子期应声道:"善哉!峨峨兮若泰山!"俞伯牙心念流水的时候,钟子期应声道:"善哉!洋洋兮若江河!"只要俞伯牙琴声所表现的意念,钟子期都能妙合韵律,毫厘不爽。俞伯牙骤得知音,惊喜无比,二人结为莫逆之交,常常在一起交流、欣赏琴艺。可是,几年以后,当俞伯牙再次路过龟山,却得知钟子期已经病故。悲痛不已的俞伯牙当即破琴绝弦,终生不复鼓琴。据冯梦龙《俞伯牙摔琴谢知音》描述,俞伯牙重情守信,临终前嘱其父母将其安葬在钟子期葬处的对面,虽死也要践知音之诺。后来人们感叹俞伯牙和钟子期之间的情谊深厚,特意在武汉市汉阳龟山脚下修筑了古琴台,以纪念钟子期与俞伯牙的旷世知音之情。

千百年来,俞伯牙与钟子期高山流水遇知音的故事妇孺皆知。今天,人们在湖北武汉龟山脚下的"知音故里"修建了古琴台,纪念这两位两千多年前的艺术家,"伯牙子期传说"也被列入国家级非物质文化遗产代表性名录。"晴川历历汉阳树,芳草萋萋鹦鹉洲。"天南海北的人们纷至沓来,游览知音文化园,不仅仅为了欣赏国粹古琴的悠扬琴声,更为感受其所拥有的"诚信、感恩、平等、和谐"的内涵而衍生出的知音文化,传承郧、楚文化和中华优秀传统文化的精髓。

琴台碑

第四节 历史上的"鄖城"汇考

鄖城,即鄖国所在地。历代史籍有很多记载。东汉许慎《说文解字·卷六·邑部》:"鄖,汉南之国。从邑员声。汉中有鄖关。羽文切。"清代段玉裁《说文解字注》:"(鄖)汉南之国。《左传》'桓十一年。鄖人军於蒲骚''宣四年,若敖娶於鄖'。字或作䢵。杜(预)曰:'鄖国,在江夏。云杜县东南有鄖城'。按:二志江夏皆有云杜。今湖北德安府府城,即故鄖都也。汉水自西北而东南。德安在汉水北而云汉南者。汉之下游地势处南也。春秋时楚灭鄖,故有鄖公辛。从邑。员声。羽文切。"《御定康熙字典》:"(鄖)《广韵》《韵会》《正韵》并'于分切,音云。国名'。《说文》:'汉南之国。'《左传·桓十一年》:'鄖人军于蒲骚。'(杜预)注:'鄖国,在江夏,云杜县东南有鄖城。'又,卫地。《左传·哀十一年》:'卫太叔疾死,殡于鄖。'又,姓。或省作䢵。"关于鄖城,历代史籍所载有安陆鄖城、云梦鄖城、天门鄖城、京山鄖城、鄖阳鄖城、松滋鄖城等说。

一、安陆鄖城——鄖子国都

安陆,西周、春秋时期为鄖国核心地域,史称"鄖城",为鄖国国都所在地。北魏郦道元《水经注·涢水》记载:"辽水又西南,至安陆县故城西,入于涢,故鄖城也。因冈为墉,峻不假筑。"

唐代李泰《括地志》:"安州安陆县城,本春秋时鄖国城。"

唐代杜佑《通典·州郡十三》:"安州(今理安陆县),春秋䢵子之国(䢵或作鄖,䢵、鄖、涢,皆音云),云梦之泽在焉。后楚灭䢵,封斗辛为鄖公,即其地也。"

宋代李昉《太平御览·州郡部·卷十五》:"《十道志》曰:'安州,安陆郡。春秋郧子之国,云梦之泽在焉。后楚灭郧,封斗辛为郧公,则其地也。'"

宋代王应麟《通鉴地理通释》:"《水经注》:安陆城,故郧城也,因冈为墉。汉属江夏(今德安府)。"

清代陈梦雷《古今图书集成·德安府部汇考》:"郧城,今府城,春秋时郧子国也。楚灭郧,封斗辛为郧公,邑于此。定十年,吴入郢,楚子奔郧。《史记》:楚昭王十年,吴入郢,昭王亡至云梦,走郧,是也。《水经注》:涢水经安陆城西,故郧国也。盖亦因涢水为名矣。……郧城,即安陆之别名矣。"

甚至古郧国的都城位置,《古今图书集成·德安府部汇考》也有记载:"布政司分司,在(德安府城)城隍庙,后即古郧址。今废。"其"祠庙考"载:"城隍庙,旧建于(德安府城)三皇台前。(明)弘治四年,徙置城东南隅,岁久圮。嘉靖七年,更新之。康熙甲辰复颓。知府高翱捐赀修理。癸亥,大水倾圮,知府傅鹤祥复捐修,并神像各物皆新之。"又载:"郧公庙,在府治内。楚封斗辛为郧公。今废。"

二、云梦郧城——战国时期所筑的楚王行宫

清代冯瑄《楚王城》诗曰:"郢郊一旦被吴兵,往事千秋恨已平。莫莫绿芜云梦野,至今犹说楚王城。"

楚王城遗址位于现今云梦城关镇境内,睡虎路以东,曲阳路以北,北环路以南,东垣路以西,是一座规制宏大、文化遗存丰富的古城遗址。遗址整体呈长方形,由大小城组成,总面积 2.1 km²,夯土城垣周长 9700 m,现存垣高 2~4 m,四周护城河宽 40 m。城内有十几处夯土台

基,其中有 3 座呈"品"字形的大型台基,分别长约百米、高约 1.2 m,为宫殿类建筑基址。古城东南西北各设城门一座,其中东门设水城门通河;城东北角有一座烽火台基,外城四周分布着 13 处东周至秦汉时期的大型古墓地(群)。出土铜器有箭镞、鱼钩、蚁鼻钱、秦半两等;东周陶器以夹砂褐陶为主,夹砂灰陶次之,纹饰有绳纹、弦纹、附加堆纹,器形有鬲、豆、罐及板瓦、筒瓦等;秦代陶器以泥质灰陶为主,纹饰有绳纹及"安陆市亭"印记,器形有瓮、盂、甑等;汉代陶器以泥质灰陶为主,纹饰有绳纹、弦纹,器形有瓮、盂、罐、盆及筒瓦、板瓦等。经考古专家发掘鉴定,该处为东周、秦、汉古城遗址,因此命名为楚王城遗址。

史料明确记载云梦县楚王城遗址为春秋后期楚昭王逃奔郧邑时期,郧公斗辛所筑。明代马龠《德安府志·古迹》:"楚王城,在云梦县治东。按《左传》,定公四年,吴入郢,楚昭王奔郧,盖筑此城以自保也。"《读史方舆纪要·卷七十七·湖广三》:"楚王城,在(云梦)县东。《左传》'定四年,吴入郢,楚昭王奔郧城',因以名。"清代乾隆《大清一统志》:"楚王城,在云梦县东北。《舆地纪胜》:在云梦县东一里。楚昭王奔郧时筑。"清代程大中《云梦考》:"今云梦有楚王城。《县志》云:吴兵入郢,楚王奔郧时所筑。是即'定四年'所谓'济江,入于云中者'。德安郡,本古郧子国。"清代程怀璟《云梦县志略》称,云梦古城是楚昭王所筑,故名"楚王城"。

1992 年 6 月,由湖北省文物考古研究所、孝感地区博物馆、云梦县博物馆组成联合考察队,对楚王城遗址中垣、南垣及其接合部位进行了为期两个月的发掘。《江汉考古》发表《'92 云梦楚王城发掘简报》,指出"城垣的建筑年代当不会早于战国中期,最晚也不过战国晚期",结论是"云梦楚王城始建于战国中晚期"。这一考古结论,否定了"昭王筑城说"。也就是说,云梦县楚王城修筑年代晚于楚昭王一个半世纪左右,不可能是鄀国都城。

三、天门鄙城——斗辛所筑之"竟陵大城"

今湖北省天门市,古称竟陵。在天门境内巾水、扬水之间,石家河镇西河与东河之地,有古竟陵大城。清代陈梦雷《古今图书集成·安陆府》记载:"本府:《禹贡》'荆州之域'。汉滨之地,跨潜、沔、云梦、沧浪、三澨诸薮泽,三代以来如权国,即今荆门、当阳;如鄀子国,即竟陵、云杜,总隶荆州。……按《(京山)县志》《周礼·职方氏》皆荆州之域。周为云子之国。……景陵县,古鄀子国地,后并于楚大夫。斗辛封于此,秦白起攻楚,拔郢东至竟陵,即此。……竟陵县,春秋为鄀子国。鄀,楚属国也……谓之巾口水,其西有竟陵大城,古鄀子国也。鄀公辛所治,谓鄀国矣。战国为竟陵地,竟陵名始此。"

清代杨守敬《水经注疏》以为"竟陵大城"为鄀国国都,但是这一说法与历史事实不符。东汉班固《汉书·地理志》指出:"竟陵鄀乡,楚鄀公邑。"北魏郦道元《水经注·沔水》:"巾水,出县东百九十里,西经巾城。城下置巾水戍,晋元熙二年,竟陵郡巾水戍山得铜钟七口,言之上府。巾水又西经竟陵县北,西注扬水,谓之巾口。水西有古竟陵大城,古鄀国也。鄀公辛所治,所谓鄀乡矣。昔白起拔郢,东至竟陵,即此也。"

宋代至清代的地理学著作都明确记载,古竟陵称"鄀城",系春秋后期鄀公斗辛修筑。宋代王应麟《通鉴地理通释·卷十·七国形势考下》:"竟陵:汉属江夏(鄀乡,楚鄀公邑,封斗辛于此)。"宋代欧阳忞《舆地广记·卷二十七》:"景陵县,楚封大夫斗辛于此,是为鄀公。战国秦使白起攻楚，拔郢东至竟陵。二汉属江夏郡，晋置竟陵郡，后省入霄城，后周复改霄城为竟陵。"

《读史方舆纪要·卷七十七·湖广三》："郧城，杜预曰：在云杜东南。《汉志》：郧公邑在竟陵。是也。"清代康熙《鼎修德安府志·古迹》考证、分析认为："郧子国，《沔志》云：郧在景陵。《汉书·地理志》云景陵有郧乡。《水经注》云：巾口西景陵大城，古郧国也。《通考》云：郧在江夏郡云杜县东南。……《左传》：其景陵郧国城，盖楚灭郧子，封其臣属斗辛为郧公，称近邑，非郧子故国也。今云杜大阳山下有郧乡，旧为安陆县境，在云杜东北。《通考》误为东南。"

清代乾隆应城籍进士所写的《鄖子国考》一文脑洞大开，杜撰出"四个郧国说"，认为天门"郧城"可能为郧国故都。道光二十三年（1843 年）《安陆县志》作了辩驳："又按程大中《鄖子国考》，郧子国在京山。《左传》：'郧人军于蒲骚。'盖云杜负山阻陵，非用武之地。蒲骚与云杜接壤，土地平旷，可以屯积，故军于此。郧在德安，则负郭一，下无不可军者，远涉蒲骚何为乎？（程大中又说）德安为古鄖子国，非郧子国。《沿革表》诸书，因鄖字与郧同音而不究其实，遂至混称云云。查顾炎武《天下郡国利病书》：'《沔志》谓鄖在景陵，汉景陵有鄖乡。'《水经注》中曰：'西景陵大城，古鄖国也'。《通考》：'鄖，在江夏云杜县东南，今安州。'按《左传》杜预注：'鄖，在江夏，云杜县东南有云梦城。'鄖子与楚同尔，地分东西。今德安，古安陆，故郧国在郢之东，而其属随州、应城、云梦又在景陵之东。鄖子曾与蓼、六伐楚而军蒲骚，今应城也。鄖、随、蓼、六皆在郢之东南，而蒲骚在四国之中，其西与楚郢邻，假令鄖在景陵，所伐在西方，乃却走而东，军欲何待耶？（程大中又认为郧国）乃景陵鄖国城，盖楚灭鄖子城，其城为郧，大夫称近邑，故城北非鄖子故国也。又顾祖禹

《读史方舆纪要》:'德安府,《禹贡》荆州之域;春秋时邧子国,邧一作郧,又作沄,俱读日云。'二书皆可证程大中《邧子国考》之误。"

也就是说,今天门境内的"郧城""郧乡",应该是楚国灭郧国后所设的郧邑的一部分。天门"竟陵大城"为春秋后期郧公斗辛所筑,只是郧邑的一处古城,并非郧国都城。

四、京山郧城——"云杜"故城非郧国国都

云杜县,西汉所置,至西魏废,治所在今湖北省京山市,与安陆市西部接壤。汉高祖六年(公元前201年),分南郡置江夏郡,治安陆;同时析安陆县西部置云杜县,属荆州刺史部,管辖今京山市中南部、应城部分地区及天门、潜江、仙桃等部分地区。据《元和郡县志》记载,西魏大统十七年(551年),废云杜县。《古今图书集成·安陆府部汇考》:"云杜城,在(景陵)县西北,本汉县,属江夏郡。梁于此置沔阳郡。城东南有郧城故国。"

云杜古城为郧城的说法,始自西晋杜预《春秋左氏经传集解》:"邧或即郧。梦,泽也……郧国,在江夏,云杜县东南有郧城。"东晋郭璞注:"按汉之云杜,今京山县。"这一记载,衍生出郧国"云杜说"。一些史料沿袭杜预的说法。《晋书·地理志》:"安陆,横尾山在东北,古之陪尾山。云杜,故云子国。"明代廖道南《楚纪》:"郧国,在云杜。"《舆地广记》:"复州沔阳县,春秋郧子之国,汉云杜县地,属江夏郡。"明代嘉靖《沔阳县志》:"郧,在竟陵。竟陵有郧乡。"清代《沔阳县志》:"郧在竟陵,竟陵有郧乡。"

清人程大中《邧子国考》杜撰"四个郧国说",认为其中"郧城"之一在今湖北京山:"《左传·桓公十一年》:'郧人军于蒲骚,与随、绞、州、蓼

伐楚。盖云杜负山阻林，非用武之地。'蒲骚，今应城县与云杜接壤，土地平旷，可以屯集，故军于此。郧在德安，则负郭以下，无不可军者，远涉蒲骚何为乎？"又载："《路史》谓'绞，在隋、唐之间'，杜预则谓'蓼，在义阳郡东南'。据《一统志》：'义阳故城在今孝感县。'以云杜军蒲骚，则诸国渐近，便于声援。若德安，则与随、绞诸国为近，军于蒲骚去诸国反远，不应倒施。若此，故第以当日伐国之形势论，郧子国在京山无疑。"

近现代《湖北省古代地理概述》也认为："根据更古的原始材料，如《左传》和杜预注，则郧（云）国是当时的江夏郡云杜县东南，亦即今京山县西北与钟祥以东的地带，……汉以后，这里称为云杜县。"当代一些学者如湖北省社科院何浩、武汉大学教授石泉等对郧国"云杜说"进一步发挥，如何浩《楚灭国研究》认为云梦泽即《左传·宣公四年》的郧国之"梦"、定公四年的"云中"，位于春秋时的郧国境内，即汉晋时的云杜县境内。石泉《古竟陵城故址新探》认为，郧国在"云杜"即今湖北省京山市，其依据就是《晋书·地理志·卷十五·荆州江夏郡》中"云杜，故郧子国"的记述。其《绿林故址考》一文认为，汉、晋时期的云杜县当在今京山县西北境，位于云杜东南的郧国，自亦当在附近。石泉认为《尚书·禹贡》"云土梦作乂"的记载，"云土"即"云杜"，"云土梦"即"云杜梦"，"云杜"应为郧国所在地。

针对上述说法，一些严谨的历史地理学家广泛考证，认为"云杜"不是郧国都城。《读史方舆纪要·卷七十七·湖广三》指出："云杜城，在（京山）县东南。汉县，属江夏郡。……《水经注》：沔水自竟陵，又东南经云杜县东，夏水注之。《太平寰宇记》：萧梁置沔阳郡，盖治云杜县。又，郧城，杜预曰：在云杜东南。《汉志》：郧公邑在竟陵。是也。"也就是说，古云杜县城并非郧城。杜预所说的云杜县东南之郧城，其实就是今天门市境内、春秋时期鄅公斗辛所筑的鄅城,并非鄅国国都。当然,因同属古云杜县的天门、京山二地,均为鄅国地域,因而都出现鄅乡、鄅亭、鄅城这些地名。

清代陈梦雷《古今图书集成·德安府古迹考》也对程大中的观点作了辨误:"鄅子国,《沔志》云:鄅在景陵。《汉书·地理志》:景陵有鄅乡。《水经注》:巾口西景陵大城,古鄅国也。《通考》:鄅在江夏郡云杜县东南。《左传》杜预注:鄅在江夏郡安陆县东南。鄅子与楚国爵地分东西,今德安安陆,古鄅国也,在郧之东,而其属应城、云梦又在景陵之东。鄅子会随、绞、州、蓼四国军于蒲骚,与郊郢邻。假令鄅在景陵,则鄅子将西伐楚,乃却走而东营,欲何待耶?《左传》又云:吴入楚,昭王先走鄅,后入随,假令走景陵,犹走郊郢而东南也。何能避敌乎?其景陵鄅国城,盖楚灭鄅子,封其臣斗辛为鄅公,称近邑,非鄅子故国也。今云杜太阳山下有鄅乡,旧为安陆境,在云杜东北,《通考》误为东南尔。鄅故城即桓山县城,旧载在章山,因冈为城。峻不假筑,辽水径其下,今故址湮没。"《古今图书集成·舆图部汇考三》指出:"云杜,应劭曰:《左传》'若敖取于鄅',今鄅亭是也。"也就是说"云杜"应为鄅亭,而非"鄅城"。

五、郧阳鄅城——鄅国被灭后鄅人移民之地

明代文学家、郧阳巡抚王世贞《谷日登鄅城东北门楼时四山雪霁因题曰春雪楼而系以二律用示郡僚·其一》:"鄅城东北似齐宫,四塞烟峦望望同。忽结楼台银海上,尽收天地玉壶中。从他柳絮能千点,笑杀梅花仅几丛。抚罢朱弦君自听,那能不让郢人工。"

郧阳,因春秋时期鄅人西迁于此而得名。公元前701年,鄅国在蒲骚之战战败后,遗民一部分沿汉江上溯,迁徙至今湖北十堰一带。郧阳

有郧关的记载，始自汉代；郧阳置郧乡县，始于西晋太康五年；元至元年间始设郧县；明成化十二年，置郧阳府，郧阳始称"郧城"。当地有郧关、郧乡、郧山、郧阳、郧城等带"郧"字的地名。一些学者根据历史地名学的一般规则，推测今十堰市境内古代曾有一个郧国存在。北魏郦道元《水经注·沔水》："汉水又东，经郧乡县故城南，谓之郧乡滩。……《地理志》曰：'有郧关。'李奇以为郧子国。晋太康五年，立以为县。"《读史方舆纪要·卷七十九·湖广五》："郧阳府，《禹贡》梁、荆二州之界。春秋时，为麇、庸二国地，后属于楚。战国时，为秦、楚二国之境。……成化十二年，置郧阳府，领县七。今因之。"又载："郧县，附郭。古郧子国。汉为郧关，属汉中郡长利县地。建安末，蜀先主封申耽为郧乡侯，即此。晋太康五年，立郧乡县，属魏兴郡。宋因之……元至元十年复置郧县……（明）成化中，始为府治……郧城，在（郧阳）府西南。"当代出版的《辞源》也说："郧县，属湖北省，本郧子国。"当代出版的《辞海》："郧，亦作'邧'，古国名。在今湖北安陆市，一说在湖北十堰市郧阳区。"

但是，《郧县志》(1992年版)梳理当地历史沿革，明确指出郧县与古郧子国没有传承关系："郧，本乡名，置关于乡，曰郧关。郧县以汉水'长利'有'郧关'而得名。（古代）夏时，为豫州之西域。商时，武王伐纣，联合庸、卢、濮、蜀、羌、髳、微、彭诸方国。郧县西南境内有堵河，古称庸水，属庸国辖地。西周时期为周的疆域。春秋时，楚子伐麇，至于锡穴，故为麇国故地。后楚师灭麇国、绞国，郧县境地遂属于秦。"

十堰籍学者康安宇、张培玉、冷遇春等考定"郧子国"在今湖北安陆，认为因郧楚蒲骚之战，楚灭郧，导致郧人西迁。康安宇《十堰方国考》："郧国是一个古老的方国，历经尧舜禹、夏商至西周末，早先一直活动于今河南新郑一带，其后裔的一支曾一度迁移到今湖北安陆一带，后再迁至今湖北郧县一带。"张培玉《十堰市建置沿革》《郧阳古国》等认为:"郧先在安陆,后迁竟陵。","古郧子国,是安陆县城,郧城、涢水、涢山,又皆由此得名。其后郧灭于楚,楚迁之于竟陵,犹迁权、迁罗之比。","郧国既然战败,一部分郧人跟随绞军北徙至绞国,在绞驻留,保留了'郧'的称谓。","(公元前506年吴军入楚,后败退)斯时,原迁驻竟陵郧乡之郧人,又一次国破家亡,为避战乱,觅一安全之所,于是又一次顺汉水北迁到地近秦国的绞国,而与原迁绞之郧人会合。这就是以后郧关即郧乡的来历。"王天富《物华天宝话郧阳》认为:"楚人强迁郧人溯江而上,北徙到麇、绞故地,居留守关,以防秦国南犯疆土"。

综上所述,今天的郧阳、郧西等地,应是郧人遗民在以湖北安陆为中心的郧国灭国后,由涢水流域北迁后形成的地名。邢方贵《"郧县人"自何而来》认为:"郧国被灭后,部分不屈服于楚的陨人沿汉水上溯,到绞国、蓼国间(今郧阳区城关周围)驻留,保留'郧'的称号,曰'郧关'。"

六、其他有关"郧城"的称谓考证

(一)汉川郧城(刘家隔)

清代康熙《汉阳府志·武略志》:"郧公斗辛,楚所封,详《宦迹》。《通志》曰:郧,即今德安府。其四境,今竟陵、汉阳、汉川皆其地。"

《古今图书集成·汉阳府部汇考》:"汉川县'郧城',《盟会图》曰:'郧子国,在安州,楚灭之,以封斗辛。有郧水、郧城、郧公庙。'"

清代同治《汉川县志·名迹》:"郧城,《府志》:郧子国,在安州,楚灭之以封斗辛。《盟会图》有郧水、郧城、郧公庙。《旧志》:(郧城)在县北三十里,即大赤乡刘家隔。"

(二)沔阳(仙桃)郧城

《资治通鉴·卷一百七十四》:"春秋鄖子之国,杜预谓在江夏云杜县东南有鄖城。章怀太子贤曰:云杜故城,在复州沔阳县西北。(北)周盖因古国名置鄖州于沔阳也。鄖音云。"

(三)松滋郧城——楚昭王所筑离宫

清代道光年间松滋籍进士黄士瀛有诗《乙丑春日登鄖城循览一周》:"吁嗟楚昭初出国,涉睢渡江入云泽。仓黄避贼更遇贼,鄖公有城住不得……即今走马湖上路,曾记童时旧游处。毛家庙后杨家阡,红棺深闵鄖公墓。"

松滋也有一处古迹被称为"鄖城",又名"楚城",遗址在今湖北松滋东南一处湖泊——小南海湖,为一座被淹没的鄖城古城遗址。清代同治六年《松滋县志》载:"鄖城,在县城(今松滋老城镇)东南五十里。楚昭王使鄖公斗辛所筑,亦称楚城,今为古墙。"也就是说,松滋鄖城的得名,是因为楚昭王曾令鄖公斗辛于此地筑城。有学者认为,松滋鄖城当是鄖公斗辛力救楚昭王后,楚昭王将此地赏赐给斗辛作为采邑(食邑)。宋代王象之《舆地纪胜·卷六十四·江陵府》:"(鄖城)《皇朝郡县志》按《旧经》云'在江陵县南二百里',楚昭王时鄖公所筑。今松滋楚城,一号鄖城。"

清代顾祖禹《读史方舆纪要·卷七十八·湖广四》:"鄖城,在(松滋)县东南五十里。旧《志》云:楚昭王使鄖公所筑,北去江陵二百里,亦谓之楚城,今为古墙铺。"又载:"鄖城,《郡志》云:在城南二百里,楚昭王时鄖公所筑。今松滋县有楚城,亦谓之鄖城。"

关于松滋"郧城"的来历,十堰学者冷遇春在其所著《郧阳抚治两百年》一书中认为:"郧阳之郧,其渊源似不与古郧子国有关。查古郧子国在今湖北安陆境,而今之郧县是古麇子国之地……原来在春秋之际,郧国先被楚灭,曾徙其民于今之松滋,使之近于郢都,筑郧城控制之。当时可能因松滋容纳不下,又分徙其民于楚之附庸麇国之境。"其《漫话古郧阳·关于郧地和"郧"字的考辨》一文中认为:"今之郧县是古麇国之地,与郧国相距千里。当时强大的楚国行兼并之策,郧国经蒲骚一战失败,不久便被楚国所灭。在那个时代,大国灭小国以后,向有一个惯例,就是将他的子民强迁到别的地方。而当时的麇国是楚的附庸,便将郧国的一部分子民迁到麇国。在当时,集体迁徙的人民有一个不约而同的思想,就是都不愿意忘记固有的国土。所以不是把固有的国名命其新居之地,便是以固有的国名为姓。"

(四)东海之滨——如皋郧地

《左传·哀公十二年》:"经:秋,公会卫侯、宋皇瑗于郧。……传:秋,卫侯会吴于郧。公及卫侯、宋皇瑗盟,而卒辞吴盟。"

《左传·哀公十一年》:"(卫大叔疾)死焉。殡于郧。"

《魏书·鹿悆列传》:"鹿悆,字永吉。悆好兵书、阴阳、释氏之学。彭城王元勰召为馆客……俄出为青州彭城王劭府长兼司马……先是,萧衍遣将彭群、王辩率众七万围逼琅琊,自春及秋,官军不至,而两青士马,裁可万余。师次郧城,久而未进。"

根据《康熙字典》和《新华字典》的解释,上述记载中的"郧""郧城",在今江苏如皋。如皋在春秋时名发阳,地址在今皋城东"十里铺",春秋中期前属卫国。

第五节　屈原、宋玉与楚之安陆

　　李白《赠王判官时余归隐居庐山屏风叠》诗中写道："昔别黄鹤楼，蹉跎淮海秋。俱飘零落叶，各散洞庭流。……一度浙江北，十年醉楚台。荆门倒屈宋，梁苑倾邹枚。"诗中的"荆门"代指荆楚之地，"屈宋"指屈原、宋玉。战国时期，著名诗人屈原曾在古安陆境内的汉水之滨行吟，创作了大量楚辞作品。屈原（约公元前340年—公元前278年），战国时期楚国诗人、政治家，伟大的爱国主义、浪漫主义诗人，主要作品有《离骚》《九歌》《九章》《天问》等，对后世诗歌产生了深远影响。屈原一生被贬官一次，遭流放两次。因流放汉北，屈原与古安陆县结下不解之缘。

一、屈原与楚之安陆

（一）职司"掌梦"，暂居安陆

　　司马迁《报任少卿书》："屈原放逐，乃赋《离骚》。"

　　刘向《新序·节士》："屈原为楚东使于齐，以结强党。秦国患之，使张仪之楚，货楚贵臣上官大夫靳尚之属，上及令尹子兰、司马子椒，内赂夫人郑袖，共谮屈原。屈原遂放于外，乃作《离骚》。"

　　楚怀王时期，屈原因阻止楚国与虎狼之国秦国结盟、力主联齐抗秦而遭奸佞谗害，遭贬黜，被放逐于汉北云梦之野。屈原《哀郢》有"民离散而相失兮，方仲春而东迁。去故乡而就远兮，遵江夏以流亡"的诗句，指出贬逐的方向是郢都以东、江夏之地。赵逵夫《屈原与他的时代》一书指出:"屈原在楚怀王二十四、五年被放汉北,其地即春秋战国时汉北云梦,在汉水下游之北面,当今钟祥、京山、天门、应城、云梦、汉川几县之地。……据我所考证,楚人所谓'汉北'是指汉水下游一段的东面,即今钟祥、京山、天门一带。这里本是楚山林之地,其东面为汉北云梦泽。历来楚王田猎均在此。"南北朝刘宋王朝之前,今湖北应城、云梦等地均属古安陆县境。宋孝武帝刘骏孝建元年(454年),分江夏郡北部置安陆郡,治安陆,析安陆县西南部设应城县。西魏大统十六年(550年),析安陆县南部设云梦县。应城、云梦与安陆在南北朝时期以前均属安陆。

战国后期,屈原的职务由左徒、三闾大夫被贬为"掌梦"。屈原《楚辞·招魂》:"朕幼清以廉洁兮,身服义而未沫。主此盛德兮,牵于俗而芜秽。上无所考此盛德兮,长离殃而愁苦。帝告巫阳曰:有人在下,我欲辅之。魂魄离散,汝筮予之。巫阳对曰:掌梦!上帝其难从。若必筮予之,恐后之谢,不能复用巫阳焉。乃下招曰:魂兮归来!去君之恒干,何为四方些?舍君之乐处,而离彼不祥些。"

清代马其昶《屈赋微》注释:"'梦'即篇末'与王趋梦'之'梦',谓云梦也。""梦"为楚之大泽,"掌梦"即是掌管云梦泽的官吏。屈原被楚怀王贬逐汉北,执掌云梦之事,管理楚王这片广阔猎苑的山水林禽资源,防止人们随意砍伐、狩猎,安排楚王游猎事宜。

春秋战国时期,古云梦泽是丛林、草泽、丘陵构成的辽阔原野,山水相连,植被茂密,水草丰茂,人烟稀少,野兽成群,楚国兼并郧国后,即以云梦泽为游猎场。西汉司马相如《子虚赋》虚构了云梦泽的浩渺无垠、特产富庶以及楚王在云梦泽狩猎的宏大场面:"云梦者,方九百里,其中有山焉。其山则盘纡茀郁,隆崇嵂崒;岑岩参差,日月蔽亏;交错纠纷,上干青云;罢池陂阤,下属江河。其土则丹青赭垩,雌黄白坿,锡碧金银,众色炫耀,照烂龙鳞。其石则赤玉玫瑰,琳珉琨吾,瑊玏玄厉,瑌石武夫。其东则有蕙圃:衡兰芷若,芎䓖菖蒲,茳蓠蘪芜,诸柘巴苴。其南则有平原广泽,登降陁靡,案衍坛曼。缘以大江,限以巫山。其高燥则生葴菥苞荔,薛莎青薠。其卑湿则生藏茛蒹葭,东蔷雕胡,莲藕觚卢、菴闾轩于,众物居之,不可胜图。其西则有涌泉清池,激水推移,外发芙蓉菱华,内隐钜石白沙。其中则有神龟蛟鼍,瑇瑁鳖鼋。其北则有阴林巨树……"

屈原被放江北,任"掌梦"之官,大约居古安陆之云梦宫。当时,云梦宫既是楚王和贵族游猎云梦、寻欢作乐的行宫,又是"云梦禁苑"的管理之所。楚国之安陆县管辖地域包括今湖北安陆、应城、云梦、孝感、汉川、汉阳等地。云梦泽东部属古安陆管辖范围。屈原放逐"汉北",行踪所至的汉水下游,西周时期属郧国,春秋战国时期属楚之郧邑。战国中晚期,楚国以郧邑为安陆县。

至于"掌梦"的职责,《云梦睡虎地秦简》记载:"邑之(近)皂及它禁苑者,麛时毋敢将犬以之田。百姓犬入禁苑中而不追兽及捕兽者,勿敢杀;其追兽及捕兽者,杀之。河禁所杀犬,皆完入公;其他禁苑杀者,食其肉而入皮。"大意是:不准在幼兽繁殖时带着狗去狩猎,不准打死进入禁苑不追兽、捕兽的百姓的狗,但要打死追兽和捕兽的狗。在警戒地区打死的狗要完整上缴官府;其他禁苑打死的,可以吃掉狗肉而上缴狗皮。这一法律条文大致相当于今天为保护野生动物所设置的"禁捕期"。

屈原为楚国所任"掌梦"之官,职责应与秦简所记相同。为方便猎苑管理,屈原常驻云梦宫,流连古安陆,行吟云梦泽,漂泊汉水之滨。屈原所驻的云梦宫,一些学者认为就是今湖北云梦县的楚王城遗址。赵逯夫《屈原与他的时代》一书指出:"云梦,在春秋以前是指汉北云梦泽……江夏云梦城,其地在春秋时代的郧,……掌梦之官,应驻于云梦城。……云梦城即今云梦县地。"也有学者认为,屈原所居之地在今湖北应城,与云梦县相邻,都是楚国安陆县的一部分。

(二)心怀国忧,行吟抒愤

屈原名平,是楚武王之子屈瑕后裔,属楚国贵族,学识广博,是中国文学史上第一个伟大诗人。青年时代,屈原才华横溢、意气风发,担任楚怀王的左徒,因力主变革、联齐抗秦而遭腐败贵族的排斥、打击。昏庸的楚怀王贬黜屈原后,信任亲秦派,受了秦国种种的欺骗,丧师失地,更被骗到秦国,客死他乡。那时,屈原可能正流浪在汉北,为楚国政治腐败、国运危殆哀伤,有感而发,创作了《离骚》《抽思》等作品。

司马迁《史记·屈原贾生列传》记载:"屈平疾王听之不聪也,谗谄之蔽明也,邪曲之害公也,方正之不容也,故忧愁幽思,而作《离骚》。'离骚'者,犹离忧也。"东汉班固《离骚赞序》指出:"离,犹遭也;骚,忧也。明己遭忧作辞也。"古字通假,"离"通"罹"。"离骚",即"罹忧"。《离骚》就是诗人所以"遭忧"和他忧国忧民、忧心至深的"自叙传"长诗。《离骚》是《楚辞》的代表作,是我国古典诗歌中最长的抒情诗。

《离骚》虽是屈原"遭忧"的诗作,但是全诗绝无惯常尤怨中人那种愁肠百结的悲怆。屈原之忧,忧在忘我,忧在无我,忧在社稷,忧在黎民,忧出了中国最早期的知识分子坦荡无私的家国情怀,成为耸立于中国文坛的第一文学高峰。屈原行吟泽畔与渔父对答说:"举世皆浊而我独清,众人皆醉而我独醒,是以见放。"在楚国君王昏庸、奸臣当道、秦兵进逼、国家危于累卵之际,唯屈原忧心如焚。他忧国忧民,哀民生多艰;

眼看无力回天,又决不与腐朽的朝堂同流合污,"人又谁能以身之察察,受物之汶汶者乎!宁赴常流而葬乎江鱼腹中耳。又安能以皓皓之白,而蒙世俗之温蠖乎"(《史记·屈原列传》)。他说:"作为人,又有谁能够让自己的洁白之身为世俗的污垢所侵染呢?我宁愿跳进这流淌的江水之中,葬身鱼腹,也不让高洁的心灵蒙受世俗的污浊!"

屈原是伟大的爱国诗人,《离骚》是不朽的爱国诗篇。建立在批判楚国政治危机基础上的爱国思想,决定了诗人坚持理想、憎恶黑暗、疾恶如仇的诗行必然血脉偾张、恣肆汪洋,达到超凡脱俗、出神入化的境界。《离骚》的叙述充满理想和幻灭。诗人上天入地,潜水登山,只为表达自己的愿望。他在天上观遍了四极八荒,天上百神和九嶷女神赶来迎接;因为天门不开,陈志无路,他问天乞巫,就在女巫劝他远走他乡之际,他在阳光中望见了故乡。于是,"既莫足与为美政兮,吾将从彭咸之所居",理想既无望,就要以死去依就商代的彭咸。他决心用生命殉自己的祖国,并且让《离骚》见证诗人这一惊天地、泣鬼神的爱国之忧。

(三)自沉汨罗,浩气长存

楚怀王客死秦国后,其长子楚顷襄王继位,更加"淫逸奢靡,不顾国政"。《战国策·中山策》:"是时楚王恃其国大,不恤其政,而群臣相妒以功,谄谀用事。良臣斥疏,百姓心离,城池不修。既无良臣,又无守备。"楚怀王入秦时,屈原曾谏阻。楚顷襄王时,屈原又被令尹子兰和上官大夫陷害,被放逐江南。他经洞庭湖溯沅水到辰阳、溆浦等地,又沿湘水到了湘阴汨罗,公元前278年即秦攻陷郢都时投汨罗"自沉而死"。

电视纪录片《屈原》中这样说道:屈原在汉北云梦泽游历,看到众多缤纷艳丽的花草,心灵受到震动,灵感迸发,于是用了一种前所未有的比喻、象征手段——香草美人,来表达自己的坚贞、高洁和对美好理想的追求。《离骚》:"余既滋兰之九畹兮,又树蕙之百亩。畦留夷与揭车兮,杂杜衡与芳芷。"又如:"揽木根以结茝兮,贯薜荔之落蕊;矫菌桂以纫蕙兮,索胡绳之纚纚。"这些芳香飘逸、姿态各异的花草,具有鲜明的"云梦之野"特征,给了忧郁的屈原以莫大的安慰。在诗中,屈原在审美与精神层面已与"云梦"花草融为一体。

二、宋玉与楚之安陆

战国时期楚国另一著名诗人宋玉曾客居古安陆境内的蒲骚之地。

南宋祝穆《古今事文类聚》记载:"景差至蒲骚,见宋玉曰:'不意重见故人,慰此去国恋恋之心。昨到梦泽,喜见楚山之碧,眼力顿明;今又会故人,闭心目足矣。'"明代廖道南《楚纪》记载:"宋玉侨居蒲骚,悯惜其师,忠而被放,作《九辩》以述志。"清代陈梦雷《古今图书集成·德安府部汇考》记载:"应城县,蒲骚城,在县北三十里。……《楚纪》:宋玉在蒲骚,景差被放至蒲骚见玉曰:'不意重见故人,慰此去国恋恋之心。'即此也。"

宋玉(公元前298年—公元前222年),又名子渊,是继屈原之后的杰出楚辞作家,代表作有《九辩》《神女赋》《高唐赋》《登徒子好色赋》等。宋玉曾长住古安陆的"蒲骚之地"——今湖北应城,创作了大量脍炙人口的楚辞作品,如《小言赋》:"楚襄王既登阳云之台,令诸大夫景差、唐勒、宋玉等并造《大言赋》,赋毕而宋玉受赏。王曰:'此赋之迂诞则极巨伟矣,抑未备也。且一阴一阳,道之所贵;小往大来,剥复之类也。是故卑高相配而天地位;三光并照则小大备。能高而不能下,非兼通也;能粗而不能细,非妙工也。然则上坐者,未足明赏贤人。有能为《小言赋》

者,赐之云梦之田。'景差曰:'载氛埃兮乘剽尘,体轻蚊翼,形微蚤鳞,聿追浮踊,凌云纵身,经由针孔,出入罗巾,缥缈翩绵,乍见乍泯。'唐勒曰:'析飞糠以为舆,剖秕糟以为舟。泛然投乎杯水中,淡若巨海之洪流。凭蚋眥以顾盼,附蟭螟而遨游。宁隐微以无准,原存亡而不忧。'又曰:'馆于蝇须,宴于毫端,烹虱胫,切虮肝,会九族而同啑,犹委余而不殚。'宋玉曰:'无内之中,微物潜生,比之无象,言之无名,蒙蒙景灭,昧昧遗形,超于太虚之域,出于未兆之庭。纤于翦末之微蔑,陋于茸毛之方生。视之则眇眇,望之则冥冥,离朱为之叹闷,神明不能察其情。二子之言磊磊皆不小,何如此之为精?'王曰:'善。'赐以云梦之田。"

《小言赋》记述的是宋玉、唐勒、景差三位楚辞家在楚顷襄王面前比试辞赋,楚顷襄王向他们承诺,谁的赋写得好,就把云梦的产田赐给谁。结果宋玉胜出,楚襄王高兴地对宋玉说:"好!将云梦赐给你。"唐代大诗人李白《安州应城玉女汤作》有诗:"散下楚王国,分浇宋玉田。"诗中题咏汤池温泉的流水,涓涓细流,一路流向荆楚大地,灌溉着宋玉的田产。人们因此联想,楚顷襄王赐给宋玉的"云梦之田",在鄘地(楚国鄘邑),今湖北应城境内。

宋玉是一个有正义感的人,他憎恶谗人的妒贤嫉能,悯惜屈原的爱国忠心,批评当局的社会政治,也同样遭到流放。作为宋玉辞赋的杰出作品,《九辩》是屈原作品影响之下的产物。宋玉作品悼惜屈原,也充分透露了自己的身世,抒写了自己的思想,表现了自己的个性。"心悯怜之惨凄兮,愿一见而有明。重无怨而生离兮,中结轸而增伤。岂不郁陶而思君兮,君之门以九重;猛犬狺狺而迎吠兮,关梁闭而不通。"《九辩》充满无限的不平和羁旅自怜的落寞。"事绵绵而多私兮,窃悼后之危败","谅城郭之不足恃兮,虽重介之何益",是对当时楚王徇己意、任女谒、听谗言的无情鞭挞。"淡容与而独倚兮,蟋蟀鸣此西堂""白日晼晚其将入兮,明月销铄而减毁",这是宋玉哀颓衰感的心绪。但是他又写了"窃不敢忘初之厚德""赖皇天之厚德兮,还及君之无恙",显露出卑顺、软弱和无奈的本色。

史载《九辩》作于古安陆之地。清代光绪《光绪应城志·卷十·人物》记载:"宋玉,楚人,屈原弟子。隽才辩洽,善属文。事楚襄王为大夫,尝侨居蒲骚。悯其师屈原忠而被放,作《九辩》以述志。"该志另引《列士传》:"景差,楚人,与宋玉、唐勒辞赋并祖于屈原,事楚襄王为大夫。尝以事被放至蒲骚。见宋玉曰:'不意重见故人,慰此去国恋恋之心。昨到云梦,喜见楚山之碧,眼力顿开;今又会故人,闭心目足矣。'"应城,自春秋战国至南北朝时期为古安陆县的一部分。南北朝刘宋王朝宋武帝刘骏孝建元年(454年)分江夏郡北部设安陆郡,原安陆县析为安陆、应城、孝昌等数县。《九辩》收录于《楚辞》中,是屈原之后《楚辞》中的优秀作品,也是宋玉的代表作。后世在讲《楚辞》时,往往以"屈宋"并称。宋玉在中国文学上有着重要地位,对后来汉赋产生很大影响。

唐代大诗人李白"酒隐安陆"时期,仰慕宋玉风采,曾游历蒲骚之地的玉女汤池,作诗《安州应城玉女汤作》,惊奇于"神女殁幽境,汤池流大川",赞赏温泉"散下楚王国,分浇宋玉田",慨叹"可以奉巡幸,奈何隔穷偏",为自己空怀抱负、有志难伸而喟叹。古安陆文脉绵长,屈原、宋玉留下令人津津乐道的文坛佳话。

第五节　郧人留下的非物质文化遗存

郧人,是上古时期将华夏文明传播至江汉地域的先行者。在漫长的历史中,鄖人创造了丰富多彩的文化,这些文化在春秋时期汇入楚文化洪流,在博大精深、多元共享的中华文化中留下鲜明的烙印,至今熠熠生辉。

一、牛郎织女的传说

牛郎织女的传说起源于远古时代的农耕文明。中国传统的七夕节是传说中牛郎织女鹊桥相会的日子。牛郎织女的故事最早可追溯到《诗经》:"维天有汉,蓝亦有光。跂彼织女,终日七襄。虽则七襄。不成报章。睆彼牵牛,不以服箱。"《诗经·国风·周南》有《汉广》一诗:"南有乔木,不可休思。汉有游女,不可求思。汉之广矣,不可泳思。江之永矣,不可方思。"诗中描写一位青年男子隔着汉水倾诉爱情、情思飞扬的场景。民俗学家普遍认为,这首诗就是牛郎织女传说的起源。《汉广》之诗歌咏的是汉水流域,即周南地区的"江汉"。无论是汉水两岸男耕女织的生活形态,还是跟牵牛星、织女星相对应的天文知识,都在牛郎织女的传说中得以体现。"汉广"之"汉",原为地上的汉水,反映的是牛郎织女传说的原始形态。随着故事的传播和演绎,牛郎织女变成了天上星星,地上河汉变成了天上银河。

牛郎织女故事最早可见于楚文化,但同时也有很多迹象指向了更早的妘姓和古鄖国。安陆至汉口这片地域属于古云梦泽。云梦泽的"云",指古云(鄖)人之地。今湖北武汉、孝感一带有关汉水、鄖国(云梦泽)和牛郎织女文化的诗文大量散见于各类史料。

1975年云梦睡虎地出土的秦简《日书》中,涉及牵牛(牛郎)娶织女的故事与大量的民间传说互为印证,相得益彰。《日书》甲种有两条关于牵牛织女神话的简文,一条是:"戊申、己酉,牵牛以取(娶)织女,不果,三弃。"大意是:戊申年己酉月,某人牵着他的牛去迎娶织女,没有成功,三次都失败了。另一条是:"戊申、己酉,牵牛以取(娶)织女而不果,不出三岁,弃若亡。"大意是说,戊申年己酉月,牵牛织女的喜事没有办成,这一天不适合结婚,如果非要在这一天结婚的话,不出三年,丈夫就会抛弃妻子。这两条简文均明言在戊申、己酉娶妻是不吉利的,这天正是牵牛娶织女的日子。

二、临江凭吊的祭祀习俗

白居易《上巳日恩赐曲江宴会即事》诗写道:"赐欢仍许醉,此会兴如何。翰苑主恩重,曲江春意多。花低羞艳妓,莺散让清歌。共道升平乐,元和胜永和。"上巳节是中国古老的传统节日,俗称三月三,汉代以前定为三月上旬的巳日,后来固定在农历三月初三。人们到水边洗手濯足,还要将酒洒到河中,将鸡蛋和枣投到水里,并列宴作饮,行曲水流觞之俗。曲水流觞就是人们结伴到水边"祓禊"后,坐在弯曲的水流两旁,在上游放置酒杯,酒杯顺流而下,停在谁的面前,谁就取杯饮酒。文人们追求风雅,不仅饮酒,还要赋诗。王羲之《兰亭集序》记载了魏晋南北朝时期上巳节的盛况。上巳节临江凭吊的习俗,有学者认为早在西周时期就已经出现。民间传说这一习俗与西周时期的周昭王有关。周昭王南征楚蛮,溺死于汉水,民间开始出现临江凭吊的习俗。

据《太平广记》记载,周昭王登基二十年的时候,东瓯越族献来两位女子,一个叫延娟,一个叫延娱,皆美丽纤巧,能言善辩,而且会唱会笑。她们走路不留脚印,太阳下没有影子。周昭王南征荆楚,她们陪同昭王来到长江、汉水之滨,不幸全都随昭王落水而死。因此,江汉一带的人怀念她们,修祠立于江边。很多年以后,人们看见二位女子伴昭王泛舟江上,嬉戏于水边。于是,每到晚春上巳节,人们都集中到祠堂前祭祀:有的用又甜又新鲜的水果,采来杜兰叶将其包好,沉入水中;有的用五彩线包,还把金属系在上面。传说这样一来,蛟龙就不会侵害她们的仙体了。

三、郧、楚方言

中华文化的主要语言载体是华夏雅言。华夏雅言的基础是以黄帝部落为核心的华夏部落联盟使用的原始华夏语,经夏、商、周历代演化,至商、周时期发展成为中原一带的民族共同语。今天的安陆乃至孝感一带的方言及其所属的江淮次方言博采众长,以华夏雅音为源头,以中原华夏正音为根基,吸收了古楚语、吴方言等诸多方言的长处,形成丰富多彩的语汇、独具魅力的语法和生生不息的生命力,成为汉语苑地的一朵奇葩。从文化传承看,华夏雅言是安陆方言的鼻祖。安陆方言的文化源头是中原华夏文化,即以夏、商、周时期所创造的黄河文明、中原文化。郧人先民把中原华夏文化传播到江汉地区,并与该地区的原住民——蛮族相融合,形成了古老的郧文化,包括郧方言。随着郧国被楚国征服,古安陆大地上郧、楚文化交融,古郧语、古楚语可以说是古代安陆方言形成的最初语源。郧方言融汇浓重的楚韵遗风,形成了安陆方言淳朴厚重、简练明快、诙谐风趣、豁达大气的特点。

安陆为古楚核心区域之一,安陆方言语音保留了很多古郧、楚方言的特征。例如,普通话中零声母[y]在安陆方言中多变读为[r],如"酝、运、孕"等的声母都是[r];卷舌音与舌面音相混,[zh][j]混用,如"菊、局"读"zhu";[ch][q]混用,"吃"读为"qi"等。韵母[u][ü]相混,如"猪、举、句"读"zhü","书、舒"读"shü"等;韵母[e][o]相混,如"哥"读"go"、

"河"读"ho"等,这些现象都是古楚语的影响造成的。

古鄖、楚方言至今仍有强大的生命力和表现力,如"谷",古鄖、楚语指"乳",哺育的意思。"谷"今天在安陆方言中引申为"饮、喝"的意思,如"他一口就把一碗茶'谷'(gú)了"。又如"猪"的称呼,鄖人入楚后由"豨"改称。西汉扬雄《方言》:"猪,北燕、朝鲜之间谓之豭;关东西或谓之彘,或谓之豕;南楚谓之豨,其子或谓之豚,或谓之貕。""者"字,在安陆方言中是"撒娇"的意思。明代毛晋《六十种曲·焚香记》中桂英借口"身体不好"不肯出来,便被骂"又者起来了";冯梦龙《挂枝儿·小官人》中有"也会娇,也会者,也会肉麻"的说法。又如安陆很多地名是以"湾"与姓氏冠名的,如高家湾、吴家湾、周家大湾、张家湾等,反映了先民择水边而居的习惯。这都是鄖方言影响楚语,成为江汉地域通用词语的典型例子。

安陆方言中的古鄖、楚方言遗存具有很高的语言学价值。如"见姅(bàn)"一词,《汉律》云:"见姅变,不得侍祠。"东汉许慎在《说文解字》中解释:"姅(变),妇人污也。从女,半声。"也就是说,其本义指女子月经,此时女子不能参加某些礼仪活动。现在,它的本义和本字,书面语早已不用了,但安陆方言口头语经常听到,其义指办事不顺利、情况不妙。安陆方言保留了不少古音,如一间房的"间",古音读"gan",安陆方言读作"一 gan 房"。大雁的"雁",方言和古音读为"ŋan",古诗词中只有读"ŋan"才押韵。安陆方言中,"刚才"读"将才"或"才将",反映舌根音与舌面音混淆的变读现象。又如"敲"字,古音、方言读"kao",《广韵》"口交切",普通话变读为"qiao"。同样的情况还有"嵌",安陆方言读"kan"。安陆方言还保留了很多古代汉字的读音,如角(go)、解(gai)、下(ha)、在(dai)、咸(han)、项(hang)、象(jiang)、咬(ŋao)、吃(qi)等。诸如此类,在安陆方言中随处可见。因此,对安陆方言中古郧、楚方言的研究有助于认识古汉语的演变和发展规律,对音韵学的研究也极具参考价值。

第八章 郧国影响

源远流长的郧国文化与楚文化同出一脉,有着浓郁的浪漫主义情调和神话色彩,崇尚自由,富有激情,善于想象,信鬼好祠,重卜厚巫,带有浓烈的原始文化色彩。郧国文化不仅在今湖北涢水流域烙下深刻印记,其影响融入楚文化,波及大别山区、大洪山区、桐柏山区以及整个江汉地域,至今仍散发着独特的人文魅力。

第一节 与郧人有关的历史地名

何光岳《䢵子国考》指出:"安陆有郧乡、郧水、郧城、郧公庙,周为郧州。应山县有云公城,南邻还有大泽叫云梦,这一带地方,古称云中。泽畔古有云杜县,今有云梦县。附近有云梦宫。都是因郧子国所在而命名的。……这些以云为号的地方,都是因郧国遗民活动区域而得名。"具有两千多年历史的郧人,留下诸多以"郧、涢、䢵、云"等字冠名的地名,如云阳、云中、云土、云杜、云梦泽、郧城等,成为珍贵的文化遗存,产生了广泛与深远的历史影响。

一、孝感境内与郧人有关的地名

(一)安陆境内

1. 梦、云梦、云梦泽

《尚书·禹贡》:"荆及衡阳惟荆州。江汉朝宗于海,九江孔殷,沱潜既道,云土梦作乂。"

《左传·宣公四年》:"初,若敖娶于郧,生斗伯比。若敖卒,以其母畜于郧,淫于郧子之女,生子文焉。郧夫人使弃诸梦中。虎乳之。郧子田,见之,惧而归。夫人以告,遂使收之。楚人谓乳榖,谓虎於菟,故命之曰斗榖於菟。以其女妻伯比,实为令尹子文。"

《左传·昭公三年》:"十月,郑伯如楚,子产相。楚子享之,赋《吉日》。既享,子产乃具田备,王以田江南之梦。"

《周礼·职方氏》:"荆州,其泽薮曰云梦。"

屈原《招魂》:"与王趋梦兮,课后先。……魂兮归来,哀江南。"

《战国策·宋卫策》:"荆有云梦,犀兕麋鹿盈之。"

《国语·楚语》:"(楚)又有薮曰云连徒洲,金木竹箭之所生也,龟、珠、齿、角、皮革、羽毛,所以备赋用以戒不虞者也,所以供币帛以宾享于诸侯者也。"

《墨子·公输》:"荆有云梦,犀兕麋鹿满之。江汉之鱼鳖鼋鼍为天下富。"

《墨子·明鬼》:"宋之有桑林,楚之有云梦,此男女之所属而观也。"

《战国策·楚策一》:"于是,楚王游于云梦,结驷千乘,旌旗蔽天。野火之起也若云霓,兕虎之嗥声若雷霆。乃狂兕䍧车依轮而至。王亲引弓而射,壹发而殪。"

《越绝书·叙外传记》:"楚世子奔逃云梦之山。"

《史记·货殖列传》:"江陵故郢都,西通巫、巴,东有云梦之饶。"

《史记·河渠书》:"于楚,西方则通渠汉水、云梦之野。"

《吕氏春秋·孝行览》:"菜之美者……云梦之芹";"果之美者……云梦之柚。"

《吕氏春秋·贵直论》:"荆文王得茹黄之狗,宛路之矰,以畋于云梦,三月不反。"

《吕氏春秋·仲冬纪》:"荆庄哀王猎于云梦,射随兕,中之。"

宋代沈括《梦溪笔谈·云梦考》:"旧《尚书·禹贡》云:'云土梦作乂。'太宗皇帝时,得古本《尚书》,作'云土梦作乂',诏改《禹贡》从古本。予按孔安国注:'云梦之泽在江南。'不然也。据《左传》:'吴人入郢……楚子涉雎济江,入于云中。王寝,盗攻之,以戈击王……王奔郧。'楚子自郢西走涉雎,则当出于江南;其后涉江入云中,遂奔郧,郧则今之安陆州。涉江而后至云,入云然后至郧,则云在江北也。《左传》曰:'郑伯如楚……王以田江南之梦。'杜预注云:'楚之云梦,跨江南北。'曰'江南之梦',则云在江北明矣。元丰中,予自随州道安陆入于汉口,有景陵主簿郭思者,能言汉沔间地理,亦以谓江南为梦,江北为云。予以《左传》验之,思之说信然。江南则今之公安、石首、建宁等县,江北则玉沙、监利、景陵等县。乃水之所委,其地最下,江南二浙,水出稍高,云方土而梦已作乂矣。此古本之为允也。"

2. 云、鄖、鄖子国、鄖国、鄖都、鄖川、鄖城、鄖邑

《路史》:"云近楚,若敖父子娶焉。"

《读史方舆纪要·卷七十七·湖广三》:"(德安府)《禹贡》'荆州之域'。春秋时鄘子国。鄘,一作鄖,又作溳,俱读曰云;后属楚。"

清代段玉裁《说文解字注》:"(鄖)汉南之国。《左传》'桓十一年。鄖人军于蒲骚''宣四年,若敖娶于鄖'。字或作鄘。杜曰:'鄖国,在江夏。云杜县东南有鄖城。'按:二志,江夏皆有云杜。今湖北德安府城,即故鄖都也。汉水自西北而东南,德安在汉水北,而云汉南者,汉之下游地势处南也。春秋时楚灭鄖,故有鄖公辛。从邑。员声。羽文切。"

《读史方舆纪要·卷七十七·湖广三》:"鄖城,今府城。春秋时鄖子国也。楚灭鄖,封斗辛为鄖公,邑于此。定十年吴入郢,楚子奔鄖。《史记》'楚昭王十年吴入郢,昭王亡至云梦,走鄖'是也。《水经注》:'溳水经安陆城西,故鄖国也,盖亦因溳水为名矣。'晋太元八年苻坚大举入寇,慕容垂进拔鄖城。义熙初,桓振据江陵,为刘毅等所败,逃于鄖川。既又自鄖城袭江陵。鄖城在鄖川,故有二名也。梁武帝攻鲁山,谓鄖城、竟陵之粟,方舟而下。鄖城,即安陆之别名矣。今郡城,明初因故址修筑,嘉靖中增修,周六里有奇。"

清代程大中《鄘子国考》:"鄖子别有四。其一,鄖国,子爵,为高阳氏后,古鄖子国也。其一,楚灭鄖,封其臣斗辛为鄖公,是为鄖国。其一,嬴姓,祝融之后,封于罗,号妘子。其一为,《通典》云:'鄘'与'鄖'并载,则自为一国。路史《国名记》列鄖为高阳后,复列为少昊后……据《地理沿革》表明,《一统志》《广舆记》诸书皆谓今德安府为鄖子国,不知在德安府者乃'鄖子'与'鄘子'别。"

清代乾隆《大清一统志·德安府·建置沿革》:"《禹贡》:'荆州之域';春秋时郧国;后属楚。秦属南郡。……(郧国)故城在今(安陆)县北。"

清代光绪《德安府志》:"德安府,地界汉东,春秋时汉东诸国唯郧、随最著,后皆属楚……(德安府)周为郧子国,其唐、随、二(贰)、蒲骚皆在属,后俱属楚……郧子与楚同爵,地分东西。今德安安陆,故郧国。……汉、晋、唐、宋……郧或称江夏,称安陆,称安州、郧州。"又载:"安陆,(周)郧地;(春秋)楚郧邑地。"

3. 郧公、郧公庙、郧公祠

《古今图书集成·德安府·安陆县》:"《周礼·职方氏》:荆州泽薮曰云梦。成王时属鬻熊曾孙熊绎;彝王时属越章王执疵。定王二年甲午,楚平王灭若敖氏,封斗辛为郧公。简王时为郧公钟仪邑。敬王十四年乙未,蔡侯吴子唐侯代。楚昭王奔郧,与郧公辛再奔随。赧王四十二年戊子,秦置南阳郡。后更置南郡,领安陆。秦分楚为四郡,德安属南郡。汉初分楚为七郡,属江夏郡。武帝分部,天下置十三州。江夏郡属荆州,领县十四郡。《国志》江夏郡十四城,按江夏郡为安陆、鄀二县地。汉置十四城,有中分郧地者竟陵侯国,有郧乡,杜预曰:云杜县东北有郧城故国。"

《古今图书集成·德安府部汇考》:"按桓公十一年,楚屈瑕将盟贰、轸,郧人军于蒲骚。后楚灭郧子,封斗辛于郧。公徙云杜。郧,即今德安府。蒲骚,在今应城县。云杜,在今景陵县。"

《古今图书集成·德安府部汇考》:"郧公庙,在府治内。楚封斗辛为郧公。今废。"

清代康熙《鼎修德安府志》、清代道光《安陆县志》:"郧公祠,府治中,春秋时建,祀郧公斗辛,今废。"

4. 涢水、郧河、清发

宋代郑獬《晚闷》:"晚闷牢难破,秋怀勇未降。何人归楚国,竟日忆涢江。鼠迹排书簏,虫丝网酒缸。江都章未报,枕手卧南窗。"

《读史方舆纪要·卷七十七·湖广三》:"涢水,在(随)州西。《水经注》:'涢水出大洪山,东北流,折而东南,经随县西,又经随县南而东南注,下流入安陆县界,是也。'又有均水,在州西四十里,出大洪山至州东南四十里,入涢水。后周有涢州,盖以水名。"

《古今图书集成·涢水部汇考》:"《水经》之涢水:涢水,源出今湖广德安府随州大洪山黑龙池。东流过府城西北隅,又东流,与漳水合,入云梦泽。又合泽水,至安河,会襄水、㴮水,又东至汉阳府汉口,入于江。"

《古今图书集成·涢水部汇考》:"涢河,绕城西,流入云梦泽。会汉水,入江。山水突发,害田稼旱,则可引溉田。"

清代道光《安陆县志》:"'吴从楚师,及清发(《左传》)。'清发,水名。'(杜注)涢水,故清发水也。西北自随州流入,注于㴮,谓之涢口。《春秋》:吴败楚于柏举,从之,及于清发,是也。(《元和郡县志》)"

5. 涢口、涢州、郧州

明初《永乐大典·卷一一一三八》:"涢水,出蔡阳县。涢水出县东南大洪山。山在隋郡之西南竟陵之东北。槃基所跨。广圆一百余里。峰曰悬钩。……又右得漳水。水出江夏郡之曲陵县西北。漳山东南流径其县南县治。石漳故城。城圆而不方。东入安陆注于涢水。又东南入于夏。涢水又南分为二水。东通漻水。西入于沔。谓之涢口也。"

唐代杜佑《通典·州郡十三》:"安州,春秋郧子之国,云梦之泽在焉。后楚灭郧,封斗辛为郧公,即其地也。秦属南郡。二汉属江夏郡。晋初亦属江夏郡,后分置安陆郡。宋、齐因之。梁置南司州。西魏置安州总管府。后周置涢州及安陆郡。隋初废,炀帝初复为安陆郡。大唐为安州,或为安陆郡。领县六:安陆(汉旧县。有涢水,亦谓之涢口。有横山,即古陪尾山也)。"

《读史方舆纪要·卷七十七·湖广三》:"(德安府)《禹贡》'荆州之域'。春秋时邧子国,邧,一作郧,又作涢,俱读曰云;后属楚……后周末,改郧州,而安陆郡如故。隋初,废郡,炀帝改郧州为安陆郡。"

《古今图书集成·德安府部汇考》:"周明帝武成元年己卯,省岳山郡入安陆郡,即孝昌。寻改为安州,置总管府。又析岳州,置澴州。建德元年壬辰,省安州属襄州总管。复置岳山郡,又置环岳郡,领郧州总管。隋炀帝大业二年庚寅四月壬辰,诏天下改州为郡。废涢州,仍置安陆郡,设总管。"又载:"(北周)明帝武成元年置安州总管府于安陆,后改安州为郧州。废城阳之应城,随州之涢水,应州之平靖等县俱为镇。陈宣帝大建十二年,北周郧州总管,以所领九州八镇归于陈。陈复改郧州为安州。安州即德安府。"

6.古郧馆

清代陈梦雷《古今图书集成·德安府》、清代道光《安陆县志》:"古郧馆,在城隍庙后,正统间改建分司。(沈《志》)"

7.子文祠

清代道光《安陆县志》:"宋哲宗元祐八年,赐安州云梦县楚令尹子文祠为忠应庙,封崇德侯。(《文献通考》)"

8.涢山、鄖山、云山

《水经注·涢水》:"涢水出蔡阳县。涢水出县东南大洪山,山在随郡之西南,竟陵之东北,槃基所跨,广圆百余里。……时人以涢水所导,故亦谓之为涢山矣。"

《古今图书集成·德安府部汇考》:"涢水,在府西一里,出大洪山,墨龙池。绕城西域,东流至黄港。与漳水合入云梦泽。至安河会襄水氵凡水,又东流至汉口入江。俗称府河渡,亦名石潼。一曰清发。《左传》吴师过柏举及于清发,杜氏曰清发水名。《玉海》云:即安陆城西涢水也。《旧志》载:涢水源出大洪山。……涢水出于其阴,人以涢水所导,故亦曰涢山。"

《古今图书集成·德安府》:"德安府城:明洪武二年,守御千户王兴修筑。十二年,千户汤聪辟广之。鄖山东来二涧夹流,而尽于涢水,城据其间。"

清代道光《安陆县志·卷五·山水》:"云山,(安陆县)南四十里,高仅数仞,有高庙及观音寺,又南为巡检司地。"

清代光绪《德安府志·疆域中·山》:"(大洪山余脉)诸山经木梓树店,尽于府南之云山(在安陆巡店南)。"又载:"(安陆城南)十二里曰虎子岩(见'古迹')。四十里曰云山,高仅数仞,有高庙及观音寺,又南为巡检司地。"

9.云济山

清代光绪《德安府志·疆域中·山》:"(白石岩山)又二里曰云济山。有柳林寺,在大安山西。"

10. 云雾山

清代道光《安陆县志》称:"围山曰云雾山……古木参天,浓荫蔽日……嘉荫美箭,错杂交易……松桧郁然……两岭抱东壑,一嶂横西天。树杂日隐易,崖倾月难圆。"

清代光绪《德安府志·疆域中·山》:"(德安府西八十里)围山曰云雾山,层峦沓嶂,削翠摩青。春行如秋,晴行若雨。相近有蜜蜂砦,与随州联界。"

11. 云岭

今安陆市西雷公镇与孛畈镇交界有云岭山,山下有云岭村。

12. 云山寺

《古今图书集成·德安府》:"云山寺,在(德安)府城南聚石冈。"

13. 虎乳岩(虎子岩)

明代马龠《德安府志》:"虎子岩,其形似虎,旧传令尹子文幼弃之地。"

《古今图书集成·德安府》、清代道光《安陆县志》:"虎子岩,在治南十里,即虎乳子文处。(沈《志》)"

14. 於菟(乌兔)山、于菟山、于菟港水

今安陆市洑水镇北有於菟(乌兔)山。

清代乾隆《大清一统志·德安府》:"洑水,在安陆县西十五里,源出槎山,西流汇寿山之于菟港水,而入涢水。"

15. 云中

《左传·定公四年》:"楚子涉睢济江,入于云中。王寝,盗攻之,以

戈击王。王孙由于以背受之,中肩。王奔郧。"杜预注:"入云梦泽中。"杨伯峻注:"传说云梦泽跨江南北,此江南之云梦 。"

16.云土

《尚书·禹贡》:"荆及衡阳惟荆州,江汉朝宗于海,九江孔殷,沱潜既道,云土梦作乂。"

《史记·夏本纪》:"荆及衡阳维荆州:江、汉朝宗于海。九江甚中,沱、涔已道,云土梦为治。"

宋代沈括《梦溪笔谈》:"旧《尚书·禹贡》云:'云土梦作乂。'太宗皇帝时,得古本《尚书》,作'云土梦作乂',诏改《禹贡》从古本。"

(二)云梦境内

1.云梦、云连徒洲、梦泽、云梦泽

云梦睡虎地出土秦简《编年纪》:"秦始皇三十七年(公元前210年)十一月,行至云梦。"

云梦龙岗秦简(278简):"诸假两云梦印玺,及有到云梦禁中者,得取灌□□……。"

《国语·楚语》:"楚之所宝者……又有薮曰云连徒洲,金木竹箭之所生也。龟、珠、角、齿、皮、革、羽、毛,所以备赋用以戒不虞者也,所以供币帛以宾享于诸侯者也。"韦昭注:"楚有云梦,薮泽名也;连,属也;水中可居者曰洲;徒,其名也。"

清代高士奇《春秋地名考略》:"梦中:'(《左传》)宣四年,郧子之女生子文,妘夫人使弃诸梦中。'杜注:'梦泽,名,江夏安陆县城东南有云梦城。'昭三年,楚子享郑伯、子产,具田,备王以田江南之梦。杜注:'楚之云梦,跨江南北。''定四年,楚子涉睢济江入于云中。'杜注:'入云梦泽中。所谓江南之梦。'"

宋代《方舆胜览·德安府》:"云梦泽,在安陆南五十里。"

2. 云梦城、云梦县、云梦镇

南北朝范晔《后汉书·郡国四》:"江夏安陆县东南有云梦城。"

《读史方舆纪要·德安府》:"云梦县,府南四十六里。南至汉阳府汉川县九十里,西南至应城县四十里。汉安陆县地,属江夏郡。西魏大统十六年于云梦古城置县,因以为名。隋属郧州。唐属安州。宋因之。熙宁二年省入安陆。元祐初,复置。绍兴中,移县于许落市,寻还故治。今编户三里。"

《古今图书集成·德安府部汇考》:"云梦县,县在府治南六十里。秦属安陆郡。汉为西陵安陆二县。地有云梦城。安陆县南五十里亦有云梦泽。按《左传》:郧子之女弃于梦中。又云楚子济江入云中,并称则曰云梦。西魏于云梦古城置县,因以为名,属城阳郡。隋属安州,后属安州郡。唐属安州。省应城、漂阳二县入焉。宋初省入安陆县降为云梦镇。元祐初复为云梦县。绍兴中徙治许落市,寻复徙故治。元末为贼所据。明初讨平,仍为云梦县。皇清因之。"

3. 云梦台、云梦之浦、云台山、云梦宫

战国宋玉《高唐赋》:"昔者楚襄王与宋玉游于云梦之台,望高唐之观。"《神女赋》:"楚襄王与宋玉游于云梦之浦,使玉赋高唐之事。"

《古今图书集成·德安府部汇考》:"云梦台,即(云梦)邑城北祖师殿基。万历初,有愚民假神惑众,号曰云台山。本郡太守齐一经恶其诬惑,寘之于法以绝其众。西陵县,在县境。晋江夏郡外城。按西汉《地理志》：江夏西陵县有云梦宫，则云梦即西陵县也。而云梦疑在此县，今废。"

清代光绪《德安府志》："云梦境内北门外曰云台山，在府南六十里。详《古迹》'云梦台'。"

4. 於菟乡、于菟乡

明代李贤《大明一统志》："云梦，三乡，曰石羊乡、感化乡、於菟乡。"

《读史方舆纪要》："（云梦县）西北又有於菟乡，相传即楚令尹子文所生处。"

清代康熙《鼎修德安府志》："於菟乡，虎乳子文处。"

清代高士奇《春秋地名考略》："云梦县，在其（安陆）南四十六里，即古云梦城也。云梦泽，在其南六十步，又城北有于菟乡，即子文弃处也。"

5. 於菟村（于菟村）

宋代乐史《太平寰宇记·卷一百三十二》："又有乌徒村，斗伯比外家处，生斗榖於菟，为楚令尹。"

6. 令尹子文庙

清代乾隆《大清一统志·德安府·祠庙》："令尹子文庙，在云梦县东北。《舆地纪胜》：在县西十里于菟村，后迁县之艮隅。宋元祐中赐额忠应。"

清代陈梦雷《古今图书集成·德安府部汇考》："令尹子文庙，在（云梦县）北乡十里。后迁县北东界。宋元祐赐额忠应。"

7. 楚王城

《读史方舆纪要·卷七十七·湖广三》："（德安府）楚王城，在（云梦)县东。《左传》定公四年吴入郢,楚昭王奔郧城,因以名。"

《古今图书集成·德安府部汇考》:"楚王城,在(云梦)县治东。按《左传》:定公四年,吴入郢,楚昭王奔郧,筑此城以自保。"

8. 涢河堤

清代乾隆《大清一统志》:"涢河堤,在云梦县南涢河北岸马家湾萧里埠一带,岁雁水患,而隔蒲潭尤甚。明正德中,知县涂环始筑堤捍之,历久渐溃,本朝康熙五年重筑。"

9. 云梦宫

《汉书·地理志》:"江夏西陵县有云梦宫,则云梦即西陵地,而云梦宫盖在此县。"

10. 郧都村

今云梦县义堂镇有郧都村,附近涢水东侧有好石桥,20世纪80年代发现好石桥遗址。

(三)孝感市区

1. 令尹子文故里坊

清代康熙《鼎修德安府志》、清代光绪《孝感县志》:"令尹子文故里坊,在(孝感)西湖村,今废。"

2. 令尹子文庙

《古今图书集成·德安府》:"令尹子文庙,在(孝感)西湖闸口。今废。宋宣和中,得九鼎于祠侧,赐额曰忠应。"

(四)汉川境内

1. 涢水、涢口

《水经注》:"(涢水)又南分为二水:东通滠水,西入于沔,谓之涢口也。……按《汉阳府志》:涢水在汉川县东四十五里,自随州东南,流经云梦,入本县界。至涢口,与汉水合。"

《古今图书集成·汉阳府部汇考》:"按《汉阳府志》:汉阳县涢水,在县治西北一百里。《旧志》曰:其源出陪尾,经德安、孝感,至此名涢口者,专流入汉也。晋陶侃为杜曾所败,将奔涢口,即此。《通典》:安陆县有涢水,亦名涢口。境内临漳山,晋安陆县治在焉。唐人有诗云:暮雨不知涢口处,春风直到穆陵西。"

2. 隔蒲潭

《古今图书集成·德安府部汇考》:"隔蒲潭,潭西属应城,古春秋时蒲骚地也,故名隔蒲。"

3. 子文庙、子文墓

《古今图书集成·汉阳府部汇考》:"令尹子文庙,在(汉川)县治西二里,姚公山。"又载:"楚令尹子文墓,在汉川县西二里,姚公山。"

(五)应城境内

1. 蒲骚、蒲骚城、蒲骚庙

《左传·桓公十一年》:"楚屈瑕将盟贰、轸。郧人军于蒲骚……,遂败郧师于蒲骚,卒盟而还。"

《读史方舆纪要》:"蒲骚城,(应城)县北三十里。《左传》桓十一年,楚屈瑕将盟贰、轸,郧人军于蒲骚,即此。"

《古今图书集成·德安府部汇考》:"应城县,蒲骚城,在县北三十里。……《楚纪》:宋玉在蒲骚,景差被放至蒲骚见玉曰:'不意重见故人,慰此去国恋恋之心。'即此也。"

《古今图书集成·德安府部汇考》:"蒲骚庙,在(应城)县南。塑楚武王像,南有三冢。"

清代王掞《钦定春秋传说汇纂·卷六·附录》:"蒲骚,杜注:郧邑,今在湖广德安府应城县北三十里。"

2. 蒲骚台、蒲骚垒

清代光绪《应城县志·卷七》:"蒲骚故城,一名蒲骚台,又名蒲骚垒,在今县西北三十里崎山团古城畈。居民常于耕作时,拾得败瓦零砖、残戈断戟,古色斑驳。离城西三里曰沈家湖,今没为平畴,故老谓即古城池也。"

二、湖北省内古属郧国（郧邑）的地区

(一)武汉境内

1. 涢水、涢口

《古今图书集成·汉水部汇考》:"涢口,在(汉阳)县治西北一百里。《旧志》曰:涢水,源出陪尾,经德安孝感至此崙流入汉。"

清代乾隆《大清一统志·汉阳府》:"涢水,自德安府云梦县界东南流入汉川县界,又东南流入汉阳县界入汉。其入汉之处名涢口。《水经注》:'涢水经安陆县,合漳水,又南分为二水,东通滠水,西入于沔,谓之

涢口也。'《寰宇记》：'涢水在汉川县东十七里。'《府志》：'涢水在汉川县东北三十里、汉阳县西北一百里。'旧志：'涢水至汉川县北东防杨子港，过刘家隔至柘树口；东北防算河而东南出涢口，入汉江。接汉阳县界。'按：今汉川算河东接沦河，沦河上接孝感澴河，澴河东通溾口，即《水经注》所谓'东通溾口'也。"

《古今图书集成·汉阳府部汇考》："涢水，在（汉阳）县治西北一百里。《旧志》曰：其源出陪尾，经德安、孝感至此。名涢口者，耑流入汉也。晋陶侃为杜曾所败，将奔涢口，即此。《通典》：安陆县有涢水，亦名涢口，境内临嶂山，晋安陆县治在焉。唐人有诗云：暮雨不知涢口处，春风直到穆陵西。《水经注》：（涢水）又南分为二水，东通溾水，西入于沔，谓之涢口也。"

2. 大别山、小别山

《古今图书集成》："大别山，在（汉阳）郡城东北半里。《禹贡》：导嶓冢，至于荆山，内方至于大别。蔡氏注曰：《左传》：吴与楚战济汉，而阵自小，别至于大别，盖近汉之山，今汉阳军汉阳县北，大别山是也。《地志》《水经》云：在安丰者，非是大别，一名鲁山，又名翼际。桑钦《水经》：江水又东径鲁山南。郦道元注曰：古翼际山也，山上有吴江。夏太守陆涣所治城，旧江夏治安陆。汉高帝六年，置吴乃徙此。城中有晋征南将军、荆州刺史胡奋碑。又有平南将军王世将刻石记，征杜曾事，有刘琦墓，及庙山。左即沔口。《旧志》云：吴置鲁山县，梁武筑汉口城，以守鲁山东。昏侯曰：吾自围鲁山以攻沔。或云凤栖山西，有鲁肃庙，故以凤栖迤西名鲁山。朱志曰：余观大别凤栖，南北并峙，其间无他山。鲁山为大别别名，无疑。今询之故老，别山两形，前为龟山，后为鲁山，其说近是。"

《古今图书集成》:"小别山,在(汉川)县治东南十里,其形如甑,又名甑山。《左传》:定公四年,吴人伐楚,楚令尹子常济汉,而陈自小别山至于大别是也。江左之际亦为兵区。逮后周时,县治建于此,属竟陵。"

3. 云水山

武汉市汉南区云水山,有商周时期古文化遗址。

(二)京山境内

1. 云杜

杜预《春秋左氏经传集解》:"鄖国,在江夏。云杜县东南有鄖城。"

《水经注·沔水注》:"又东南过江夏云杜县东,……《禹贡》所谓云土梦作乂,故县取名焉。"

明代嘉靖《沔阳郡志·沔阳志》:"……梁分竟陵置沔阳郡,治云杜,领县无考。隋、沔阳郡所领县但存竟陵,或省云杜入之也,二城迄无定处。《故志》以景陵为竟陵,又以其城为云杜城。《通志》以鄖为云社地。《一统志》又以京山为云杜地。"

《湖北省古代地理概述》:"……根据更古的原始材料,如《左传》和杜预注,则鄖(云)国是当时的江夏郡云杜县东南,亦即今京山县西北与钟祥以东的地带,……汉以后,这里称为云杜县。"

2. 鄖公邑、云梦城、鄖亭

《读史方舆纪要·卷七十七·湖广三》:"云杜城,在(京山)县东南。汉县,属江夏郡。王莽地皇二年,绿林将王匡等败莽兵于云杜,遂攻拔竟陵、(安陆)。后汉亦属江夏郡。东晋以后,属竟陵郡,后周废。《水经注》:沔水自竟陵,又东南经云杜县东,夏水注之。《寰宇记》:萧梁置沔阳郡,盖治云杜县。又郧城,杜预曰:在云杜东南。《汉志》郧公邑在竟陵,是也。今见安陆县。京山城,在县北,齐梁置京山县,后齐置建安郡治焉。西魏改郡曰光川,后周郡废。隋大业初,废京山县入竟陵,因改角陵为京山县。又云梦城,《志》云:在县西,即古云梦泽地。"

《古今图书集成·安陆府部汇考》:"云杜城,在(景陵)县西北,本汉县,属江夏郡。梁于此置沔阳郡。城东南有郧城故国。"

《古今图书集成·舆图部汇考三》:"云杜,应劭曰:《左传》'若敖取于郧',今郧亭是也。师古曰:郧音云。"

3. 云杜寺

《古今图书集成·安陆府部汇考》:"云土寺。在景陵观海村,一曰云杜寺。"

(三)随州境内

1. 㵐山(大洪山)

《水经注·㵐水》:"㵐水出县东南大洪山。山在随郡之西南,竟陵之东北。……时人以㵐水所导,故亦谓之为㵐山矣。"

《读史方舆纪要·卷七十七·湖广三》:"大洪山,(随)州西百二十里。山高险,四面陡绝,上有田畴,中襟大湖,一名大湖山。湖旁有龙斗崖及泉石诸胜。《水经注》:大洪山,在随郡西南、竟陵东北,盘基所跨,广圆一百余里。㵐水出于其阴,亦谓之㵐山。刘宋元嘉二十一年,诸蛮作乱,㵐山之蛮最强,沈庆之讨平之。宋靖康间,避寇者尝依此山立寨栅自保,贼竟不能破。又端平二年,蒙古攻洪山,宋将张顺等击破之。

今亦见安陆府京山县,盖境相接也。又《(随)州志》:㵐山,在州西南七十里,以㵐水经其下而名。"

《古今图书集成·德安府部汇考》:"㵐山,在(随)州南七十里。其地山川俱为㵐,又以名其乡焉。"

2.㵐水郡、郧州

《古今图书集成》:"西魏改定阳曰安贵,改北郧州为歊州,又寻废为㵐水郡,别置戟城郡及戟城县。后废戟城郡,改戟城县曰横山。开皇初,㵐水郡废,大业初又废横山县入焉。"又载:"(西魏)大统十六年庚辰置平靖关于义阳,故曰义阳。有三关之塞,此其一焉。又废㵐水郡,别置戟城县,又改为横山县。周明帝武成元年己卯,省岳山郡入安陆郡,即孝昌。寻改为安州,置总管府。又析岳州,置濮州。建德元年壬辰,省安州属襄州总管。复置岳山郡,又置环岳郡,领郧州总管。隋炀帝大业二年庚寅四月壬辰,诏天下改州为郡。废濮州,仍置安陆郡,设总管。省孝昌入安陆。寻更安陆为宣郡,更京池为吉阳。寻省入安陆,统县八。"又载:"(北周)明帝武成元年置安州总管府于安陆。后改安州为郧州。废城阳之应城,随州之㵐水,应州之平靖等县俱为镇。陈宣帝大建十二年,北周郧州总管,以所领九州八镇归于陈。陈复改郧州为安州。安州即德安府。"

3.㵐山(川)乡

明代李贤《大明一统志》:"随州四乡……㵐山乡,辖里四;㵐川乡辖里五。"

4.㵐阴亭

《古今图书集成·德安府部汇考》:"(㵐阴亭)在(随)州治西。宋张商英有诗。"

5. 㵐阳乡、㵐阳区、㵐阳人民公社

《随州市志》(2015年版):"随州市随县环潭镇㵐阳乡,位于湖北随州西南部,㵐水河穿境而过,属丘陵河谷地带。……1947年12月,……在佛垣寺设立㵐阳区,管辖今之㵐阳、大山两个乡和文昌街的几个村。……㵐阳区更名为洪山县第七区。……环潭镇、㵐阳区属洪山县管辖。1955年9月21日,洪山县撤销了第七区公所,恢复㵐阳区,并将唐城、史冲两乡划归枣阳市的清潭镇管辖,万和乡划归枣阳市的资山镇管辖,玉皇、钟家、胡家、财喜4个乡合并为钟家乡,皮家、龙合、佛垣、㵐阳4个乡合并为㵐阳乡,大山、卞棚、蜂洞3个乡合并为大山乡。1955年5月16日,洪山县并入随县之后,环潭镇、㵐阳区、廖寨区并存。1956年3月12日,廖寨区、㵐阳区撤销,隶属环潭区管辖,镇仍属县辖镇,下设街道办事处。"

6. 㵐潭铺、云潭铺、云潭港、云潭桥

清代道光《安陆县志·山水》:"㵐水又东南,经㵐潭铺,合㵐潭水。(《随州志》)"

清代光绪《德安府志·疆域中·山》:"浪水又经云潭铺,合云潭港水,即现光山东面之水,东南浪至应山境内马坪港。"又载:"云潭港,在随州南五十里。"

《古今图书集成·德安府部汇考》:"云潭,在(随)州南五十里。"又载:"云潭铺,由本铺南至紫石铺十里。以上四铺,俱明洪武初年建。俱各徭编三名,永充一名。光化铺,洪武初年建。由本铺南至沙陂铺二十里。徭编五名,永充一名。"

清代乾隆《大清一统志》:"云潭桥,在随州东南五十五里。"

7.云峰山

云峰山位于随州市境内大洪山脉北麓大洪山国家级风景旅游区内,海拔1055 m,属于北亚热带季风气候。气候温和、雨量充沛、林木茂密、绿草成茵、动物繁多,生态环境优越。

(四)天门、仙桃、潜江境内

1.鄖公邑、鄖乡、鄖国、鄖亭(天门)

《汉书·地理志》:"竟陵大城,楚鄖公邑。"

《水经注·沔水》:"巾口水西有竟陵大城,古鄖国也。"

清代《沔阳县志》:"鄖在竟陵,竟陵有鄖乡。"

《古今图书集成·舆图部汇考八》:"竟陵,侯国。有鄖乡。"

《古今图书集成·德安府古迹考》:"鄖子国,《沔志》云:鄖在景陵。《汉书·地理志》:景陵有鄖乡。《水经注》:巾口西景陵大城,古鄖国也。《通考》:鄖在江夏郡云杜县东南。……其景陵鄖国城,盖楚灭鄖子,封其臣斗辛为鄖公,称近邑,非鄖子故国也。今云杜太阳山下有鄖乡,旧为安陆境,在云杜东北,《通考》误为东南尔。"

《古今图书集成·安陆府部汇考》:"鄖亭,《汉志》:景陵有鄖乡。《水经注》:县故有鄖亭。《左传》所谓'若敖娶于鄖',是也。"

《古今图书集成·汉阳府封建考》:"《通志》《府志》合载周鄖公斗辛,楚所封鄖,即今竟陵、汉阳、汉川。"

2.鄖阳村(潜江)

今潜江市杨市街道办事处有鄖阳村。

3. 梦野亭(天门)

清代乾隆《大清一统志·安陆府》:"梦野亭,在天门县西南,一名梦野堂。《舆地纪胜》:在县子城西南隅,一目而尽云梦之野。"

4. 云梦城

《古今图书集成·安陆府部汇考》:"云梦城,在(景陵)县西,即古云梦泽。"

5. 斗穀於菟庙

《古今图书集成·安陆府部汇考》:"斗穀於菟庙,在(景陵县)官城村。"

(五)十堰境内

1. 涢水

《宋史·五行志》:"六月,均州涢水、均水、汉江并涨,坏民舍,人畜死者甚众。"

2. 郧阳府、郧县、郧西县

《古今图书集成·职方典·卷一》:"郧阳府,领郧、房、竹山、竹溪、郧西、保康六县。"

《古今图书集成·郧阳府部汇考》:"《府志》本府,按《禹贡》:郧属梁州之域。春秋以前为麇,为庸,为商。其在春秋文公十有一年,为周顷王三年,楚伐麇至于钖穴。又楚子败麇师于防渚。十有六年,为周顷王八年,楚使庐戢黎侵庸,又楚人、秦人、巴人灭庸,此麇、庸、钖、防入楚之初也。……隋更长利为郧乡……唐以郧乡属均州,旁有丰利县,以竹山置房州,领竹山、永清、上庸,改上洛郡为商州,领上津,而并隶山南东道。宋并丰利入郧乡……明洪武间,仍名房州以竹山并入,后降州为县,复置竹山、上津,与郧并隶襄阳,而郧又属均州,隶湖广下荆南道。成化十二年,都御史原公因房县去襄旷远,流贼作梗,奏以郧县建郧阳府,割竹山、尹店社置竹溪,割郧之武阳、上津置郧西,凡领县六,隶湖广下荆南道。随建行都司卫所以保障之,又设都察院。弘治十一年,又割房之修文、宜阳二乡建保康县,共领县七。至皇清顺治十六年,裁上津并入郧西,领县六。"

清代同治《郧阳志》记载:"自明成化始设抚治,驻郧阳,其属秦之金、商、汉中;豫之南阳;楚之襄阳、安陆、德安、沔阳、荆州、施南、宜昌及蜀之夔忠等处,皆其控制,山川联络,广袤殆数千里。抚治王以旂有图镌之碑。"

《古今图书集成·郧阳府部汇考》:"郧县,郧古麇国也。为《禹贡》'梁州之域',春秋为钖(同'锡')穴,属楚。战国属韩。秦属南阳郡。汉为锡、长利二县属汉中。武帝置十二州刺史部,改梁曰益,此为益州部。东汉以长利并锡,仍属汉中郡。建安十三年,属新城郡。魏明帝改锡为郡。至景初,又改锡郡以锡,属魏兴郡。晋又改锡为长利,属魏兴郡。隋为郧乡,属淅阳郡。唐属均州,隶山南东道县,旁有丰利县。宋并入郧乡为武当军节度,属京西南路。元仍为郧县属均州,隶襄阳。明因之。成化十二年,流贼作梗,都御史原杰奏立郧阳府改属焉。皇清因之,编户十九里。"

又载:"郧县儒学,旧在县东,成化十三年,设府升为府学。嘉靖十七年,知府许词奏建于县治之西南,中为大成殿,东西为两庑、为戟门、为棂星门。外以屏墙横之,启圣有祠,宰牲有所。右为明伦堂,东西为两斋,曰:进德、修业。后为教谕宅、为训导宅,左右为号舍,规制宏备,后俱毁。皇清顺治十八年,知府李灿然重修戟门、棂星门。通判仇昌祚重修屏墙、二坊,毁于火。后知县侯世忠复修之,至于启圣、名宦、乡贤诸祠,以及尊经阁、两庑、东西斋舍、左右号房,则至今废,坠终未修整焉。"

又载:"郧西县,古麇国地,春秋晋麇二国地。战国秦地。秦汉商县。东汉、三国、晋、南北朝郧乡、上津地。唐上津地。五代仍旧。宋均州地。元商州地郧县。明本郧、上津县地。成化十二年,割郧之武阳、上津之津阳置郧,西属郧阳。皇清因之,编户十七里。顺治十六年,并上津入郧西。"

又载:"《旧郡志》:四顾冈阜,低昂起伏,踊跃旋向,有天造地成之美。中多膏田沃壤,而陂堰水利又足以资灌溉耕耘,既裕伏腊有余,壮哉。此一邑也。僻居山间,地逼金商,溪流湍激,崖路陡峻,诚西北之遐,陬郧襄之极边也。《上津旧志》前式观军,后倚天桥,左据凤冈,右带夹河。吴誉闻郧志略:东带郧乡,西连商洛,白河扼其南,山阳附其背,溪流湍悍,鸟道陡回固,郧、襄之上游也。《旧县志》东连均阳,西枕金洵,南阻汉水,北抵商洛。山川环绕,冈阜重叠,一望平旷,二水交流,有天作之美,实秦楚之交界,郧、襄之藩屏也。"

又载:"郧西县学,在治西南,成化十三年,都御史原杰刱建,中为大成殿,旁列两庑,前戟门,又前为棂星门,后为明伦堂,旁列进德、修业两斋,博士两宅。弘治八年,知县刘理重修,又刱置泮池于戟门外。十四年,知县王才于棂星门甃石台,刱号房于东庑后,未就。主簿张谊成之。嘉靖九年,知县邵旸建启圣祠于学门内,又建敬一亭于启圣祠前,今俱废。仅存旧址。皇清顺治六年,知县贺绳烈于旧址盖茅屋三间。康熙二年,李昱重为盖之。七年,祝应晋增修正门、角门,余俱废,尚未修博士两宅,今权寓僧寺。"

3. 郧乡、郧关

《史记·货殖列传》:"秦末世,迁不轨之民于南阳。南阳西通武关、郧关,东南受汉、江、淮。宛亦一都会也。"《史记正义》注:"武关在商州。《地理志》云宛西通武关,而无郧关。盖郧当为徇。徇水上有关,在金州洵阳县。徇,亦作郇,与郧相似也。"

《汉书·地理志》:"钖,莽曰钖治。应劭曰:音阳。师古曰:即春秋所谓钖穴。武陵,上庸,长利。有郧关。师古曰:郧音云。"

东晋常璩《华阳国志·汉中志》:"郧乡县,本名长利县,县有郧乡。"

北魏郦道元《水经注·汉水》:"汉水又东径郧乡县南之西山,上有石虾蟆,仓卒看之,与真不别。汉水又东径郧乡县故城南,谓之郧乡滩。县故黎也,即长利之郧乡矣。《地理志》曰:有郧关,李奇以为郧子国。晋太康五年,立以为县。"

《通典·州郡七》:"郧乡(汉钖县也。古麇国地。春秋时,楚潘崇伐麇,至於钖穴,即此也。西晋改为郧乡。郧音云。)"

《通典·州郡三》:"(武当郡)武当,汉旧县。有古塞城在县北,战国时,楚筑以备秦。所据之山,高峻崄峭,今名大塞山。又有武当山。郧乡,汉钖县也。古麇国地。春秋时,楚潘崇伐麇,至于钖(杨)穴,即此也。西晋改为郧乡。"

《古今图书集成·舆图部汇考三十七》:"郧乡,汉钖县也。古麇国地。春秋时,楚潘崇伐麇,至于钖穴,即此也。西晋改为郧乡。"

《古今图书集成·舆图部汇考十五》:"郧乡令,本钖县,二汉旧县,属汉中,后属魏兴;魏、晋世为郡,后省。(晋)武帝太康五年,改为郧乡。《何志》:晋惠帝立,非也。"

《古今图书集成·郧阳府部汇考·郧阳府关梁考》:"郧关,在(平利)县境,《史记》'南阳西通郧关',即此。"

4. 郧郡

《古今图书集成·郧阳府部汇考》:"郧郡名山大谷,初属弃壤民多逋聚,因设郡县。假重镇以荣戴镇焉。西控秦蜀,东捍唐邓,南制荆襄,北连商洛郡。邑雄峙其中,犬牙相维,舟车萃止。昔人所称四塞,奥区三边重镇。"

5. 郧台

郧台即明清时期的郧阳行台,也就是郧阳提督抚治都御史行台,简称"郧台",是明清时期朝廷为处置流民、安定地方而设置的。自元至明,南山老林、巴山老林多聚流民。明初禁山,"使流民不得入"。成化十二年(1476年)二月,命左副都御史原杰前往荆襄,抚治流民。明代,郧阳府辖7县。清代,郧阳府辖6县,顺治十六年(1659年),上津县并入郧西县,郧阳府辖郧县、郧西县、房县、竹山县、竹溪县和保康县。郧阳府自明成化十二年迄清同治九年止,计407年。

6. 沄洲

《古今图书集成·郧阳府部汇考》:"沄洲,去(郧阳)郡东南五里。"又载:"沄洲渡,去县东四里。"

7. 郧山

明代王世贞《乙亥元日独坐试笔时余五十矣》:"江城铃阁隐欹梧,

竹影徐移拂茗垆。雪后郧山俱献玉,春来汉水不藏珠。将登服政心犹懒,欲数前非念已徂。了却朝天无一事,已拼清兴到屠苏。"

8. 郧山书院

《古今图书集成·郧阳府部汇考》:"郧山书院,御史于湛建,今废。"又载:"郧阳府儒学,旧为郧县学,在府治东南。洪武间,知县马伯庸刱建。成化二年,知县戴琰重修。十二年,置府升县学为府学。弘治十四年,都御史王鉴之以卑隘弗称鼎新之,并设乐器祭器。嘉靖甲申,都御史胡东皋移建于府治之北,后知府黎尧勋又改于府治之西。丙辰年,都御史章焕更迁于东门外,仍展城基环绕之,增一门曰时雨,即府学朝门也。中为大成殿,倾圮。皇清顺治十六年,御史张尚委推官骆士倩重修。戟门明伦堂、启圣祠、四斋、尊经阁、杏檀亭、博士宅、洙泗亭、时雨堂,而棂星门及两庑则后知府张文星所修也。"

三、湖北省内其他地区

1. 云池(宜都)

《古今图书集成·荆州府》:"云池,在(宜都)大江中,水涸则见。"

2. 云梦城(枝江)

《古今图书集成·舆图部汇考八》:"华容,侯国。云梦泽在南。杜预曰:州国。在县东枝江县有云梦城。江夏安陆县东南有云梦城。或曰华容县东南亦有云梦。巴丘湖,江南之云梦也。《尔雅》十薮:楚有云梦。郭璞曰:巴丘湖是也。"

3. 云梦宫(江陵)

《晋书·地理志》:"江陵,故楚都。编有云梦宫。"

4. 云梦宫、云梦山、云台山（荆门）

《读史方舆纪要·卷七十七·湖广三》："漳水，盖襄阳江陵之襟要矣。亦名建阳河，又名杨水，亦名大漕河。流入江陵县界。云梦泽在（荆门）州东北。旧盖与德安府之云梦相连。《汉志》注：编县有云梦宫。又今州西北四十里有云梦山，或以为云梦之浸旧至于此。今涇。"

清代乾隆《大清一统志·安陆府》："云梦宫，在荆门州西，《汉书·地理志》：'南郡编（楩）有云梦宫。'"

《古今图书集成·舆图部汇考三》："编（楩）有云梦宫。莽曰南顺。孟康曰：楩，音鞭。"

《古今图书集成·安陆府部汇考》："云梦山，与（当阳）青溪连，上有三石。高丈余方，广如之名曰钟鼓石。分列左右其上，可容数坐，石纹如棋枰，传为鬼谷。子手谈处，又传诸葛屯兵处，石色苍幽，时有岚气笼罩，亦奇观也。"又载："云台山，去（当阳）圆台山里许，上有灿霞观，古塔尚存。传为唐玉贞公主所建。陈宗逊撰文庚远书，碑山之东有赤土坡，鸿门冢仙女山。金鸡冢东南有双冢。"

5. 云台观（广水）

《古今图书集成·德安府部汇考》："云台观，在（应山）马鞍山上。"

6. 云公城（广水）

《舆地纪胜·卷八十三·随州》："云公城，在应山县东七里。高六丈。东临瀖水。"

明代马崙《德安府志·古迹》："云公城，在（应山）县台东七里，址犹存。"

《读史方舆纪要·卷七十七·湖广三》："平靖城，在（应山）县北五十里,西魏置平靖县,又置平靖郡。隋开皇初,郡废,县属应州。大业初,废入应山县。《志》云:(应山)县东七里有云公城,又县东百里大城山下有古城,亦曰大城。建置未详。"

清代康熙《鼎修德安府志》:"云公城,在应山县东七里。"

清代乾隆《大清一统志·德安府·古迹》:"云公城,在应山县东七里。《舆地纪胜》:东临漂水,高六丈。"

《古今图书集成·德安府·德安府古迹考》:"云公城,在应山东七里。"

7.云台山(老河口市)

明代正德《光化县志·山川》:"山之大者有二,汉东曰三尖山,汉西曰唐庙山,三尖山在城北六十里,发脉河南洞儿山,为邑治诸山之祖绵亘深远,半数内乡,越人于货者所凭依也。分四支皆西南行,城北五里云台山者,东一支也,西为红岩为白虎山者二支也,皆培塿不足数,再西而北为孙华山耸秀一方。南玉带山山腰白石纡回如带故产谷之区,称地侯者指属焉,迤南鱼鳞山、凤凰山,接连汉滨讫儿岩雄踞上游,邑西巨镇由三尖山而西彭家山分水岭,圻而南陈家港则内乡均州之壤胥接矣。"

清代光绪《光化县志》:"苏家河条:县西二十里,发源三尖山,经白水淤,由云台山西入汉。"又载:"任旺沟即小桥河水,至云台山东黑龙沟水会流注县河入汉。"又载:"红椿木沟条:县西十八里会杜草河,经云台山下至县河入汉。"

8.云阳山(麻城)

清代乾隆《大清一统志·黄州府》:"云阳山,在麻城县南五十里,山势迤西,皆平冈,有望花、乌石、青丘、五龙、高峰、豹子诸山,俗总呼为南山。"

何光岳《邧子国考》:"麻城县南五十里,有云阳山,都是因䢵子国所在而命名的……因为䢵姓,随着䢵国的迁徙,把云阳山的地名,自陕西迁到湖北麻城,又南迁到茶陵来了。"

9.云梦山(荆州)

《古今图书集成·荆州府》:"云梦山,在县西南六十里,崔嵬高拔,上有演武峡、召将台诸古迹与清溪鬼谷洞相连。"

10.䢵城(松滋)

明代李贤《大明一统志·卷六十二·荆州府·古迹·江陵县》:"䢵城,在府城南二百里。楚昭王封䢵公所筑,今松滋楚城亦号䢵城。"

清代乾隆《大清一统志·荆州府·古迹》:"䢵城,在松滋县东南五十里。一名楚城。楚昭王时䢵公所筑。"

四、全国其他省区市

(一)陕西

1.云阳山

《通典·州郡三》:"云阳,汉旧县,亦美阳县地。有故云阳宫,即秦之林光宫、汉之甘泉宫也。晋书云:即本匈奴铸金人祭天,所谓之休屠金人。有郑国渠、大白渠。"

2.云阳城

《读史方舆纪要·陕西二》:"云阳城,(泾阳)县西北五三十里。秦县。始皇二十五年,使蒙恬通直道,自九原至云阳。既而徙五万家于云阳。汉亦为云阳县,属左冯翊。后汉建武二年,赤眉自陇坻大略而东。邓禹拒之,不克,遂弃长安走云阳。又汉中王嘉败赤眉于谷口,就谷云阳,遂诣禹降。永康元年,东羌先零掠云阳。晋省。后复置。后魏属北地郡。后周置云阳郡。隋开皇初,郡废,县属雍州。唐贞观元年,改为池阳县。八年,复曰云阳。天授二年,置鼎州于此。大足初,州废,县仍属雍州。会昌四年,幸云阳校猎。乾宁二年,李克用败邠宁叛帅王行瑜,还军云阳是也。五代时,县属耀州。宋因之。金属京兆府。元至元初,并入泾阳。"

3. 云阳宫

《读史方舆纪要·陕西二》:"甘泉山,县西北百二十里,周回六十里。一名石鼓原,一名磨石原,亦曰磨盘岭,又名车盘岭。甘泉出焉。旧《志》云:山在云阳县西北八十里,登者必自车箱阪而上。阪在云阳县西北三十八里,萦纡曲折,单轨财通。上阪即平原宏敞,楼观相属。范雎说秦王,北有甘泉、谷口之固,即甘泉山也。汉七年,帝幸甘泉,以备匈奴。文帝三年,匈奴入北地,居河南为害,帝初幸甘泉。十四年匈奴入萧关,至彭阳,侯骑至雍甘泉。后六年,匈奴入上郡、云中,烽火通于甘泉。《长安舆地志》:甘泉山有宫,秦始皇所作林光宫周匝十余里。汉武帝元封二年,于林光宫旁更作甘泉宫,自是屡幸焉。宫周十九里,宫殿台观,略与建章相比。百官皆有邸舍,常以五月避暑,八月始归。其地最高,去长安三百里,望见长安城堞。又于宫城筑通天台,去地百余丈,云雨悉在其下。元朔五年,复立泰畤于甘泉,时亦谓之云阳宫。《汉纪》:太初元年,朝诸侯,受计于甘泉,作诸侯邸。是也。后往往朝会于此。宣帝亦数幸焉。甘露三年幸甘泉,匈奴呼韩邪来朝。黄龙初,匈奴复朝甘泉,元帝亦数幸甘泉。后汉时渐废。西魏时复修治。后周主邕数如云阳宫。唐贞观二十年,幸汉故甘泉宫,是也。《汉书音义》:匈奴祭天处,在云阳甘泉山下。秦夺其地,徙休屠王于右地,故云阳有休屠金人。屠,音除。又车箱阪,《水经注》谓之长箱阪。《志》云:即冶谷口往甘泉之道。"

4. 云阳县、云陵城

《读史方舆纪要·陕西三》:"淳化县在州城东二百里。本汉冯翊郡之云阳县地。宋淳化四年,始析县之黎园镇,置淳化县,属耀州。金改属邠州。今县城周四里有奇,编户三十三里。"又载:"云陵城,(淳化)县北二十里。汉昭帝母钩弋夫人葬此。始元中,置为陵邑,属左冯翊。元始四年,为王莽所废。旧《志》云:陵在甘泉山。盖县本云阳县地也。"

(二)湖南

1. 云阳山(茶陵)

南宋祝穆《方舆胜览》:"云阳,风俗颇有蛮风……云阳山,在茶陵县。"

南宋罗泌《路史·卷二十九·国名六》:"云阳,今茶陵西南十里有云阳山少昊亦居之。又在甘泉亦曰云阳山在冯翊云阳县今毕肆耀,非丹徒。"

《读史方舆纪要·湖广六》:"云阳山,(茶陵)州西十五里。有七十一峰,其大者,紫微、偓霞、石柱、白莲、隐形、正阳、石耳,凡七峰,其余岩洞泉石皆奇胜。旧《志》云:茶山高千五百丈,周回百四十里,茶水,发源山北,流陇下十里,合白鹿泉水,以入于洣。《史记》:炎帝葬于茶山之野。茶山,即云阳山。以陵谷间多生茶茗,故名也。州南百里有白鹿原,相传即炎帝葬处。"

《湖广通志·卷六》:"云阳山,州西十五里。有七十一峰,其大者,紫微、偃霞、石柱、白莲、隐形、正阳、石耳,凡七峰,其余岩洞泉石皆奇胜。旧《志》云:茶山高千五百丈,周回百四十里,茶水发源山北,流陇下十里,合白鹿泉水,以入于洣。《史记》:炎帝葬于茶山之野。茶山,即云阳山。"

何光岳《楚灭国后的移民迁徙》:"云阳山正因楚迁郳子国遗民于此,位山之南故名。唐武德四年,于云阳山之北,今攸县境内置南云州。云阳山之南,今鄞县西部也有云峰山,山下有云湫河,向西北流经安仁县,于江口街入永乐江。这些以云为号的地方,都是因郳国遗民活动区域而得名。"

2. 云秋山

云秋山与云阳山相距不远,《湖广通志·卷六》:"云秋山,(鄞县)县西四十五里。周八十里,高三千九百丈,云气惨淡,常若秋时。"

3. 南云州

宋代《方舆胜览·茶陵军·建置沿革》:"自汉以前沿革与衡州同,西属长沙国,武帝时封长沙定王子新为茶陵侯,汉为长沙县界,莽改曰声乡,齐属湘东郡,隋属湘潭,唐立南云州,仍立茶陵县,武帝因故县复置南茶陵县,即今理也。中兴以来,湖南路安抚提刑奏升军额知县,曰茶陵军,使兼知茶陵县事,仍隶衡州,今领县一治茶陵。"

(三)江苏

1. 郧邑(泰州海陵)

《郑樵·通志》:"郧氏,亦作妘,郧又去邑作云。嬴姓,子爵。祝融之后封于罗,号妘子,见《国语》。其地在今安州,云梦县犹有郧公庙焉。……又,吴有郧邑,今泰州海陵是。"

2. 郧(如皋)

《左传·哀公十二年》:"经:公会卫侯、宋皇瑗于郧。……传:秋,卫侯会吴于郧。公及卫侯、宋皇瑗盟,而卒辞吴盟。"

《左传·哀公十一年》:"(卫太叔疾)死焉,殡于郧。"

3. 郧城(如皋)

《魏书·鹿悆列传》:"鹿悆,字永吉。……俄出为青州彭城王劭府长兼司马……先是,萧衍遣将彭群、王辩率众七万围逼琅琊。自春及秋,官军不至,而两青士马,裁可万余。师次郧城,久而未进。"

4. 云阳邑(丹徒)

《汉书·地理志》:"曲阿,故云阳。莽曰凤美。"

《舆地志》:"曲阿县,属朱东,南徐之境。秦有史官奏:东南有王气,在云阳。故凿北冈,截直道使曲,以厌其气,故曰曲阿。"

(四)其他

1. 云梦山(河南叶县)

《古今图书集成·南阳府》:"云梦山,在(南阳府叶)县南六十里。"

2.云梦山(河南淇县)

又名青岩山,位于河南省鹤壁市淇县西部,在淇县城西15 km的太行山东麓。《旧唐书·卓行传》记载,甄济曾两度隐居云梦山。

3.云梦山(河北邢台)

位于太行山中段、晋冀交界的邢台市信都区冀家村乡石板房村,东距邢台市65 km,相传春秋战国时代纵横家鼻祖鬼谷子曾在这里修道。

第二节 安陆境内先秦时期古文化遗址

1979年以来,安陆市共发现古文化遗址44处,其中属于新石器时期的遗址和遗存19处。近年来,在第七次文物普查中,全市又发现古文化遗址31处,其中新石器时代11处,商朝和西周时期11处,春秋时期5处,战国时期1处。先秦时期主要古文化遗址如下所示。

一、跨屈家岭文化时期至商周时期的古文化遗址

(一)雷公镇张畈村女儿台遗址

位于雷公镇张畈村,呈椭圆形土台,高出地面3～6 m,南北长约100 m,东西宽约60 m,总面积约6000 m^2。1981年在此采集到石器和陶器。石器有斧,陶器有鬲、钵、罐等。有红陶、灰陶等。陶质为夹砂。纹饰有绳纹、附加堆纹。

(二)木梓乡张畈村遗址

位于木梓乡张畈村、天然村,1981年发现,总面积约6000 m^2,采集

到的标本多为陶片。陶质以夹砂为主,泥质次之。陶色以灰褐色为主,还有灰陶和红陶。纹饰有绳纹、附加堆纹等。器物有鼎、鬲、罐、盆等。

(三)王义贞镇汝南村四股台遗址

位于王义贞镇汝南村,长方形土台,高出地面 2～6 m,南北长约 60 m,东西宽约 40 m,总面积约 2400 m²,采集到石斧和陶片。

(四)辛榨乡牌楼村周遗址

位于辛榨乡牌楼村,表土层 30 cm,文化层厚约 40 cm,南北长 100 m,东西宽 80 m。1979 年 5 月发现。采集的标本有夹砂红陶和细泥灰陶片等。纹饰有篮纹、绳纹及素面。器物有盆、红陶杯、网坠、鼎足、鬲足、陶狗等。

(五)巡店镇周胡村神墩遗址

位于巡店镇周胡村,东临漳水,东西长约 100 m,南北宽约 40 m,总面积约 4000 m²,高出地面 3～4 m。1978 年在此采集到泥质灰陶、夹砂红陶的碎片。从纹饰和可辨的器物看,属石家河文化至西周时期文化。

(六)王家庙遗址

属新石器时代至西周时期文化,位于烟店镇周祠村一组。

二、商周时期的古文化遗址

(一)晒书台遗址

位于巡店镇肖堰村,东距府河 1 km,南距巡店镇 4 km。台址呈方圆形,高出四周平地 4 m,建在二层土台上,南北长 79 m,东西宽 76 m。相传,春秋时期孔子周游列国,途经此地,因行车不慎,马倒车翻,所运载的书籍全部落入河道。孔子忙让弟子捞起书籍放在此地晒干,然后驱车而去。当他走后,晒书的地方一晚上变成了一个大台子,后来,人们就称此地为晒书台。

1958 年至 1979 年,武汉大学、北京大学历史系考古专业部分师生以及孝感地区、安陆县文物管理部门实地试掘,发现大量文物,如石器(镰、斧、凿)、陶器(纺轮、网坠)、骨器(匕、簇)、铜器(削、镞)及卜甲等。该地属商周文化遗址。文化层深达 4.3 m,共分 8 层,五层及以下属商代晚期,出土有灰陶矮足长方形鬲、长颈大口尊、高颈罐、骨器及青铜箭镞。四层及以上属西周早期,出土有鬲、簋、豆瓯及敛口豆、方肩罐等。遗址靠东边的一块烧红土上,发现了卜甲 20 多片,它是古代占卜用的,是龟的腹甲(无钻、凿、火灼裂纹)。这种卜甲新石器时代晚期出现,盛行于商代,周代也有发现,湖北出土不多。晒书台遗址的发现对研究商、周疆域及政治、经济、文化在江汉平原一带的影响提供了实物资料。

(二)其他遗址

这一时期的其他古文化遗址:烟店镇冯庙村花台遗址、烟店镇王家庙遗址、巡店镇刘河村黄家凹遗址、巡店镇刘河村黄头山遗址、辛榨乡下坝电站遗址、辛榨乡高张村高家坡遗址、王义贞镇彭畈村高家畈遗址。

三、春秋战国时期的古文化遗址

(一)洑水镇死土岗遗址

位于洑水镇车站村死土岗,东距洑水 1 km,西距汉丹铁路 200 m,涢水从其西边 400 m 处流过。1981 年至 1985 年,该地做砖瓦厂,取土时多次出土铜器,如鼎、壶、戈、簠、剑、辖、衔等,共计 50 余件,时属东周。经发掘,发现系东周时期古墓葬群。

(二)洑水镇姚家湾遗址

位于涢水边的洑水镇板桥村姚家湾,呈长方形,南北长约 190 m,东西宽约 200 m,总面积约 3.8 万 m²,在此发现一些陶片和一把石斧。陶片以灰陶为主,红陶次之。纹形多为绳形。出土的器具有钵、豆等。此遗址属春秋早期。

(三)孛畈镇孛家湾遗址

位于孛畈镇孛家湾,清水河从遗址穿过。遗址东西长约 400 m,南北宽约 300 m,总面积约 12 万 m²。在此采集到的遗物多为陶片。陶色以红陶为主,灰陶次之。除素面陶外,纹饰有绳纹、弦纹等。器形有鬲、豆等,多为手工轮制。此遗址属东周时期。

(四)江家竹林遗址

位于府城办事处光明村(原十里村)江家竹林湾,故名。该处西临府河,东临汉丹铁路,南距府城 6 km。遗址东西长、南北短,面积

60万 m²。1981年孝感地区文物部门进行实地调查,在遗址西端临府河的断面上,发现厚约 2 m 的文化层,还有夯土痕迹,发现大型灰陶网坠 4 件,形同鹅蛋。从采集陶片可辨别的器形有灰陶豆、鬲口沿、厚板瓦、半筒瓦等,时代从战国沿袭到汉代。

(五)古城遗址

位于安陆市经济开发区新河村,遗址呈方圆形,高出地面 2~11 m,东、南、西三面有夯筑土垣残存,东西长约 80 m,南北宽约 70 m,有四门,总面积约 5600 m²。在此采集的陶片多为泥质灰陶和夹砂灰陶,器物有盆、瓮、釜、罐、豆、筒板瓦、铁罂及铜镞等。该遗址属战国晚期,清代道光《安陆县志》地舆图标有"古城"字样。

(六)其他遗址

这一时期的其他古文化遗址:棠棣镇花园遗址、烟店镇肖家湾遗址、烟店镇刘家湾遗址、烟店镇白店蔡家河遗址、烟店镇蒋陈家湾遗址、烟店镇双庙村桥湾遗址、烟店镇柏树村喻家湾遗址、木梓乡王店村桐树墩遗址、木梓乡江河村付家垱遗址、木梓乡天然村大坟头遗址、木梓乡杜档村刘家湾遗址、木梓乡张寨村五张遗址、木梓乡双杨村上彭家湾遗址、木梓乡建新村付家湾遗址。

第三节 江汉地域部分先秦时期古文化遗址

夏商周时期,由于中原文化向南传播以及大量北方部族往南迁移,推动了江汉地域农耕文明与青铜文明的演化与发展。江汉地域出土大量青铜器、陶器、玉器等,都带有浓郁的中原文化色彩,显示出中原文化对江汉地域的巨大影响。江汉地域分布众多商周至春秋时期的古文化遗址,其中孝感市域发现先秦古遗址 500 余处,出土国家一级文物 100 多件,二、三级文物 100 余件。江汉地域主要先秦时期遗址如下所示。

一、汉南区云水山古文化遗址

地处武汉市汉南区乌金农场蚂蚁河北岸、蒋家山南 1 km 处,面积约 2000 m², 文化层 1.5 m 至 2 m。出土文物有石斧、绳纹陶片。陶片以泥质红陶为主,另有少量砂褐陶和灰陶;纹饰有绳纹、弦纹;器形有鬲、罐、盘、豆等。

二、武汉市盘龙城遗址

全国重点文物保护单位,位于汉口城北 5 km 处黄陂区滠口镇叶店村,是一处商代大型文化遗址。遗址东西横距约 1100 m,南北纵距约 1000 m,有保存完好的大型宫殿基址。城外分布有居民住地、手工作坊、小型墓地、贵族墓地。该遗址是武汉地区迄今发现年代最早的古城遗址,距今约 3500 年。盘龙城遗址出土铜器有鼎、盂、鬲、簋、爵、觚和钺、镞、戈等,陶器以夹砂灰陶为主,有少量泥质黑皮陶;纹饰有绳纹、方格纹;器形有鼎、鬲、缸、大口尊、豆、瓮、勺、长颈壶等。其中高 85 cm 的铜大圆鼎、长 41 cm 的铜夔龙纹钺、长 94 cm 的玉戈等,都是中国文物中极为罕见的珍品。

三、武汉市蔡甸区陈子墩遗址

位于蔡甸区永安镇古迹岗村,新石器时代、商周遗址。面积约

2.2万 m^2，文化层厚 1 m 左右。采集有石斧、锛和铜刀、镞、矛、剑、锥及陶片。新石器时代陶片以泥质灰陶为主，夹砂褐陶次之，纹饰有篮纹、方格纹，器形有鼎、碗等，属石家河文化；商周陶片以夹砂褐陶为主，有少量夹砂红陶，纹饰有绳纹、弦纹，器形有鬲及网坠等。

四、武汉市汉南纱帽山遗址

1964 年，在纱帽山发现商周古文化遗址，在 1965 年的发掘中，出土有石斧、石锛、石凿、陶网坠、陶纺轮、陶鬲、陶豆、陶板瓦、铜斧、铜矛、铜蟠螭三连环、卜骨、鹿骨、狮骨等 100 余件，其中，完整的有 20 余件。距纱帽山 2 km 的李家湾，出土的商代晚期青铜尊《天兽御尊》，为国家一级文物，现作为湖北省博物馆镇馆之宝收藏。

五、云梦"楚王城"遗址

位于云梦县城关，为东周至秦汉延续使用的一座古城遗址，面积约 2.18 km^2。现存夯土城墙距地表高 2.7 m 左右，城墙外有护城河，河宽 43.6 m，古城总体呈东西长、南北宽的不规则长方形，中间一道南北向城垣（即中城垣），将该城一分为二。据初步考察，古城门按东西南北开设，东城门设在丁字口（又名金子口），面朝曲阳湖，另外三门各有一坡斜对城门，分别为珍珠坡、季堵坡（即现在的睡虎地）、黄土坡。古城内分布有新石器时代到汉代以后的居住遗迹，城外四周分布着东周至秦汉各个不同时期的古墓葬区。据清代雍正《湖广通志》、清代光绪《德安府志》、清代光绪《云梦县志略》等记载，"楚王城"系春秋时期吴师入郢、楚昭王奔郧时所筑。近年来，考古发掘证实，楚王城修筑于战国晚期，该遗址对于研究云梦地区有史以来的政治、经济、文化、军事有着极其重要的价值。

"楚王城"遗址复原模型

六、云梦好石桥遗址

1984年发现于云梦县义堂镇郧都村附近。其东城遗址为屈家岭文化晚期至石家河文化时期，系新石器时代晚期古城遗址。其西城遗址为商周至春秋时期文化古城遗址。据《江汉考古》1990年第2期刊载的《湖北云梦商、周遗址调查简报》，好石桥遗址，相传为郧国行宫，位于义堂区好石桥张杨湾西侧，滚子河通过遗址的北坡流入溃水。遗址为一长方形台地，高出河床7 m，面积7万 m^2，文化堆积层厚约4 m，出土大量陶片，辨认器形有鬲、盆、豆、缸等。

七、王家山古城遗址

位于云梦县城关镇和平村王家山,占地面积约 260 亩,清理发掘出了 7 座战国至秦汉时期的墓葬,出土了一批珍贵文物以及一座夯土城垣。从城垣出土文物的器形风格、文化元素和土层包容物分析,这座古城遗址属商代早期遗址。该遗址出土硕大商代青铜戈,系象征军事长官掌握军权的信物;发现了青铜冶炼铸造坊,出土了 30 多口坩埚,表明商代早期涢水流域已成为商朝控制青铜资源的军事要地。

八、汉川乌龟山遗址

位于汉川市境的南河乡,有座形如乌龟的石灰岩小山,高约 50 m,古代三面临水,适于人群栖住。1972 年冬,当地群众在采石时,发现双孔石铲 1 件、方纳玛象牙化石 1 枚以及剑齿虎牙和肿骨鹿角化石等。1973 年,湖北省考古队在此调查发掘,发现了古文化层。第一层厚 1 m 左右,出土有素面陶纺轮的灰陶片,陶鬲残片多为附加堆纹、绳纹等,此外还有铜鱼针以及铜器残片。第二层厚 1 m,出土红陶较多,多为绳纹,手制,并出土了石斧、石锛、石铲、烧红土、鬲足等计 50 余件。根据以上器物的特征,推断第一层为西周时期的文化层,第二层为新石器时代文化层。铜鱼针出土可证明,至少在西周时期涢水流域即有渔夫使用钓鱼工具用于捕鱼。

九、汉川神灵台遗址

位于田二河镇神灵台村,遗址高出地面约 2.5 m,东西长 120 m,南北宽 100 m,总面积约为 1.2 万 m²。距地表 50 cm 为文化层,厚约

1.5 m,上层灰土含陶片较多。下层褐黄土,土质较硬,含少量红烧土和陶片。根据采集标本分析,属于湖北龙山文化的陶器有陶罐口沿残片,灰陶和灰红陶较多,白灰陶极少。属于西周时期的文物有陶鬲足残片、红灰陶,上饰绳纹,有的肩部饰细绳纹。

十、孝昌草店坊城遗址

位于孝昌县花园镇陈林村,南依澴水河,北卧武家岗岗地。城址平面呈不规则长方形,由城垣、楼橹、城门、护城河组成,总面积1.6万 m^2。城址内采集的战国陶片,以泥质灰陶为主,有少量夹砂红陶,纹饰有绳纹、附加堆纹,器形有鬲、豆、罐、盆、瓮等。汉代陶片均为泥质灰陶,纹饰有绳纹、瓦楞纹,器形有罐、盆及筒瓦等。六朝陶片以泥质灰陶为主,泥质灰黄陶次之。位于遗址东北 500 m 处的武家岗墓地发掘墓葬 300 余座,出土文物 2000 余件,有东周时期的铜剑、铜鼎、铜印章、铜戈、铜矛及陶鼎、陶敦、陶壶、陶鬲等。草店坊城遗址应是鄂东北地区东周至秦汉时期一座重要的军事城堡,为研究东周楚城提供了一个重要的标本。

十一、孝昌墩坡遗址

位于孝昌县周巷镇青山村,新石器时代、西周时期遗址。为不规则台地,面积约 12 万 m^2,文化层厚 2 m,新石器文化堆积较厚,西周文化堆积较薄。南面临青山河,其余三面均有环壕,壕宽 60～115 m。采集和出土的陶片有夹砂灰陶、泥质红陶、黑皮陶、橙黄陶及磨光黑陶、彩绘红陶;纹饰有篮纹、绘纹及镂孔;器形有鼎、豆、罐盆、缸、纺轮、圈足碗等。该遗址是一处环壕遗址,保存较好,具有较重要的学术价值。

十二、孝昌台子湖遗址

位于孝昌县王店镇南,新石器时代、周代遗址。面积约 3.7 万 m^2,文化层厚 3 m 左右。出土新石器时代陶器以夹砂灰陶为主,有少量泥质橙黄、黑陶,纹饰有篮纹、附加堆纹、锥刺纹,器形有鼎、盆及陶球、器盖、纺轮等,属龙山文化;西周陶器有泥质灰陶绳纹鬲等;东周陶器以泥质灰陶为主,有少量夹砂褐红陶,纹饰有粗绳纹,器形有鬲、罐等。

十三、孝南区金神庙遗址

位于孝感市孝南区肖港镇金神村和汪梁村,商周、南北朝时期遗址。面积 24 万 m^2,文化层厚 1~1.5 m。遗址周边有环壕遗迹。出土遗物有陶鬲、盆、盘、尊、瓮、罐和瓷钵等,原始瓷片极为丰富。

十四、孝南区吴家坟遗址

位于孝感市城区东面,遗址呈圆形土台地,高出四周农田 1.5~3 m,直径 300 m,总面积约 6 万 m^2。遗址东紧靠滚子河,滚子河自东向西流入澴水。该处为新石器时代至东周时期古文化遗址。

十五、大悟四姑墩遗址

位于大悟县四姑镇四姑村,新石器时代、西周时期遗址。面积约 0.35 万 m^2,文化层厚 3~5 m。从断面分析,文化堆积由上层(西周)和下层(新石器时代)构成,下层堆积较厚,属屈家岭文化。遗址外围有宽 25~35 m 的环壕,深达 3~5 m,保存完好。

十六、京山水磨畈遗址

位于京山市三阳镇三王城村,商周、汉代遗址。南北长约800 m,东西宽约500 m,面积约40万 m²,文化层厚1.2～2 m。地表暴露有大量的陶片、瓦片和红烧土。遗址上层遗物丰富,采集陶片以泥质灰陶为主,有少量黄、橙陶和极少的夹砂红陶;纹饰主要为绳纹、弦纹,有少量网格纹、刻划纹和麻点纹;器形有罐、盆、瓮、缸、甑等,另外,板瓦、筒瓦和绳纹砖等建筑材料数量亦较多。下层土质紧密,含有少量绳纹红陶片,器形有鬲等。结合史料分析,水磨畈遗址可能为汉代新市故城。

十七、京山董家城遗址

位于京山市宋河镇董家城村,城址地处倒流河北岸,周边丘陵岗地环绕,平面呈椭圆形,南北长约150 m,东西宽约105 m。城垣周长650 m。东南西三面各有缺口一道,宽约1.5 m,应为城门遗迹。城垣外有护城壕遗迹。城址范围内采集陶片以泥质红陶和夹砂红陶为主,有少量的夹砂灰陶;纹饰有绳纹、弦纹等,可辨器形有鬲、罐等。经考古鉴定,该城址为商周时期城址。

十八、天门土城遗址

位于天门市石河镇土城村土城湾,西周遗址。面积约4.2万 m²。城垣平面略似鞋底状,南北长约510 m,东西最宽处约280 m。城垣外有壕沟遗迹。夯筑城垣残高约4～6 m,顶宽4～6 m,底部宽10～20 m。1982年、1989年两次试掘,发现整个城垣体构筑在石家河晚期文化层之上,城垣包含物中时代最晚的可见西周陶鬲残片。城内有大面积西周文化堆积和遗物。

第四节　安陆出土的部分先秦时期文物

一、商代

(一) 瓿

安陆市雷公镇姚河村征集。

年代:商。

质地:铜。

口径 19.3 cm,腹径 25 cm,底径 16.8 cm,高 18 cm,重 2797 g。

青铜铸盛酒或盛水器。侈口,方唇,短颈,鼓腹,圈足,平底;肩、腹部有饕餮纹主纹和云雷纹地纹;高圈足、底内敛,外饰一周云雷纹。

瓿

(二) 爵

安陆市烟店镇程巷村征集。

年代:商。

质地:铜。

口径 14.5 cm,腹径 6 cm,高 16 cm,重 361 g。

青铜铸酒器,用于温酒和饮酒。口沿微弧,上有两柱,前有倾酒用的流,后有翘尾;腹侧铸有半圆宽扁形把手;深腹,腹底有三高尖足。

铜爵是中国青铜器中最具代表性的酒礼器,是中国酒文化的代表。尤其在商代,它是最典型、最常见和最基本的酒礼器,是当时等级、身份标志的青铜礼器组合的核心器皿(西周以后礼器组合的核心为铜鼎)。铜爵这种作为特殊身份标志的功能源于夏朝。

爵

(三)觚

安陆市雷公镇姚河村征集。

年代:商。

质地:铜。

口径 14.8 cm,底径 9 cm,高 26.5 cm,重 955 g。

青铜铸饮酒器,相当于后世的酒杯。长身,喇叭形撇口,束颈,鼓腹,外撇高圈足。颈部凸起两道弦纹;腹部外鼓,主体饰变形饕餮纹,上下各饰一周联珠纹;腹部以下凸起三道弦纹,弦纹间对列两个镂空十字孔,十字孔造型源于远古时期象征人类在精神上崇拜太阳的图案装饰;下部至圈足撇口间饰变形饕餮纹,上下各饰一周联珠纹。

商代后期的青铜觚比前期觚高,喇叭口逐渐增大,器身变细,十字孔变小,腰部、足部常有凸棱纹。

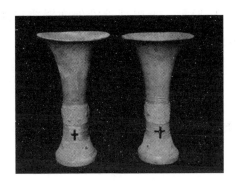

觚

二、周代

(一)鼎1

安陆市洑水镇出土。

年代:西周。

质地:铜。

口径 25.5 cm,腹径 26 cm,高 34.5 cm,重 7800 g。

鼎1

青铜铸礼器。圆形鼎,平折沿,方唇,沿口上有两对称立耳,深弧腹略垂鼓,圆底,三圆柱形足。上腹部近沿处饰饕餮兽面纹带一周,共四组,每组之间以小扉间隔。

(二)鼎 2

安陆市原种禽场出土。

年代:西周。

质地:铜。

口径 14 cm,腹径 16 cm,高 18 cm。

青铜铸礼器。扁圆形,平折沿,方唇,沿口上两对称立耳,圆腹略外鼓,平底,三圆柱形足。沿口内壁刻有铭文。

鼎 2

三、春秋战国

(一)鼎 3

安陆市桑树乡王家山出土。

年代:春秋战国。

质地:铜。

口径 28 cm,高 20 cm。

青铜铸烹、煮和盛、贮肉食类器皿。圆形鼎,平折沿,沿口下部铸有向上两对称立耳,浅弧腹,圆底,三兽蹄形足外撇;腹上部至沿口饰有回纹,回纹下饰有一周弦纹,双立耳饰有蟠螭纹。

鼎 3

(二)鼎 4

安陆市洑水镇死土岗墓地出土。

鼎 4

年代:春秋战国。

质地:铜。

口径 23 cm,高 26 cm。

青铜铸烹、煮和盛、贮肉食类器皿。

(三)鼎 5

安陆市原城关镇土产收购门市部征集。

年代:春秋战国。

质地:铜。

口径 21 cm,高 22 cm。

青铜铸烹、煮和盛、贮肉食类器皿。圆抓手弧顶盖,方唇,凸轮式子母口,深弧腹,圜底,三兽面蹄形足外撇,对称立耳,盖、身、耳饰蟠虺纹。

鼎 5

(四)盒

安陆市洑水镇死土岗墓地出土。

年代:春秋战国。

质地:铜。

口径 25 cm,腹径 26 cm,底径 15 cm,高 20 cm。

青铜铸盛食器。扁圆形;圆抓手弧顶盖,盖缘有两扣齿,以便扣合;肩部对称铸双环耳;折腹微鼓;平底;三钮足;通体饰窃曲纹,腹、肩部以一周弦纹间隔。

盒

(五)簠1

安陆市桑树乡王家山出土。

年代:春秋战国。

质地:铜。

长 30 cm,宽 24 cm,高 17 cm。

青铜铸盛食器,相当于后世的盘子;长方形,盖与器身形状相同,大小一致,上下对称,合则一体,分则成为两个盘式器皿。盖沿居中铸有起到固定作用的四个扣齿,以便扣合;器身满饰回纹,居中分别铸有对称兽首双耳。

簠是中国古代祭祀和宴飨时盛放黍、稷、粱、稻等饭食的器具,出现于西周早期,盛行于春秋,一度与鼎、豆等重要礼器放在一起成为青铜器组合之一,战国以后消失。其用途与簋相仿,属食器;据《周礼·舍人》载:"凡祭祀共簠簋……"因在祭祀时用于盛稻粱,故又称"祭祀盛粱器具"。

簠 1

(六)簠 2

安陆市洑水镇死土岗墓地出土。

年代:春秋战国。

质地:铜。

长 35 cm,宽 23 cm,高 20 cm。

青铜铸盛食器,相当于后世的盘子;长方形,盖与器身形状相同,大小一致,上下对称,合则一体,分则成为两个盘式器皿。盖沿铸有起到固定作用的六个扣齿,以便扣合;器身满饰回纹,宽侧面居中分别铸有对称兽首双耳。

第八章　鄖国影响　321

籅 2

(七) 籅 3

安陆市洑水镇死土岗墓地出土。

年代：春秋战国。

质地：铜。

长 22 cm，宽 14 cm，高 16 cm。

籅 3

青铜铸盛食器，相当于后世的盘子；长方形，盖与器身形状相同，大小一致，上下对称，合则一体，分则成为两个盘式器皿。器身满饰蟠螭纹,宽侧面居中分别铸有对称兽首双耳。

(八)壶

安陆市蒋家山出土。

年代:战国。

质地:铜。

长 12.5 cm,宽 9.5 cm,高 20 cm,重 1200 g。

青铜铸盛酒或盛水器。扁形,直口,方唇,平底,颈两侧有对称双耳,扁腹略鼓,腹部周身饰有蟠螭纹。

青铜壶始见于商代,西周壶一般为圆形,春秋壶多扁圆而方,战国壶则有圆形、方形、扁形和瓠形等多种样式。汉代称圆形壶为锺,方形壶为钫。

壶

(九) 剑 1

安陆市洑水镇死土岗墓地出土。

年代:春秋战国。

质地:铜。

长 44 cm,宽 4 cm,厚 0.5 cm。

剑 1

(十) 剑 2

安陆市洑水镇方棚村征集。

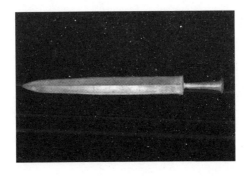

剑 2

年代:春秋战国。

质地:铜。

长 51 cm,宽 4 cm,厚 0.5 cm。

(十一)剑 3

安陆市河水区同兴村征集。

年代:春秋战国。

质地:铜。

长 41 cm,宽 4 cm,厚 0.6 cm。

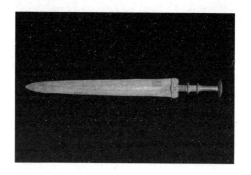

剑 3

(十二)剑 4

安陆市府城出土。

年代:春秋战国。

质地:铜。

长 48 cm,宽 4 cm,厚 0.8 cm。

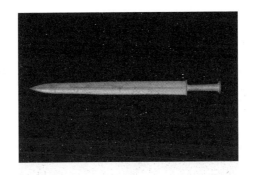

剑 4

(十三) 矛

安陆市洑水镇死土岗出土。

年代:春秋战国。

质地:铜。

图中左矛长 22 cm,宽 3 cm;右矛长 25 cm,宽 3 cm。

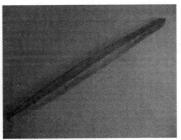

矛

(十四) 戈 1

安陆市桑树乡程畈村征集。

年代:春秋战国。

质地:铜。

长 13 cm,宽 8 cm,厚 0.5 cm。

青铜铸,古代冷兵器中的一种"勾兵",用于钩杀。长方内,中部一穿一孔;长援略弧,胡部三穿;脊凸、刃锐、锋利。

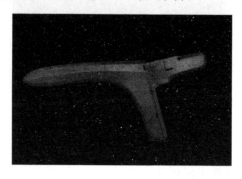

戈 1

(十五)戈 2

安陆市木梓乡征集。

年代:春秋战国。

质地:铜。

图中上戈长 19 cm,宽 11 cm,厚 0.3 cm;下戈长 20 cm,宽 17 cm,厚 0.3 cm。

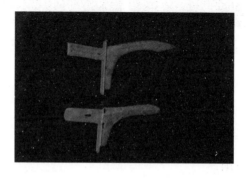

戈 2

(十六)削刀

安陆市河水同兴征集。

年代:春秋战国。

质地:铜。

长21 cm,刀宽1.2 cm,厚0.5 cm。

青铜铸,长柄椭圆銎,背厚,刃锐,尖锋,截面呈弯月形。削刀为工具,东周至秦汉时用来除去书写在木牍或竹简上的错字。

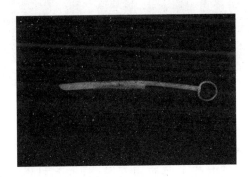

削刀

(十七)镞

安陆市洑水镇死土岗墓地出土。

年代:春秋战国。

质地:铜。

长3~6 cm,宽1~2 cm。

箭由羽、稿(箭杆)、箭头三部分组成。箭镞通称矢锋,即金属箭头;古时主要为青铜质,后改进为铁质。箭镞有圆形、扁叶形、双翼形、三翼形、三棱形、四棱形、双翼双尾形、三翼三尾形等。箭头嵌入箭杆一段相当长的部分称铤,起到使箭在飞行过程中保持稳定的作用。

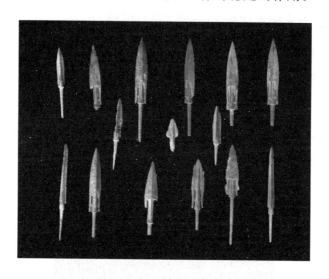

镞

人类在原始社会已开始用箭投射捕猎,目前发现最早的箭头距今28000多年。新石器时代主要使用石镞、骨镞和蚌镞。商代,箭镞已由青铜制作,除狩猎外,多用于战场,成为远射武器。中原以及周围游牧民族的箭镞多为双翼形,有的还有倒刺。双翼镞分为实心圆铤式和空心銎式:实心圆铤式是将镞插入空心箭杆进行固定;空心銎式是将箭杆直接插入镞尾部的孔中进行固定。中原地区常用实心圆铤式,游牧民族使用空心銎式。春秋末期开始出现三翼镞,也分为圆铤式和有銎式。三翼镞是镞头上分出三翼,断面向内凹呈三角形。战国、秦、汉时期的箭镞有了更大的发展,除常规形制外还有毒箭,即在箭头上铸有毒槽,把毒粉涂在槽内,加大杀伤力。另有一种传说,匈奴杰出的首领冒顿发明了"响尾箭",即"鸣镝",有铁制、骨制和竹制的,前端有锋刃,后面有铤,铤部上端带有3至4个小孔,借助强弓远射,飞行时发出声响,可起到发送信号或警报作用。

(十八)布币

安陆市原城关镇土产收购门市部征集。

年代:春秋战国。

质地:铜。

长5.6 cm,宽1.8 cm,厚0.2 cm,重15 g。

青铜铸货币。造型古朴,刻纹独特,为春秋战国至秦代流通的平首方足布。币形规整,方肩方足,币周有棱,币面首部有一圆孔,圆孔下以一竖体弦纹为中轴,左右对称悬针刻篆书体"货布"二字,左为"布"、右为"货";币背无字。

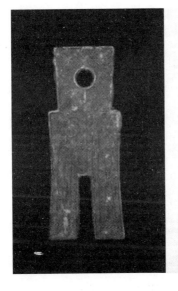

布币

布币是中国古代货币,因形状似铲,又称铲布。东周景王二十一年(公元前524年),开始铸造大钱——"布币",即"空首布"。"布"是"镈"的同声假借字,在古代通用。布币从青铜农具"镈"演变而来,主要在三晋、两周地区通行。按布币形状划分,可分为空首布、平首布两大类。最初的布币首部中空,保留着其作为农业工具的模样,留有装柄的銎,原始而厚重,有平肩弧足、斜肩弧足、耸肩尖足之分,称为空首布,主要流通于春秋初期的周王朝及晋、卫、郑、宋等国。后来为便于铸造和携带,逐渐减轻,变薄,变小,无銎,币身扁平成为片状,有尖足、方足、圆足等之分,称为平首布,主要流通于战国时期的韩、赵、魏、燕、秦、楚等国。平首布上面通常铸有地名或纪重的文字,如"安邑""晋阳"等地名,"一釿""十二朱(铢)"等币值单位。将钱币作成镈形,说明这一地区曾以此种农具作为交换媒介。秦始皇统一中国后废布币。西汉末年王莽复古,一度重造布币。

布币最初的制造工艺是泥陶子范铸币法,钱文刻在细泥片上,烧制成陶范,再浇注铜液。因工匠手刻钱文,故刀刻笔画上有锋棱,横截面呈"△"形,笔画起止处有明显的尖状收笔痕迹。战国时期,泥陶子范的使用改为古范。铲形币的铸造一直在不断演化,从最初的粗糙到后来的精致,无一不显示出古人的智慧以及社会的进步。造型先为空首再进化为平首,同时由尖足渐变为方足,继而为圆足,后来更是出现了单孔布、三孔布等多种币型。从一枚小小的铲形币就可以窥见中国社会历史经济的发展历程。

中国古钱币历史悠久,记载着各个时代的政治、经济、商业、宗教、艺术等信息,是人类社会发展重要的物质文化遗产。

(十九) 带钩

安陆市原城关镇土产收购门市部征集。

年代：战国。

质地：铜。

长 13.5 cm，宽 5 cm，厚 0.5 cm，重 117 g。

青铜铸腰带钩；水禽形，喙钩较短，身微曲，铆钮呈椭圆形。

带钩是古代贵族和文人武士所系腰带的挂钩，古又称"犀比"。多用青铜铸造，也有用黄金、白银、铁、玉等制成。带钩起源于西周，战国至秦汉广为流行。带钩是身份的象征，所用材质、制作精细程度、造型纹饰以及大小都是判断其价值的标准。

带钩

(二十) 马衔

安陆市洑水镇死土岗墓地出土。

年代：战国。

质地：铜。

长 22 cm，宽 4 cm，重 200 g。

马衔

青铜铸车马器部件。马衔放置马嘴里,两大环系缰绳,用于勒马、训马,方便驭马行车。从小小马衔便可联想到诸雄争霸的战国时期,勇士们驾驭战车厮杀疆场的壮观情景,可谓"金戈铁马战沙场,刀光剑影胆气壮,冲锋陷阵建霸业,区区马衔证国殇"。

(二十一)害辖

安陆市洑水镇死土岗出土。

年代:战国。

质地:铜。

径 10 cm,高 8 cm,重 400 g。

 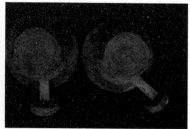

害辖

第五节　江汉地域出土的部分先秦时期文物

早在商周时期,迁徙到江汉地域的鄀人先民与土著"荆蛮""楚蛮"部族交流、碰撞、融合,创造了影响深远、瑰丽璀璨的长江文明,使中华文明的内容更加丰富,有力地推动了中华文明的发展进程。江汉汤汤,荆楚昭昭,鄂中地域出土灿若繁星的文物,系统展现了湖北地区从商代早期至战国时期的青铜文化和礼乐文化,展现了先秦时期江汉地域璀璨的地域文明。

一、兽面纹青铜簋

商代早期。高 18.4 cm,圈足径 15.4 cm,底径 22.5 cm。1989 年武汉市黄陂区盘龙城杨家湾 11 号墓出土。

兽面纹青铜簋

二、云目纹青铜鬲

商代早期。高 31 cm,口径 19.5 cm。1974 年武汉市黄陂区盘龙城李家嘴 1 号墓出土。

三、波折纹青铜爵

商代早期。高 16 cm。1963 年盘龙城楼子湾 2 号墓出土。

云目纹青铜鬲

波折纹青铜爵

四、《大(天)兽御》青铜尊

商代晚期。高 37.1 cm,口径 26.4 cm,重 6.6 kg。武汉市汉阳区纱帽山出土。

五、卧鹿立鸟

湖北云梦珍珠坡 1 号楚墓出土。木胎圆雕,器为卧鹿、凤鸟、鹿角三者以榫卯结合而成,高 86 cm。鹿作直颈伏卧状,侧首顾视,张耳无

《大(天)兽御》青铜尊

角,鹿腹上立凤鸟,翘尾振翅,张喙长鸣,鸟首生有对称鹿角。

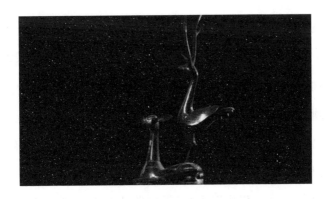

卧鹿立鸟

六、漆器

云梦县出土了大量战国秦汉时期的漆器,器形丰富,花纹精致,具有很高的文物研究价值,这些都印证着古郧国地域文化的繁荣。

漆器

七、青铜提梁卣

商代晚期。应城市刘家河湾征集。通高25.9 cm,口短径12.3 cm,口长径15.2 cm,腹深14 cm,兽蹄形足高5.1 cm,重3,3 kg。器体呈椭圆形,颈部两侧为一对半环耳,扭索状拱形提梁两端呈环形与半环耳套接。扁椭圆形盖隆起,盖面饰两组粗线条兽面纹。兽面为卷折角,角尾部翘起突出于器外;勾眉中满饰短竖线;方圆眼睛突起,中有长条形瞳孔;菱形尖耳;鼻、嘴部为突出器身向上翘立的尖喙;兽面额头饰有菱形图案。盖顶中心立一菌状捉手,盖沿内收成母口。器口内斜沿,器颈较高且外有一周承盖台面。卣身为圜底,以环耳为界,以浮雕形式饰一组相背而立的成年鸱鸮,无底纹。器底为四只外撇的短而粗壮的兽蹄形器足,足底部中空。

卣,商周时期的盛酒器,多被用于迎神和祭祖,主要具有祭祀和宴飨功能,是宗庙里常用的祭器之一,专门用来盛香酒。其造型通常为椭

青铜提梁卣

圆形、垂腹、圈足,在商代多装饰兽面纹、夔纹、鸮形纹,西周时期后多见鸟纹。

八、青铜斝、青铜爵

商代中晚期。1973年出土于应城县巡检公社孙堰大队村吴祠湾。铜斝周壁分两段,平底微凸,角足空心透底,柱上饰涡纹,腹部饰饕餮纹,侈口,口上双柱,柱钮作菌状,上饰涡纹,身旁一鋬,腹部分两段,分别饰三组兽面纹,平底略凸,角足空心透底。铜斝通高40 cm,柱高7.2 cm,足高15 cm,口径21 cm,腹径13.6 cm,壁厚0.2 cm。

铜爵置于铜斝之中。铜爵有流有尾,双柱对立流口处,内有铭文作刀形,腹饰饕餮纹,通高21 cm,足高10 cm,柱高3.4 cm,流长6.4 cm,壁厚0.2 cm。斝、爵为礼器,亦称酒器。《辞源》有"宗庙之祭,贵者献以

青铜斝

青铜爵

爵"之解,可见其尊贵。

九、玉璋

夏末商初,出土于黄陂祁家湾钟分卫湾 M1。通长39.2 cm,刃宽20 cm。整体呈灰白色,制作精巧,略呈长方形,上宽下窄,靠近底端有一圆形钻孔,上端刃部内凹呈弧形,下端呈长方形,底部两侧有突出的钮牙。玉璋的"肩"部可能原有"龙头"装饰,但由于不易保存,很可能早在夏朝时就已断裂不存,但当时人们并未将之丢弃,而是将断裂部位进行二次打磨并延续使用,很可能延续使用至商朝早期。

十、玉戈

商代。出土于黄陂祁家湾钟分卫湾 M1。通长 19.2 cm,宽8.5 cm,厚0.9 cm。戈整体呈棕黄色,有少量白斑,锋呈三角形,内近方形,有一圆孔,戈援起背。

玉璋

玉戈

十一、青铜戈

商代。宽平援,中有脊,援的后部有一圆形穿,直内,内双面饰有兽形图腾。弧长 18 cm,援长 18 cm、援宽 5 cm,脊厚 0.9 cm,重 0.31 kg。

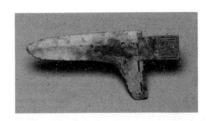

青铜戈

十二、青铜觚

商晚至西周早期。喇叭形口,束腰,腰间一箍,箍上饰兽面纹,小喇叭形底座,底座沿内收,座上饰兽面纹,系沿。口径 13.2 cm,底径 8 cm,通高 22 cm,重 0.64 kg。

青铜觚

十三、青铜簠

春秋时期。应山吴店公社双沙大队采集;盖与器形相同,大小一致,直口,平沿外折,方唇,腹斜收,素面平底,器曲足外展,上下两侧腹部各附加有兽首耳,沿下部和壁下部各饰一周夔纹,腹、足部各饰夔纹,盖面饰夔纹。通高 20 cm,身长 28.3 cm,宽 22.8 cm,足高 2.8 cm,重 4.67 kg。

青铜簠

十四、蚁鼻钱

战国时期。孝感龙店北水径咀出土,又称鬼脸钱,紫红铜,有绿铜锈。最大长 2 cm,宽 1.3 cm,厚 0.3 cm;最小长 1.8 cm,宽 1.1 cm,厚 0.3 cm。

蚁鼻钱

十五、青铜甑

战国时期。宽边沿,敛口,圆腹,圜底,底部有十三个圆形甑孔。整器较轻薄。口径 21 cm,高 7.5 cm,重 0.27 kg。

十六、青铜勺

战国时期。圆角长方形,浅腹,底微凹,柱状柄,上有箍,柄端龙首衔环。长 35.3 cm,重 0.285 kg。

青铜甗

青铜勺

十七、青铜舟

战国时期。云梦睡虎地 M9 出土。口径 14 cm,高 6.5 cm,重 160 g。铜质,敛口,弧腹下收,平底。两侧有对称龙形环耳。三级文物。

青铜舟

第六节 云人之梦——云梦泽

云梦泽,是先秦时期诸多史籍记载的江汉地域巨型沼泽。西汉司马相如《子虚赋》虚构了楚王在云梦古泽游猎的宏大场面,对其壮观景象作了令人目眩的描写。唐代诗人孟浩然《望洞庭湖赠张丞相》一诗留下千古传诵的名句"气蒸云梦泽,波撼岳阳城",令人心驰神往。人们最初认识安陆与云梦泽的关系,当来自李白的《上安州裴长史书》:"见乡人相如大夸云梦之事,云楚有七泽,遂来观焉。而许相公家见招,妻以孙女,便憩于此,至移三霜焉。"李白《秋于敬亭送从侄耑游庐山序》:"余小时,大人令诵《子虚赋》,私心慕之。及长,南游云梦,览七泽之壮观。酒隐安陆,蹉跎十年。"漫游四海、诗吟天下的李白之所以在江汉大地停下浪迹的脚步,而"酒隐安陆"、居家郧川,一个重要的诱因就是云梦泽的秀美风景。本节根据谭其骧《云梦与云梦泽》一文,探讨古代郧国(楚国郧邑)与云梦泽的渊源。

一、云梦泽，因郧人而得名

云梦，古代指"云（郧）人之梦"。上古时期，云人——郧人先祖，作为中原华夏文明南迁江汉地域的探路者，大约在尧舜禹南征"三苗"时期，开启迁徙江汉地域的进程，并与今天荆楚一带的土著"荆蛮""楚蛮"融合，开发长江中游的山林川泽，传播华夏文化，发展农耕文明。因此，上古时期人们称江汉平原为"云土""云中"。中国最早的地理著作《尚书·禹贡》记载："荆及衡阳惟荆州，江汉朝宗于海，九江孔殷，沱潜既道，云土梦作乂。"其后《史记·夏本纪》记载："荆及衡阳惟荆州；江、汉朝宗于海。九江甚中，沱、涔已道，云土梦为治。"这就是江汉平原水网川泽被称为"云梦"的语源。

"梦"，是古代郧、楚方言对草莽、沼泽的称谓，一般指云梦泽。云梦泽，"先秦九薮"之一。《周礼·职方氏》："（荆州）其泽薮曰云梦。"《楚辞·招魂》："与王趋梦兮，课后先。"东汉王逸注曰："梦，草中也。"南宋洪兴祖补注曰："楚谓草泽曰梦。"西晋杜预《春秋左氏经传集解》："南郡枝江县西有云梦城，江夏安陆县东南亦有云梦城，或曰：'南郡华容县东南有巴丘湖，江南之梦也。'云梦一泽，而每处有名者，司马相如《子虚赋》云：'云梦者，方九百里'，此泽跨江南、北，称云亦称梦也。"杜预根据司马相如《子虚赋》的描述，将云梦泽判定为一个横跨大江南北的超级水泽。

"云梦"又作"云连徒洲"。《国语·楚语》记载："（楚）又有薮曰云连徒洲，金木竹箭之所生也，龟、珠、齿、角、皮革、羽毛，所以备赋用以戒不虞者也，所以供币帛以宾享于诸侯者也。"韦昭注："楚有云梦，薮泽也。连，属也。水中可居曰洲；徒，其名也。"谭其骧《云梦与云梦泽》指出：

烟波浩渺的云梦泽

"这个'云连徒洲'应即《左传》《国策》等书中的'云梦'。"

云梦泽的得名与郧(妘、云)人有关。郧(妘、云)是上古时期最早迁徙江汉地域的中原部族,商代晚期郧人在今湖北安陆、云梦、京山一带建立部族方国,西周时期成为郧子国。郧、妘、云古音通假,郧是国名,妘是部族姓氏,云是郧国所在地区之名。《史记·楚世家》记载:"(定公四年)庚辰,吴人入郢。昭王亡也,至云梦。云梦不知其王也,射伤王。王走郧。"这里的"云梦"指今天的江汉平原,其东部即郧国所在地区。文中"郧"指郧国国都——今湖北安陆。《左传·定公四年》记载:"(吴入郢),楚子涉睢,济江,入于云中。"此"云中"即"云梦",是一个包括多种地貌、范围极为广阔的区域,春秋战国时期是楚王游猎区。

二、云梦泽，因故事而生动

南北朝刘义庆志怪小说《幽冥录》记载："楚文王少时好猎。有人献一鹰。文王见之，爪距利，殊绝常鹰。故文王猎于云梦，置网云布，烟烧张天……"

先秦古籍，往往称"云梦泽"为"梦"。西周时期，云梦泽东部大多属于郧国统治范围。这里成为郧国国君的游猎场。《左传·宣公四年》载，楚君熊仪曾娶郧女，生伯比。熊仪死后，伯比随母郧姬在郧国生活，与郧国小公主相恋，生下了斗子文。初生时，郧国夫人为防家丑外扬，"使弃诸梦中。虎乳之。郧子田，见之"。郧国国君救回这个老虎哺乳的婴儿，方知是自己的外孙，便君子成人之美，让伯比与女儿有情人终成眷属。

春秋时期，楚国相继吞并了云梦泽畔的郧国、州国、轸国等，囊括云梦泽而有之。云梦泽成为楚王的游猎场。《左传·昭公三年》载：郑伯到了楚国，楚子与郑伯"田江南之梦"。"梦"是云梦的简称。这两个"梦"既然是虎所生息可供田猎的地方，那么它不仅有湖泊、沼泽，也应该包括山林、原野。《左传·定公四年》载："（吴师入郢，楚子自郢出走）"涉雎，济江，入于云中。王寝，盗攻之，以戈击王。""云中"是"云梦"的另一名称。"云中"有盗贼出没，能危及出走中的楚王，也应该是湖沼、山林兼有的原野。

在《战国策》《楚辞》等战国时代的记载中，凡是提到"云梦"的，都离不开楚国统治者的游猎生活。《国策·宋卫策》："荆有云梦，犀兕麋鹿盈之。"犀兕麋鹿，全是狩猎的对象。又《战国策·楚策一》："于是，楚王游于云梦，结驷千乘，旌旗蔽天。野火之起也若云蜺，兕虎嗥之声若雷霆。有狂兕牂车依轮而至,王亲引弓而射,一发而殪。王抽旃旌而抑兕首,仰天而笑曰:乐矣,今日之游也。"这里所描写的是楚宣王一次大规模的田猎活动。又《楚辞·招魂》:"与王趋梦兮课后先,君王亲发兮殚青兕。"屈原说到他曾追随楚怀王的狩猎团队在"梦"中驰骋,怀王亲自射中了一头青兕。

据司马相如《子虚赋》:"臣闻楚有七泽,……臣之所见,盖特其小小者耳,名曰云梦。云梦者,方九百里。"其中有山,高到上干青云,壅蔽日月;山麓的坡地下属于江河;有各种色彩的土和石,蕴藏着金属和美玉。东部的山坡和水边生长着多种香草;南部"则有平原广泽","缘以大江,限以巫山",高燥区和卑湿区各自繁衍着无数不同的草类;西部"则有涌泉清池",中有"神龟、蛟鼍、玳瑁、鳖鼋";北部有长着巨木的森林和各种果林,林上有孔雀、鸾鸟和各种猿类,林下有虎豹等猛兽。楚王游猎其中,主要以驾车驱驰、射弋禽兽为乐,时而泛舟清池,网钩珍羞;时而到"阳云之台"等台观中去休息、享受。为了满足楚王和贵族游猎行乐的欲望,楚国在"云梦猎苑"修建了一些供楚王游憩的行宫。位于鄀邑境内、今云梦县楚王城遗址,即是其中之一。

三、云梦泽,因历史而变迁

根据《左传》《史记》等历史著作以及《楚辞》《子虚赋》等文学作品推导,先秦时期,云梦泽是一片由长江及其支流汉水等冲积而成、跨江南北的巨大沼泽,大体上北至大别山、大洪山以及桐柏山南缘,南及洞庭湖,约为今湖北武汉、安陆、云梦、孝感、钟祥、汉川、荆门、枝江、松滋、监利、洪湖等县境以及湖南洞庭湖一带,东西约在八百里以上,南北不下五百里,涵括江汉平原的众多平原、湖泊、山原地带,《周礼》《尔雅》等称为"九薮"之一。

新中国成立以来,考古工作者曾在这个范围内陆续发现了许多新石器时代和商周的遗址。春秋战国时期有楚、鄀(邔)、轸、蒲骚、州、权、那处、竟陵等国邑。《尚书·禹贡》所载荆州"云土梦作乂",意思是说原属云梦古泽的土地,经治水疏导,大量土地已经治理得可以耕种,人们在这里辛勤耕耘、收割庄稼。汉晋时期的"云杜",也写作"云土",即"云土梦"的简称。云杜县治今湖北京山,辖境跨汉水南北两岸,东至今应城,南至今天门,正是云梦泽的中心地带。这一地区,从天门石家河遗址看,自新石器时代即是农耕文明相当发达的区域,之所以春秋战国时代还保留大片荒芜沼泽,主要是因为楚国统治者长期霸占这片土地作为游乐之地——苑囿,以致禁止移民开发。因此,春秋战国时期楚国虽然定都于郢,但对郢都周围即今湖北中部江汉平原一带的城邑的记载,反而不如今豫皖境内淮水两岸那么多。

云梦游猎区作为"禁苑"的历史,大致到公元前278年结束。这一年,秦将白起攻下郢都,向东占领了安陆。楚国被迫放弃江汉腹地,将国都东迁于陈。从此秦代替楚统治了这片土地。秦都关中,统治者不需要跑到楚地来游猎,于是原来作为楚国禁地的云梦被开放了,其中的可耕地逐步为移民开垦,山林中的珍禽猛兽日渐绝迹。到半个世纪后秦始皇统一全国之时,云梦泽的广袤地区出现大量的县级地方行政单位。秦所设的南郡管辖十四县,囊括今江汉平原。秦之安陆县,管辖地域大约相当于古云梦泽东部。因此,《史记·秦始皇本纪》记载秦始皇三十七年(公元前210年)南巡"行至云梦"(今湖北安陆),仅对着九嶷山望祀虞舜,便浮江东下,不再在此举行大规模的田猎。

先秦的云梦游猎区到了西汉时代,大部分已垦辟为邑居聚落,但仍有一部分山林池泽大致上保持着原始面貌。封建王朝在这里设置了专职官吏,对采捕者征收赋税,这种官吏被称为云梦官。云梦官见于《汉书·地理志》的有两个:一个设在荆山东麓今荆门、南漳之间的楩(编)地,一个设在大别山南麓的西陵。东汉时期,云梦泽所在的华容县设有云梦长,见应劭《风俗通义》,这很可能沿袭秦汉旧制。楩(编)地的云梦官,一直到西晋时还存在(见《晋书·地理志》)。估计云梦泽的开垦,当在永嘉之乱后中原流民大量南移之后不久。

唐、宋时期,云梦泽主体日渐浅平,大多填淤成陆。北宋初期,云梦泽基本上消失,大面积的水体为星罗棋布的湖沼所代替。目前,江汉平原上仍星罗棋布地分布着被称作"鄂渚"的200多个大大小小的湖泊,正是古云梦泽被分割、解体而残留的遗迹。

第七节 鄅国之河——涢水

日下涢川暮,烟横梦泽秋。

涢水,又称府河,是长江一级支流,自今湖北随州境内大洪山发源,经安陆、云梦、应城、孝感、汉川、黄陂、东西湖等地,至汉口谌家矶注入长江,全长385 km。涢水(府河)沿途汇纳㴇水、溠水、溲水、漂水、潆水、均水、清水、洑水、灈水、漳水等主要支流,形成相对独立的水系,流域面积15208 km²,称为涢水(府河)流域。历史上涢水有不同的名称,清华简《楚居》称"发渐",《左传》称"清发水"。战国时期,府河开始被称为涢水。其后,涢水又称涢(鄅)河、涢(鄅)江、涢(鄅)川、涢(鄅)溪、沧浪水以及府河。府河这一名称延续至今。

府河

一、涢水（府河）始名"发渐"，在西周初期

"发渐"这一名称见于清华简《楚居》。清华简《楚居》共16支，为楚国史官所撰，历叙从楚人始祖季连到楚悼王（约公元前280年）等23位楚之先王（约为商代至战国中晚期）的居住地和迁徙情况，是研究楚国历史地理的重要出土文献，形成时间大约在楚肃王至楚怀王时期（约公元前370年—公元前323年）。其中记载："季连初降于隈山，抵于穴穷，前出于乔山。宅处爰波，逆上洲水，见盘庚之子，处于方山。女曰妣隹，秉兹率相，詈游四方。季连闻其有娉，从，及之盘，爰生盈伯、远仲，毓徜徉，先处于京宗。穴酓迟徙于京宗，爰得妣湛，逆流哉水，厥状聂耳，乃妻之，生侸叔、丽季，丽不从行，溃自胁出，妣湛宾于天，巫并赅其

胁以楚，抵今日楚人。至畲狂亦居京宗。至畲绎与屈紃，使鄀嗌卜徙于夷屯，为楄室。室既成，无以内之，乃窃鄀人之犆以祭，惧其主，夜而内尸，抵今日夕，夕必夜。至畲支、畲旦、畲樊，及畲赐、畲渠尽居夷屯，畲渠徙居发渐。至畲艾、畲挚居发渐，畲挚徙居旁屽，至畲延自旁屽徙居乔多，至畲勇，及畲严、畲霜，及畲雪，及畲训、畲号，及若敖畲义皆居乔多，若敖畲义徙居鄀，至楚冒畲帅自鄀徙居焚，至宵敖畲鹿自焚徙居宵。至武王畲彻自宵徙居免，焉始称王。"

上述记载中"……畲渠徙居发渐。至畲艾、畲挚居发渐……"，意思是楚王熊渠移居到发渐。到了熊艾、熊挚时期，楚人还住在发渐。熊挚后来从发渐迁徙到盘屽。熊渠（？—公元前877年），芈姓，熊氏，名渠，楚王熊杨之子，楚国第六任君主（公元前886年—公元前877年在位），系楚国始封之君熊绎的第五代后裔。在位期间，熊渠趁周王室衰弱和中原动乱之机，开始开疆拓土的进程，相继攻打庸国（今湖北竹山）、扬越（今湖北江汉平原）、鄂国（今湖北鄂州、武汉一带），将楚国势力推进至江汉平原，使楚国开始雄踞南方。熊渠蔑视周朝，离经叛道，僭越封长子熊毋康为句亶王、次子熊挚红为鄂王、少子熊执疵为越章王，继续侵并江汉流域，不断扩张楚国地盘。清华简《楚居》关于"发渐"的记载说明，楚人自熊渠时期开始迁徙到"发渐"，时间在西周初期即公元前880年前后。

至于"发渐"在哪里，《学灯》第十八期发表子居《清华简〈楚居〉解析》一文认为："发渐，似即清发。今湖北省安陆市境内㵐水。《左传·定公四年》：'吴从楚师，及清发，将击之。'……熊渠所迁居的'发渐'，疑是指清发水源头的大洪山地区。"也就是说，㵐水上游的大洪山腹地曾经也是楚国的发祥地。㵐水，初名"发渐"，至今已有2800多年历史。

二、涢水（府河）古名"清发"，出现于春秋时期

最早记载"清发水"之名的史籍，是春秋时期的《左传》。吴、楚争霸战争，让涢水（府河）进入人们的视野。公元前506年，吴国出兵伐楚，在今湖北麻城一带的柏举之战中大败楚军，并乘胜追击，一路向楚国腹地推进，双方在今湖北安陆境内的涢水（府河）流域发生了清发水之战。《左传·定公四年》："吴从楚师，及清发，将击之。夫概王曰：'困兽犹斗，况人乎？若知不免而致死，必败我。若使先济者知免，后者慕之，蔑有斗心矣。半济而后可击也。'从之，又败之。楚人为食，吴人及之。奔，食而从之，败诸雍澨。五战及郢。"

在涢水流域的这场战役中，吴王阖闾采纳其弟夫概的建议，趁楚军"半渡"之时发动袭击，大败惊惶奔逃的楚军。接着，势不可挡的吴军在雍澨之地（今湖北京山境内），再次大破楚军，连战皆捷，一鼓作气攻占楚都郢（今湖北荆州）。

关于"清发"，西晋杜预《春秋左氏经传集解》："清发，水名。"

北魏郦道元《水经注·涢水》："涢水出蔡阳县。涢水出县东南大洪山，山在随郡之西南……时人以涢水所导，故亦谓之为涢山矣。涢水东北流合石水，石水出大洪山，东北流注于涢，谓之小涢水……涢水又径随县南、随城山北而东南注。又，南过江夏安陆县西。随水，出随郡永阳县东石龙山，西北流，南回，径永阳县西，历横尾山，即《禹贡》之陪尾山也。辽水又西南，至安陆县故城西，入于涢，故鄙城也。因冈为墉，峻不假筑。涢水又南径石岩山北。昔张昌作乱，于其下笼彩凤以惑众。晋太安二年，镇南将军刘弘遣牙门皮初与张昌战于清水，昌败，追斩于江溠。即《春秋左传》'定公四年，吴败楚于柏举，从之，及于清发'，盖涢

水兼清水之目矣。"

唐代李吉甫《元和郡县志》:"涢水,故清发水也。"

清初顾祖禹《读史方舆纪要》:"涢水,亦名清发水……晋太安二年,镇南将军刘弘遣牙门将皮初与张昌战于清水,斩之,亦即涢水矣。"

从史籍资料看,大体上春秋时期至晋代以前,涢水(府河)称清发水。即使是战国时期称"涢水",两个称谓也是并用的。

涢水得名"清发",距今已有2500多年。

三、战国以后,"涢水"之名开始见诸史册

"涢水"这个名称,见于出土的战国时期文物,距今2300多年。

从现有的史籍资料和出土文物考察,虽然安陆长期作为西周时期郧国、春秋战国时期楚国郧邑的首府,管辖地域甚至比后来的安州、德安府更广阔,但流淌在古郧国大地的这条母亲河并没有被称为"涢水"。直至战国时期"鄂君启节"出土,"涢水"之名才开始出现。

1957年安徽寿县楚寿春城遗址出土"鄂君启节",开始出现有关涢水商业航运的记载。其所记年代约为楚怀王时期。其中"舟节"详细记载了各条水道与楚都郢的水上贸易航线,主要包括沽、汉、夏、涢、江、浍、湘、耒、资、沅、澧等12条河流,并记载鄂君的商船在涢水、资水、沅水、澧水等口岸或市镇得到楚国的优惠政策,享受免税的相关情况。

"鄂君启舟节"(噩君启舟节)通高31 cm、宽7.3 cm、厚0.7 cm,形似剖开的竹节,铸造于楚怀王六年(公元前323年)。铭文字数,黄金丝镶嵌铭文163字(其中重文1、合文1)。其铭文释文为:

"大司马邵□□□帀(昭阳败晋师)于□(襄)陵之□(岁),□(夏)□之月,乙亥之日,王□(处)于□郢之游宫,大攻(工)尹□台(以)王命,命

集尹□□(怊□)，□(织)尹逆，□□(织令)□，□□(为鄂)君启之□□□(府就铸)金节，屯三舟□(为)一舿(舸)，五十舿(舸)，□□(岁赢)返，自□□(鄂市)，余油(淯)，□滩(上汉)，就□(谷)，就芸昜(郧阳)，逾滩(汉)，就□(襄)，逾□(夏)，内□(入涢)，逾江，就彭射(泽)，就松昜(枞阳)，内□(入泸)江，就爰陵，□(上)江，内(入)湘，就□(□)，就□昜(洮阳)，内□(如□)耒，就□(郴)，内□(入濆、资)、沅、澧、□(油)，□(上)江，就木□(关)，就郢，见其金节□母□(则毋政、征)，母□橾(毋舍、舍馔)飤，不见其金节□□(则政、征)，女(如)载马、牛、羊，台(以)出内□□□(入关则征)于大□(府)，母□(毋征)于□(关)。"

关于府河何时称"涢水"，学界也存在争议。

谭其骧主编的《中国历史地图集》称："战国时，有涢水河流图，但无名。东汉时，始称涢水。"谭其骧先生所说的"东汉时，始称涢水"，依据是东汉地理学家桑钦的《水经》。《水经》记载："涢水出蔡阳县。东南，经随县西。又南，过江夏安陆县西。又东南，入于夏。"其后，地理著作都称府河为"涢水"。如唐代《元和郡县志》："安州，其城三重，西枕涢水。"

涢水得名，来由有二。

其一是涢水流域主要在古郧子国境。涢水干流流经的安陆、云梦、应城、孝感、汉川以及汉口、汉阳等地，都是郧国(楚国郧邑)所属地域。其二是涢水的源头来自涢山即今湖北随州境内的大洪山。涢水绵延约八百里，巍巍大洪山是其发源地。"大洪山"也称"涢山"。《水经注·涢水》："大洪山，山在随郡之西南、竟陵之东北……涢水出其阴，亦谓之涢山。"

大洪山位于湖北省中北部，西临襄阳、钟祥江汉谷地，东接襄汉走廊和涢水河谷丘陵,南连江汉平原,北与桐柏山遥相呼应,横跨随州、荆门两地之曾都、钟祥、京山等县区,余脉绵延至宜城、枣阳等地,盘基百里,山脉轮廓略呈三角形,长约 160 km,宽 20~70 km,涉及范围近万平方千米。主体山脉呈西北—东南走向,群峰耸立,层峦叠翠,因其山多雨,常发洪水而得名。这里山高林密,河溪密布,泉水和地表水丰富,成为鄂中诸水发源地。

水利部门勘测,涢水有两个源头,称大涢水、小涢水。大涢水是其正源,起自大洪山主峰北麓的灵官垭海拔 1042 m 的斋公岩,古称洪山河,也称洪沙河,长 38 km。随州长岗镇柳林子湾因地处涢水源头而得名涢水村。由柳林子湾依山上行千余米,为天然岩洞双门洞。《大洪山志》记载,此洞"深宵崎仄,水势常满,人不能入"。该洞两壁陡立,瀑布飞流直下,是府河最初的源头。小涢水源自大洪山西北之小寨子山,古称双水,今称双河,长 22 km。大小涢水至随州境内的茅茨畈合流为涢水主干。

清代《大洪山志》记载:"大洪山,古迹名太湖山,以涢水所导又谓之涢山……循溪而北,为长冈店,地多泉源,涢水出焉……为入鄀之路。西北出为中坪,再下为下坪,有泉三泓,其源最盛,涢水所从出也。""悬钩山,在山之西麓,体与相连,以灵官垭为咽喉。其脉起桐柏胎簪山,西北自春陵蜿蜒而下,历天桥、寨子等山,至此特起危峰,与大洪竞翠比秀,双峙撑空……南有状元屋基,北有养马屋基,涢、富二水之源于洪山者分派于此,南出白龙池者为富水,北出长冈店三眼泉等处者为涢水。寨子山,在山麓西北四十里,一名戴紫山,亦名太阳山。秀峰高耸,四面陡峻,其西毗连一山,名曰小寨子山。山之水东流,经顾家畈,又东北与太和店水合流,至茅茨畈入涢水。"又载:"涢水,出山之北麓,名泉数十泓，而长冈店与三眼泉为正源……涢水北流，经茅茨畈东抵洪山河，汇纳众流，西与小涢水会。水出娥皇洞，亦名石水。泉自洞中流出，东北经双河店又东北至茅茨畈西，又北，东至石牛河入大涢水。"

"大洪山"在汉代也称绿林山，晋、唐至明、清也曾称大（太）湖山。宋以后多称"大洪山"。明代陆应阳《广舆记》："京山有大洪山，上多异迹。东安鄂，西襄郧，南江汉，一览而尽。"清代顾祖禹《读史方舆纪要》："大洪山，（随）州西百二十里。山高险，四面陡绝，上有田畴，中襟大湖，一名大湖山……涢水，在（随）州西。《水经注》：'涢水出大洪山，东北流，折而东南，经随县西，又经随县南而东南注，下流入安陆县界'，是也。"

《古今图书集成·汉阳府部汇考·汉阳府山川考》："涢水，在（汉阳）县治西北一百里。《旧志》曰：其源出陪尾，经德安、孝感至此。名涢口者，岩流入汉也。晋陶侃为杜曾所败，将奔涢口，即此。《通典》：安陆县有涢水，亦名涢口，境内临嶂山，晋安陆县治在焉。唐人有诗云：暮雨不知涢口处，春风直到穆陵西。《水经注》：涢水又南分为二水，东通滠水，西入于沔，谓之涢口也。"

从战国至今，"涢水"这个称呼至少用了 2300 年。

四、宋代以后，"涢水"通称"府河"

清代光绪《德安府志》："德安府之水以涢水为纲，群流络属。"

民国时期编纂的《清史稿·地理志》："汉水，自沔阳天门来，入汉阳。东，涢水自云梦、应城入，沧河、西河（今大富水）、汉水皆注之，下流至夏口入汉，谓之涢口……南，沧河，即澴水下流也，上通涢水，东会澴水入江。汉水自汉川缘界会涢水，曰涢口……涢水，亦曰府河，即清发水。《左传》：'吴败楚于柏举，从之，及于清发'，是也。"今人编纂的《随州志》："府河本名溳水，因其流经古德安府辖州、县而得名。溳水古名清发水，又称溳川……源于大洪山北麓……从武汉市新沟入汉水。1959年，其下游治理水患，改道向东会澴水经黄家涝到谌家矶入长江……府河源头一支名大溳水，即洪沙河，源于大洪山灵官垭，潜流过双门洞，纳文家河、长河、老垱、杨树河、栗树河诸溪汇为大溳水，全长38 km；另一支名小溳水，又称双河，源于小寨子山，纳洞泉水、垱水、暖水、新河（即冷泉水）汇为小溳水，全长22 km。大小溳水于茅茨畈汇成水主干。"

溳水之所以称府河，是因其流域大部在德安府境内。德安府设置于北宋时期宋徽宗宣和元年（1119年），因宋神宗曾任安州观察使，援例升安州为德安府，府治今湖北安陆，领安陆、应城、孝感、应山、云梦五县；元世祖至元十五年（1278年）德安府加领随州。止于1912年清朝灭亡，德安府前后存在约800年。

五、溳水，拥有众多别称

魏晋至唐宋乃至明清时期，溳水别称众多：溳川（鄖川）、潒头、溳江（鄖江）、溳溪（鄖溪）、溳河（鄖河）、石潼河、沧浪水等。

（一）溳川、鄖川

《晋书·文苑列传》："赵至，字景真，代郡人也，寓居洛阳……至诣魏兴见太守张嗣宗，甚被优遇。嗣宗迁江夏相，随到溳川，欲因入吴，而嗣宗卒，乃向辽西而占户焉。"赵至是晋代名士，曾追随"竹林七贤"中的嵇康，后来跟随任江夏（治所在今湖北安陆）相的张嗣宗到溳川（溳水）

做官,善于断狱。

司马光《资治通鉴》:"义熙元年春正月……桓振还,望见火起,知城已陷,其众皆溃,振逃于涢川。"义熙元年,即公元405年。桓振是东晋名将,是权臣桓玄的侄子,作战勇猛,但暴横无行,曾任江夏相,窃据涢水之滨的安陆参与桓玄叛乱,桓玄败死后,他继续顽抗,兵败战死。对此,《读史方舆纪要》记载:"郧城,今府城。春秋时郧子国也……义熙初,桓振据江陵,为刘毅等所败,逃于郧川。既又自郧城袭江陵。郧城在郧川,故有二名也。"

《中国古今地名大辞典》:"涢水,亦曰郧川,出湖北随州西南大洪山,北流合诸水,折东南又折南,经应山,至安陆分为东西两支,流经云梦,东支纳贷囊港,西支受漳水两流复合,又东南经应城,东通东台、西台诸湖,又经汉川,其入汉之处名涢口。"

"涢川"一词屡见于文学作品。

中唐诗人李涉有《经涢川馆寄使府群公》:"涢川水竹十家余,渔艇蓬门对岸居。大胜尘中走鞍马,与他军府判文书。"

中唐诗人张祜有《涢川寺路》:"日沉西涧阴,远驱愁突兀。烟苔湿凝地,露竹光滴月。时见一僧来,脚边云勃勃。"

明代安陆人、曾任四川巡抚张瓒有《通济桥纪略》:"城西坝口旧为濠堤,东北山涧之水合流冲决为大坎,水流西南入于涢川。"

清代举人王旒有《游金泉寺》:"涢川藏古寺,视听隔尘寰。霜叶沉人语,晴云醒佛颜。渔歌入浦远,帆影过窗间。欲赠重来者,清苍满碧山。"

涢水

(二)漂头

南北朝时期,府河也称"漂头"。清代道光《安陆县志》记载:"城西北二十里,亦曰漂头,涢水之别名也。杜佑曰:水所冲曰漂。梁大宝初,西魏将杨忠攻安陆,柳仲礼方进军襄阳,驰归救之,杨忠遣军袭败柳仲礼于漂头,安陆、竟陵俱降于魏。"

(三)涢(郧)江、涢(郧)溪、涢(郧)河

唐宋时期,涢水也称"涢江""郧江"。宋代李昉《太平御览》记载:"(唐宪宗时期)吴元济据蔡州叛。王师讨伐,诏柳公绰以鄂兵五千隶安州刺史李听,率所赴行营……公绰自鄂济涢江,直抵安州。李听以廉使之礼事之。"宋代安陆走出的状元郑獬在《晚闷》一诗中,也称涢水为"涢江",诗曰:"何人归楚国,竟日忆涢江。"

涢水又称"涢溪""郧溪",郑獬作品集为《郧溪集》,其《客舟》诗曰:"何日扫吾庐,种秫郧溪间。"《獐猿》:"吾庐昔在郧溪上,满溪桃花春水明。"《衰疾》诗中说:"支离犹食三钟粟,买取涢溪好住家。"《文莹师诗集序》开篇即写道:"文莹师自荆州访我于郧溪之上,出其所为歌诗一巨轴。"《湖上》诗曰:"湖山只合住真仙,家在郧溪未有缘。欲把金钱三百万,万松岭上买云眠。"

宋代涢水也称"涢河",这一称呼沿袭至明清时期。北宋末年德安知府陈规坚守安陆城抗击叛军,《守城录》记载:"……逼入涢河死者不知其数,余党遂溃。"南宋中叶,德安通判王允初坚守德安府抗击金人入侵。王致远《开禧守城录》记载:"其攻城者失势,亦辟易奔避,遂以弩炮拥入,涢河死者甚众。"明代进士刘绍恤《秋日过状元台吊古诗》:"涢河水绕状元台,台上祠堂背水开。"《明史·地理志》:"孝感……南有沧河,自涢河分流至汉阳,合溾水入江。"

(四)石潼河

涢水还被称为石潼河。《读史方舆纪要》:"涢水源出大洪山黑龙池……其在城西者,俗称府河,亦名石潼。"《明史·地理志》:"德安府,元属荆湖北道宣慰司。洪武元年十月属湖广行省……东有章山,即豫章山。涢水在城西,俗称府河,亦曰石潼河。"

(五)沧浪水

因安陆人热爱府河,历代名士效仿屈原称汉江为沧浪之水而称涢水为沧浪之水。宋仁宗时期,从安陆走出的一代才子、"红杏尚书"宋祁,晚年曾回安陆省亲,有诗《过安陆旧居邻里相送》,诗曰:"绿杨枝外斗阑干，出客鸡鸣过近关。岂有车徒休汝上，暂同邻里到方山。离魂正对春波苦，羁思犹随倦鸟还。多谢沧浪送征棹，更需余沫洗衰颜。"

其后，宋哲宗时期的宰相蔡确贬任安州知州，作《夏日登车盖亭绝句十首》，其中有："纸屏石枕竹方床，手倦抛书午梦长。睡起莞然成独笑，数声渔笛在沧浪。"

清代光绪《德安府志》记载："沧浪水，斯河汉东别流。溯源自豫随入德安。计随至安陆，河行百里。"

第八节　郧国之城——古郧城到安陆古城的演变

安陆古城历史悠久，北魏郦道元《水经注·涢水》记载："辽水又西南，至安陆县故城西……故郧城也，因冈为墉，峻不假筑。"唐代李泰《括地志》云："安州安陆县，本春秋郧国城。"唐代李吉甫《元和郡县志》记载："安州安陆，春秋时郧子国，后为楚所灭。"唐代杜佑《通典》云："安州，春秋时为郧国，后楚灭郧，封斗辛为郧公，即其地也。"清初顾祖禹《读史方舆纪要》："今府城安陆，春秋时郧子国也。定公四年，吴入郢，楚子奔郧，即此。"清代顾栋高《春秋大事表》云："郧，不知何年灭于楚，今德安府安陆县为郧国地。郧、䢵、云三字通用，若敖娶于云，即此。"

一、先秦时期的"郧城"

安陆古城的历史可追溯到西周时期。郧国都城在商代晚期已出现在今安陆大地。古制，"天子之城方九里，诸侯礼当降杀，则知公七里，侯伯五里，子男三里"。郧系子爵，都城方圆约三里。最初的郧国，跟大多数诸侯国一样，是一个城邦式政治、军事、经济实体。

春秋初期，楚灭郧后，因郧地位居"汉阳诸姬"诸侯国链条的南端，控制汉水下游地带，进可挥兵东下开拓江淮地域，退可固守江汉平原；既是楚国控制长江中游青铜资源的后方依托，又是楚人南窥广阔的江南地区的前出跳板，战略地位十分重要，楚便以郧邑作为江汉地域的军事重镇，打造向东征服"汉阳诸姬"、向北争霸中原、向南开疆拓土的基地，不断增筑城池。著名的"南冠楚囚"钟仪、深明大义的忠臣斗辛都做过郧邑的地方长官——郧公。

楚国大规模修筑郧邑城池和郧邑遭受毁灭性破坏，都应在楚昭王时期。《左传》记载，春秋后期吴、楚争霸江淮，矛盾日益激化，自公元前538年吴、楚"夏汭（今安徽凤台西南）之战"到公元前506年吴军"拔郢之战"的数十年间，楚国在与吴国接壤的东部地区修筑了一系列军事重镇。据陈振裕《东周楚城的类型初析》，有宜城楚皇城、黄冈禹王城、安陆郧城、襄樊邓城、大冶鄂王城等。此后，随着秦、楚争霸态势的形成，楚在西北方向受到秦的压力越来越大，东面又有后起的越国挑战，因此地处吴越去西北三秦要道的郧城（安陆），战略地位越来越重要，逐步成为楚国在江汉一带的政治、经济、文化中心，郧邑城池不断得到修筑，成为楚国繁华的地域都会。

郧邑在楚国抵御吴国入侵的战争中，是都城郢一个重要的战略屏障，也是吴楚双方争夺的要地。公元前506年，吴、楚双方继在湖北麻城境内发生"柏举之战"后，又在安陆境内的清发水（今府河）发生大战。郧城不可避免地遭遇战火洗礼。虽然史籍没有记载郧邑遭破坏的情况，但从战争的残酷性来讲，郧邑一定遭受过重创。雪上加霜的是，楚昭王在郢都被攻破后，从云梦泽辗转逃到郧邑，吴军跟踪追击，再次进攻郧城。郧邑大夫斗辛抵挡不住吴军，只得保护楚昭王逃到北边紧邻郧邑的随国。为保护楚昭王,郧邑军民当然要殊死抵抗,郧邑遭受更惨重的损失。楚昭王复国后,重赏了斗氏昆仲。"安陆"之名可能系楚昭王所赐,用以奖赏斗辛和郧邑臣民的耿耿忠心。

战国中期,崛起的秦国对楚国展开凌厉攻势,楚在国境内建设了不少军事据点。安陆地位凸显,《包山楚简》称安陆为"䣄",即"并郢",成为楚国军事别都之一。孝感博物馆原馆长宋焕文《安陆新考》指出:"'䣄'字左边的'并'是等同之意,即此地与纪郢一样都是王都;中间的'戈'是兵器,表示战争,就是说这个郢都是为军事需要而修建的。"

战国后期,秦将白起率军攻楚,安陆古城遭到大破坏。秦昭王"廿九年,攻安陆"。楚人抵抗非常顽强,秦人的进攻也极其野蛮和残酷。就这样,西周、春秋以来雄踞江汉的安陆城被秦人攻毁。秦设立南郡安陆县以后,安陆城相当长时期难以恢复元气,秦设置的安陆县官员甚至不得不一度寄治安陆县南的原楚王行宫——楚王城。

二、两汉、魏晋南北朝时期的安陆古城

西汉时期,经多年休养生息,安陆古城逐渐恢复历史上的繁盛,经济、文化重新焕发生机。汉高祖六年(公元前201年),分南郡之鄂中一带设江夏郡,管辖十四县,安陆又成为江夏郡治和安陆县治(《张家山汉墓竹简》记载,江夏郡系汉武帝时期设立)。

安陆在西汉繁盛二百余年,到西汉末年,绿林"盗贼"起事,又对安陆城造成极大破坏。《后汉书》记载:"地皇二年(21年),荆州牧某发奔命二万人攻之,匡等相率迎击于云杜,大破牧军,杀数千人,尽获辎重,遂攻拔竟陵,转击云杜、安陆,多掠妇女,还入绿林中,至有五万余口,州郡不能制。"绿林"盗贼"在云杜(今湖北京山)大破官军,尽获辎重,乘胜

攻占竟陵、安陆,毁坏城池,掳掠妇女,逃回绿林山中。

安陆遭到史无前例的毁灭性破坏,是在东汉末年至三国时期。在此期间,安陆相继成为刘备与孙权、曹魏与东吴反复争夺的战略要地。最初,安陆属刘备所据的荆州,魏从关羽手中夺取荆州北部后,仍以安陆为江夏郡治。《元和郡县志》记载:"(魏将文聘)屯石阳,别屯沔口,在江夏数十年,郡治安陆。"不久,安陆落入孙权之手,吴人希望将安陆打造成为北向与魏争锋的战略基地,因此特别重视安陆的建设。《三国志》记载:"东主(孙权)中营自掩石阳,别遣从弟孙奂治安陆城,修立邸阁,辇资运粮,以为军储。"为防止吴人得到江汉一带的立足点,魏倾全力反攻,双方反复争夺,两汉以来修筑的安陆城成为废墟。三国后期,魏最终夺取安陆,江夏郡治虽在安陆境内,但已不在安陆城,而是另有寄治之处。《三国志·魏书·王基传》:"基又表城上昶,徙江夏治之,以逼夏口。"王基迁江夏郡治至安陆西北53里的上昶城。

西晋统一后,安陆故城得到修葺,江夏郡治也从上昶城迁回安陆。但西晋末年,经历"八王之乱",作为战略要冲的安陆城又惨遭破坏。东晋权臣桓温北伐,以安陆为基地,沿汉水、涢水调运粮草和兵力,因安陆元气未复,并未屯兵安陆城,而是选择涢水支流夏家寨一带构筑新城,以屯集粮草,训练士卒,作为进军基地。

南北朝时期战争频繁,南方政权经常更迭,安陆城更是屡破屡建。南朝刘宋孝建元年,析江夏郡北部设安陆郡,郡治设在安陆。其后的齐、梁、陈三朝与北方的北魏、北周、北齐等政权对峙,屡次对安陆城修葺、增筑,打造抗击北方少数民族政权南下的战略堡垒。《梁书·韦睿传》:"(韦)睿每昼接客旅,夜算军书,三更起,张灯达曙。抚循其众,常如不及,故投募之士争归之。所至顿舍修立,馆宇藩篱墙壁,皆应准绳……七年,迁左卫将军……会司州刺史马仙琕北伐还军,为魏人所蹑,三关扰动,诏睿督众军援焉。睿至安陆,增筑城二丈余,更开大堑,起高楼,众颇讥其示弱。睿曰:不然,为将当有怯时,不可专勇。是时元英复追仙琕,将复邵阳之耻,闻睿至,乃退。"梁武帝天监八年(509年),司州刺史、安陆太守马仙琕北伐还军,遭北魏大军追击。南郡太守韦睿率军救援,赶到安陆,深挖壕沟,增高城墙,修建高大的敌楼,令敌人不敢进攻。

西魏时期,宇文氏夺取安陆,设安州总管府,管辖江汉地域,作为平定南方的基地。

三、隋唐至宋元时期安陆古城的演变

隋代,安陆城逐步恢复旧日面貌,唐代李吉甫《元和郡县志》记载:"安陆县,本汉旧县,属江夏郡,隋改属安州。其城三重,西枕涢水。"

唐代,安陆城的修筑更加得到重视。唐高祖武德四年(621年),设安州都督府,管辖北到大别山、南至长江之滨的广阔地域,安陆城的建制也达到历史最大规模,雄踞涢水中游,南临云梦古泽,西望巍巍碧山,是江汉一带的繁华都会。紫金山、竹坞山为北面天然屏障,涢水是天然的护城河。城南沼泽密布,林木葱郁。唐中叶,安州城最高建筑浮云楼横空出世,高悬龙头崖上;晚唐时期,人文建筑太白楼屹立古城西部,俯视滔滔清流。安陆城池高峻,街巷通衢,店铺林立,商贾络绎,龙盘虎踞,人文荟萃。

宋代的安陆城规划井然有序,街巷错落有致。在前人筑城基础上,宋人打造了安陆城完善的防洪设施和排水系统。《麈史》记载:"安陆郡城枕涢水,惟州城基皆紫石,不为水所啮。自大安门外至所谓上下津,

涢水边的安陆古城

地悉无石。每夏潦涨集,水道益东,民庐十沦五六矣。近岁水才溢岸,即行西濠。识者以谓久必自涢津门,由景陵门以去,为正河道矣。若自大安门外,白兆廨院以北石岸尽处为水约,以杀湍锐,庶几保上下津居人,及免入城之患。"

北宋末年,金人南侵。因德安府城池"城壁圮坏,跬步可逾","壕堑湮没,路无险阻",安陆知县署理德安知府的陈规大规模修筑安陆城。《守城录》记载:"(陈规)一选募有心力百姓,分布诸门,上城御敌。及分认地头,讥察奸细,及催督修城人夫工役。一差使院典级黄谨等行军期司,专一行遣防城守御修城文字,及各带器甲,随规巡城。一选差安陆县吏杨玠等,提辖防城军民弓手,日夜巡逻,及催促添修城壁……于贼退之后,其未远止在四外侧近围绕之中,寅夜偷工开壕筑城。仍命工人计城厚薄而中分之,先并力以筑其表,高及寻丈,度不可以骤登,则又并力以筑其里,适相当,然后增筑以成之。内具畚锸以督役,外荷戈矛以备警。起五邑之夫,万人竭作,不淹时而毕。一城壁长八百八十二丈,高二丈五尺,上阔一丈六尺,底阔三丈七尺五寸。及于城壁外开筑城壕,绕城壕堑,计长七百八十八丈,上阔三丈,底阔一丈八尺,深一丈五尺。"

南宋开禧年间,德安府通判王允初为抵御金人进攻,两次加固城墙,"(南宋)绍熙三年九月甲戌,修德安府外城"。敌军虽然"万炮击鼓","河水腾沸,屋瓦震动",城池仍固若金汤。邻近府县皆失守,"唯德安一府独存"。但是,坚固的城墙没能挡住蒙古铁骑。宋理宗端平二年(1235年),蒙古军一路破襄阳、枣阳、随州。德安府依托坚固的城墙坚守不降,蒙古军倾尽全力攻城。德安府沦陷,数万人被俘、被杀。安陆城被夷为平地。元统一后,安陆城重新得到修葺,至元十三年(1276年),德安府还归旧治。

四、明清时期安陆城的修筑

明清时期,德安府历任知府十分重视城池的修筑。清代道光《安陆县志》记载:"(明)洪武二年,守御千户王兴筑今城。(洪武)十一年,千户汤聪增辟之。郧山东来,二涧夹流而尽于涢水。城据其间,治如方壁,惟北城稍敛者,以竹坞山之枝垂,其余气崛起为石柱山,亦曰碧霞台,势不可濠。而城亦垒于高阜,可以不濠。城周六里,二百一十三武,计丈有一百八十六丈二分丈之一,东南崇二丈五分丈之二,西北不及三尺址,广三丈二分丈之一。上为敌楼二,为戍舍四十八,为雉堞千有八百三十八,为门四,上建重楼。

"成化间楼圮,千户赵威重修,绕楼为濠,深丈有三尺,东南广十丈有奇,西北半之。其二涧之水,东北则三版桥之水绕何冈而南,又西出赵家桥,与七星桥之水绕碧霞台之北,复折而西,从北月城而注入涢,堪舆家曰'水绕元武'云。东则城东铺之水汇三洲,从飞花峡汇于南濠,而东北滚钟塘、朱家台之水径响水桥俱汇于南濠。濠自东而西,环城如带,从通济桥而注入涢,堪舆家曰'逆水'云。西南门外架濠而衢,旧有梁。西隅潦水为患,浸及坝堤。千户赵威甃石长七丈,广三丈有奇。千户张能再增之。嗣后民居鳞聚,畚锸相寻,土解水啮,复隍可虑。

"正德十四年,知府马龠复民侵地为桥,始获安澜焉。同知王瑞之辟内、外马路。嘉靖二十六年,知府李逢扁其门,东曰通江,南曰拱汉,西曰道汉,北曰拱淮。嘉靖三十一年甲寅,岁祲,流民就食者众。又河水浸啮民居,且为城患。知府徐贡元捐赀墓工,计口而食,筑堤凡百丈许,曰徐公堤。三十四年,知府陈甘雨筑北门月城,城周二十六丈,崇丈有六尺,雉堞四十,左右为门。四十五年,巡抚徐南金檄崇南北堞如东西。隆、万间,大城颓坏者,则属民间修葺之,而石隙土注,荆棘丛生,每岁又集所军,斩伐着为例。女墙则守御所修葺之。

"万历丙辰,知府朱之臣更新西城楼,颜之曰太白楼。天启乙丑,知府李行志再修城楼,各颜其额,东曰三台俱瞻,南曰凤凰呈祥,西曰君子垂芳,北曰石柱擎天。崇祯癸酉以后,以婴城为守。迄丁丑,贼骑出没,数屯城下。巡道赵振业以所军应戍者,类多老弱,编民而守。各城俱加崇三尺,而间并二堞为一,以省民力。又增建敌楼。辛巳,议开巽门以迎城东南之水,值时诎未果。于城上东南巽地建文昌阁,三楹重版其上,不独补巽峰之缺,盖亦登陴远望之助也。"

明末,李自成所部"流寇"白旺盘踞安陆数年,争战不断,对安陆城造成巨大破坏。清初,历任德安知府都把修筑城池、重建儒学作为首要任务。清代道光《安陆县志》记载:"康熙元年壬寅,东、西城楼俱委风雨,知府高翱捐赀新之。越明年癸卯,潦南北城之圮者,各十数丈,北楼亦圮。高翱捐俸修如旧。四年乙巳,南楼亦圮,安陆令高联捷捐俸复修……二十一年,知府傅鹤祥见西楼颓圮,创新之,题曰'太白楼',数月间,民居弗戒火焰,楼灾。二十二年,西、北城圮于水,傅鹤祥甃砖为脚,置闸以司泄。二十四年,傅鹤祥复捐赀重建西楼,即太白楼。是年,东城亦圮,知县刘世英捐修。"

安陆城在明清时期大体定型,是一座巍然耸立的雄州古城。《湖北通志》:"德安府安陆县,附郭,周六里有奇,东南崇二丈四尺,西北崇二丈一尺。"安陆古城墙形制完备,极具传统文化特色:"分设资生、来薰、阜成、拱辰四门,围环一千三百一十四丈,计程七里三分。门楼四座,各底宽八丈,顶宽七丈六尺,各底深五丈三尺三寸,顶深四丈九尺三寸。资生、来薰、拱辰三门,每门一重,宽三丈九尺,进深二丈四尺,围廓各深七尺七寸,上下檐通高一丈八尺,脊高二丈六尺七寸。阜成门一重,共宽三丈九,进深二丈四尺,围廓各深七尺七寸,上中下檐通高二丈六尺五寸,脊高三丈五尺六寸。除城楼分位外,城身通长一千二百二十丈零五尺,高三丈三尺,城顶宽一丈六尺,底宽三丈八尺。垛堞墙每个长九尺四寸三分,垛口一千一百三十二个,空宽二尺四寸,高三尺八寸,垛子高六尺六寸,长七尺三分。城门四阖,瓮门二阖,栅栏四道,栅门四阖,卷瓮、发券,俱五卷五伏。"

五、近现代安陆城的变迁

清末,安陆城墙高大坚固,在当时湖北68州县中名列前茅。同治、光绪年间,古城分置东、南、西、北四座城门,城楼东西各为三层,南北各为两层。德安府署在府城西北角,西南角为状元坊、安陆县署,县署东有万寿宫、考棚街,东南为报恩寺。德安府学、安陆县学在紫金山下,前有泮池、龙门街;东南角有府城隍庙、县城隍庙;府城外东有关帝庙,西有岳王庙,北有玉皇阁。城墙外有护城河,四门外各有拱桥一座,即迎春桥、玉带桥、通济桥、双龙桥。城东南角建有文昌楼、向日台,西南角建有宴凯阁,西城楼建有太白楼、邀月台。城西北角复建浮云楼,耸立于城墙之上。这些古建筑斗拱飞檐,古色古香,把安陆城装点得如诗如画。

近现代史上对安陆城破坏最严重的是日本入侵。1938年10月5日,日机轰炸,对安陆古城墙及建筑物造成毁灭性破坏,太白楼、山西会馆、春秋楼、麒麟阁、熙春台、原知事衙门以及三眼井一带数十栋房屋被炸毁。陈家祠堂、四状元里附近的大坑足有二丈多宽、一丈多深。10月25日,日机再次轰炸,王家藕塘、报恩寺、得月轩、浮云楼被炸得一片狼藉,南、北城门也被烧坏。10月26日,日军侵占安陆,一进县城便大肆烧杀抢掠。驻城内王府巷李慈泽私邸的骑兵第二十五联队队长佐久间亮,11月17日指挥其部下在棠棣树掳得黄牛、肥猪进城,举行聚餐。佐久酩酊大醉,公然浇油烧屋取乐。一夜间,火光冲天,王府巷、李家大屋一带500余间房舍化为灰烬。冬季,日军拆房烧火取暖,四状元里一带600多栋房屋被拆光、烧光。经此,安陆城古建筑及古民居被破坏殆尽。

解放战争时期,1948年中国人民解放军江汉独立旅发起解放安陆战役。国民党县长胡受谦驱使民工加固城墙,修筑工事,加宽护城河,掘通城内外的地道,在城门构筑碉堡,负隅顽抗。当时安陆城筑有高达三丈、周长二里半的坚厚城墙,西门、北门各有一道月城,城外还有一条宽两丈、深一丈的护城河。在攻城战中,江汉独立旅不得不派工兵爆破,炸开北门、东门碉堡,安陆城再次遭到毁灭性的破坏。1949年5月,中共安陆县委、县政府成立,接管安陆县城,安陆开始现代化城市建设。

新中国成立后,20世纪60年代,中央、省属企业迁建安陆,选址古城北部文物富集区域,对残存的文物古迹造成不可估量的损失。粮机厂所处位置过去有很多明清古民居。黄香墓也在此地,封土堆高5 m,底径超过20m。碑文直书"汉孝子黄香之墓"。因建厂需要,被平毁。五七棉纺厂则建在北面的城墙上,因建厂需要,数百年的古城墙悉数被推倒。1969年在玉皇阁所处的城墙下发现了一件明代铜麒麟,其他许多文物或埋于地下,或流失民间。

改革开放以来,随着城市发展,街道改扩建,文化遗存又遭损坏。原东门内有儒学街,外有上安寺街。西门是商业区,从西城门至鲜鱼巷、梨园街、西正街、东正街、东门口,沿街粮行、布行、闽广杂货、绸缎匹头、药材、银楼等商业、手工业、服务业商号星罗棋布。南门来薰门附近有清代的考棚街。北门拱辰门一带粮行、花行、杂货铺一应俱全,酒馆、饭铺、茶楼比比皆是。这些古街随着城区改造,逐渐湮灭。至20世纪80年代,安陆城内尚有龙王庙、龙头寺等古迹,可惜也陆续遭拆毁。德安府儒学大成殿、原教会育婴堂,幸而保留部分遗存。20世纪90年代扩建德安中路,古香古色的古街全遭拆毁,后人难寻历史上久负盛名的文化古迹了。

萧瑟秋风今又是,换了人间。

安陆古城的消失,换来的是一座崭新的现代化都市。相信假以时日,安陆又会重新积淀文化底蕴,再现历史辉煌。

附录　历代与郧人、郧国、涢水有关的诗文作品

一、先秦时期

(一)西周

《诗经·商颂·殷武》(节选)

挞彼殷武,奋伐荆楚。深入其阻,裒荆之旅。有截其所,汤孙之绪。

维女荆楚,居国南乡。昔有成汤,自彼氐羌,莫敢不来享,莫敢不来王,曰商是超。

《诗经·周南·汉广》

南有乔木,不可休思；汉有游女,不可求思。
汉之广矣,不可泳思；江之永矣,不可方思。
翘翘错薪,言刈其楚；之子于归,言秣其马。
汉之广矣,不可泳思；江之永矣,不可方思。
翘翘错薪,言刈其蒌；之子于归,言秣其驹。
汉之广矣,不可泳思；江之永矣,不可方思。

(二)战国

屈原《九歌·云中君》

(王逸《楚辞章句》:"云中君,云神丰隆也。一曰屏翳。"江陵天星观出土战国竹简有"云君",即云神,或以为云梦泽之神。)

浴兰汤兮沐芳,华采衣兮若英;

灵连蜷兮既留,烂昭昭兮未央;

蹇将憺兮寿宫,与日月兮齐光;

龙驾兮帝服,聊翱游兮周章;

灵皇皇兮既降,猋远举兮云中;

览冀州兮有余,横四海兮焉穷;

思夫君兮太息,极劳心兮忡忡。

《楚辞·渔父》

屈原既放,游于江潭,行吟泽畔,颜色憔悴,形容枯槁。渔父见而问之曰:"子非三闾大夫与?何故至于斯?"屈原曰:"举世皆浊我独清,众人皆醉我独醒,是以见放。"渔父曰:"圣人不凝滞于物,而能与世推移。世人皆浊,何不淈其泥而扬其波?众人皆醉,何不餔其糟而歠其醨?何故深思高举,自令放为?"屈原曰:"吾闻之,新沐者必弹冠,新浴者必振衣;安能以身之察察,受物之汶汶者乎?宁赴湘流,葬于江鱼之腹中。安能以皓皓之白,而蒙世俗之尘埃乎?"渔父莞尔而笑,鼓枻而去,乃歌曰:"沧浪之水清兮,可以濯吾缨;沧浪之水浊兮,可以濯吾足。"遂去,不复与言。

宋玉《神女赋》(节选)

楚襄王与宋玉游于云梦之浦,使玉赋高唐之梦。其夜王寝,果梦与神女遇,其状甚丽,王异之。明日,以白玉。玉曰:"其梦若何?"王对曰:"晡夕之后,精神恍忽,若有所喜,纷纷扰扰,未知何意?目色仿佛,乍若有记:见一妇人,状甚奇异。寐而梦之,寤不自识;罔兮不乐,怅然失志。于是抚心定气,复见所梦。"玉曰:"状何如也?"王曰:"茂矣美矣,诸好备矣。盛矣丽矣,难测究矣。上古既无,世所未见,瑰姿玮态,不可胜赞。其始来也,耀乎若白日初出照屋梁;其少进也,皎若明月舒其光。须臾之间,美貌横生:晔兮如华,温乎如莹。五色并驰,不可殚形。详而视之,夺人目精。其盛饰也,则罗纨绮缋盛文章,极服妙采照万方。振绣衣,被袿裳,秾不短,纤不长,步裔裔兮曜殿堂,忽兮改容,婉若游龙乘云翔。嫷披服,侻薄装,沐兰泽,含若芳。性合适,宜侍旁,顺序卑,调心肠。"王曰:"若此盛矣,试为寡人赋之。"玉曰:"唯唯。"

宋玉《高唐赋》(节选)

昔者楚襄王与宋玉游于云梦之台,望高唐之观,其上独有云气,崪兮直上,忽兮改容,须臾之间,变化无穷。王问玉曰:"此何气也?"玉对曰:"所谓朝云者也。"王曰:"何谓朝云?"玉曰:"昔者先王尝游高唐,怠而昼寝,梦见一妇人曰:'妾,巫山之女也。为高唐之客。闻君游高唐,愿荐枕席。'王因幸之。去而辞曰:'妾在巫山之阳,高丘之阻,旦为朝云,暮为行雨。朝朝暮暮,阳台之下。'旦朝视之,如言。故为立庙,号曰朝云。"王曰:"朝云始出,状若何也?"玉对曰:"其始出也,榑兮若松榯;其少进也,晰兮若姣姬,扬袂鄣日,而望所思。忽兮改容,偈兮若驾驷马,建羽旗。湫兮如风,凄兮如雨。风止雨霁,云无所处。"王曰:"寡人方今可以游乎?"玉曰:"可。"王曰:"其何如矣?"玉曰:"高矣显矣,临望远矣。广矣普矣,万物祖矣。上属于天,下见于渊,珍怪奇伟,不可称论。"王曰:"试为寡人赋之!"玉曰:"唯唯!"

二、唐宋时期

(一)唐

苏颋《饯郢州李使君》

楚有章华台,遥遥云梦泽。
复闻拥符传,及是收图籍。
佳政在离人,能声寄侯伯。
离怀朔风起,试望秋阴积。
中路凄以寒,群山霭将夕。
伤心聊把袂,怊怅麒麟客。

李白《上安州李长史书》

白,嶔崎历落可笑人也。虽然,颇尝览千载,观百家,至于圣贤,相似厥众,则有若似于仲尼,纪信似于高祖,牢之似于无忌,宋玉似于屈原。而遥观君侯,窃疑魏洽,便欲趋就,临然举鞭,迟疑之间,未及回避。且理有疑误而成过,事有形似而类真,惟大雅含宏,方能恕之也。

白少颇周慎,悉闻义方,入暗室而无欺,属昏行而不变。今小人履疑误形似之迹,君侯流恺悌矜恤之恩。戢秋霜之威,布冬日之爱,睟容有穆,怒颜不彰。虽将军息恨于长孙之前,此无惭德;司空受揖于元淑之际,彼未为贤。一言见冤,九死非谢。

白孤剑谁托,悲歌自怜,迫于凄惶,席不暇暖。寄绝国而何仰?若浮云而无依,南徙莫从,北游失路;远客汝海,近还郧城。昨遇故人,饮以狂药,一酌一笑,陶然乐酣。困河朔之清觞,饫中山之醇酎。属早日初眩,晨霾未收,乏离朱之明,昧王戎之视。青白其眼,瞢而前行,亦何异抗庄公之轮,怒螳螂之臂?御者趋召,明其是非,入门鞠躬,精魄飞散。昔徐邈缘醉而赏,魏王却以为贤;无盐因丑而获,齐君待之逾厚。白妄人也,安能比之?上挂《国风》相鼠之讥,下怀《周易》履虎之惧。慭以固陋,礼而遣之,幸容宁越之辜,深荷王公之德。铭刻心骨,退思狂愆,五情冰炭,罔知所措。书愧于影,夜惭于魄,启处不遑,战无地。

伏惟君侯,明夺秋月,和均韶风,扫尘辞场,振发文雅。陆机作太康之杰士,未可比肩;曹植为建安之雄才,惟堪捧驾。天下豪俊,翕然趋风,白之不敏,窃慕馀论。何图叔夜潦倒,不切于事情;正平猖狂,自贻于耻辱!一忤容色,终身厚颜,敢沐芳负荆,请罪门下。傥免以训责,恤其愚蒙,如能伏剑结缨,谢君侯之德。

敢以近所为《春游救苦寺》诗一首十韵、《石岩寺》诗一首八韵、《上杨都尉》诗一首三十韵,辞旨狂野,贵露下情,轻干视听,幸乞详览。

王维《送友人南归》

万里春应尽,三江雁亦稀。
连天汉水广,孤客郧城归。
郧国稻苗秀,楚人菰米肥。
悬知倚门望,遥识老莱衣。

王昌龄《送薛大赴安陆》

津头云雨暗湘山,迁客离忧楚地颜。
遥送扁舟安陆郡,天边何处穆陵关。

綦毋潜《送郑务拜伯父》

名公作逐臣,驱马拂行尘。
旧国问郧子,劳歌过鄀人。
一川花送客,二月柳宜春。
奉料竹林兴,宽怀此别晨。

刘长卿《使次安陆寄友人》

新年草色远萋萋,久客将归失路蹊。
暮雨不知涢口处,春风只到穆陵西。
孤城尽日空花落,三户无人自鸟啼。
君在江南相忆否,门前五柳几枝低。

刘长卿《闻虞沔州有替将归上都登汉东城寄赠》

淮南摇落客心悲,涢水悠悠怨别离。
早雁初辞旧关塞,秋风先入古城池。
腰章建隼皇恩赐,露冕临人白发垂。
惆怅恨君先我去,汉阳耆老忆旌麾。

韩愈《自袁州还京行次安陆,先寄随州周员外(周君巢也)》

行行指汉东,暂喜笑言同。
雨雪离江上,蒹葭出梦中。
面犹含瘴色,眼已见华风。
岁暮难相值,酣歌未可终。

姚合《寄安陆友人》

别路在春色,故人云梦中。
鸟啼三月雨,蝶舞百花风。
烟束远山碧,霞欹落照红。
想君登此兴,回首念飘蓬。

李涉《经涢川馆寄使府群公》

涢川水竹十家余,渔艇蓬门对岸居。
大胜尘中走鞍马,与他军府判文书。

张祜《涢川寺路》

日沉西涧阴,远驱愁突兀。
烟苔湿凝地,露竹光滴月。
时见一僧来,脚边云勃勃。

杜牧《题安州浮云寺楼寄湖州张郎中》

去夏疏雨余,同倚朱栏语。

当时楼下水,今日到何处。

恨如春草多,事与孤鸿去。

楚岸柳何穷,别愁纷若絮。

赵嘏《登安陆西楼》(一作《登太白西楼》)

楼上华筵日日开,眼前人事只堪哀。

征车自入红尘去,远水长穿绿树来。

云雨暗更歌舞伴,山川不尽别离杯。

无由并写春风恨,欲下郧城首重回。

罗隐《安陆赠徐砺》

灵蛇桥下水声声,曾向桥边话别情。

一榻偶依陈太守,三年深忆祢先生。

尘欺鬓色非前事,火爇蓬根有去程。

还把余杯重相劝,不堪秋色背郧城。

(二)五代

黄滔《经安州感故郑郎中二首(其一)》

云梦江头见故城,人间四十载垂名。

马蹄践处东风急,鸡舌销时北阙惊。

岳客出来寻古剑,野猿相聚叫孤茔。

腾身飞上凤凰阁,惆怅终乖吾党情。

(三)宋

范雍《桃花岩》

车盖聊引步，浮云镇消忧。
涢川梦泽地，古迹堪询求。
白兆桃花岩，翰林栖此丘。

宋庠《次韵和安陆王工部郡圃早春》

郧波翻縠抱城流，梦比春风第一州。
槁质枉陪温树密，胜襟还负岘亭游。
风英百种纷如绣，溪羽千声巧命俦。
遥识使臣兴感地，浮云长映最高楼。

宋祁《白兆山桥亭》

千尺虹泉界道飞，阴虬横绝负云楣。
浮梁跨岸神移石，劫烬翻波地献池。
度日衔花翔翠鸟，经年支榻养灵龟。
披襟便可祛烦恅，不独东京叔度陂。

宋祁《过安陆旧居邻里相送》

绿杨枝外斗阑干，出客鸡鸣过近关。
岂有车徒休汝上，暂同邻里到方山。
离魂正对春波苦，羁思犹随倦鸟还。

多谢沧浪送征棹,更沾余沫洗衰颜。

宋祁《芦(其一)》

(自注:安州临涢水,多芦。)
袅娜修茎青玉攒,凫翁濯罢翠痕乾。
湘君直寄江湖乐,要作风汀雨濑看。

欧阳修《留题安州朱氏草堂》

俯槛临流蕙径深,平泉花木绕阴森。
蛙鸣鼓吹春喧耳,草暖池塘梦费吟。
赌墅乞甥宾对弈,惊鸿送目手挥琴。
嗟予远捧从军檄,不及披裘五月寻。

蔡确《夏日登车盖亭绝句十首(其五)》

西山彷佛见松筠,日日来看色转新。
闻说桃花岩石畔,读书曾有谪仙人。

苏轼《送酒与崔诚老》

雪堂居士醉方熟,玉涧山人冷不眠。
送与安州泼醅酒,从今三日是三年。

苏轼《滕达道(甫)挽词二首》

先帝知公早,虚怀第一人。
至今诗礼将,帷数武宣臣。

材大虽难用,时来亦少信。
高平风烈在,威敏典刑新。
空试乘边策,宁留相汉身。
凄凉旧部曲,泪湿冢前麟。

云梦连江雨,樊山落木秋。
公方占贾鹏,我正买龚牛。
共有江湖乐,俱怀畎亩忧。
荆溪欲归老,浮玉偶同游。
骯脏仪刑在,惊呼岁月遒。
回头杂歌哭,挽语不成讴。

曾巩《浮云楼和赵㞦》(一作《和赵㞦登安陆城西楼》)

万里聊供远眼开,檐前不尽水声哀。
朝云尚拂阳台去,羽猎曾围梦泽来。
解带欲留长日坐,倾壶难饮故人杯。
遭穷万里飘萍内,到此登临更几回。

曾巩《涢口·昔与宜兴君同过此》

我行去此二十年,涢水不改流潺湲。
风光满眼宛如昨,故人乘鸾独腾骞。
今人随我不知昔,我记昔游何处言。
泪向幽襟落如泻,况闻江汉断肠猿。

曾巩《楚泽》

楚泽荒凉白露根,盈虚无处问乾坤。
虫虫旱气连年有,寂寂遗人几户存。
盗贼恐多从此始,经纶空健与谁论。
诸公日议云台上,忍使忧民独至尊。

李通儒《桃花岩》

地势下临郧子国,山光遥射楚王城。
惟有桃花岩上月,曾闻李白醉吟声。

郑獬《浮云楼》

楼在浮云缥缈间,浮云破处见朱栏。
山光对入郧城紫,溪影横飞梦泽寒。

郑獬《客舟》

沧江落日动,宿鸟归故山。
托巢在高木,朝去夕必还。
客舟逐南风,大雪留楚关。
何日扫吾庐,种秫郧溪间。

郑獬《獐猿》(节选)

自古画工无画者,今得绝笔方传名。
吾庐昔在郧溪上,满溪桃花春水明。

郑獬《晚闷》(节选)

晚闷牢难破,秋怀勇未降。
何人归楚国,竟日忆涢江。

滕元发《浮云楼》

举头便是长安日,舞袖时飘梦泽风。
茂苑久抛荒草外,楚台遥望碧云中。

杨绘《陪尾山》

寿山北耸侵隋碧,涢水南流接汉清。
宋玉阳台犹暮雨,子虚梦泽半春耕。

范纯仁《安州张大卿挽词三首(其二)》

瞻风从汉上,托庇在襄城。
开豁心相照,推扬义不轻。
狐嗟黄壤隔,莫展素车情。
空望涢溪月,淋浪涕泗横。

周颉《朝中措·饮饯元龄诸公席上戏作》

郧城清胜压湖湘,人物镇相望。秀气谁符楚泽,建安诸子文章。
东风得意,青云路稳,好去腾骧。要识登科次第,待看北斗光芒。

张商英《涢阴亭》

驾言晨出涢台隅,涢上登临酒拍壶。
不似岘山羊叔子,心随汉水欲吞吴。

刘攽《送韩文饶知均州》

岭梅阴下驻旌旟,五月归更竹使符。
汉上川原连梦泽,郧人风俗语于菟。
奋髯曹吏知无事,坐啸云山得自娱。
建礼会朝兼夜直,羡君棨弩盛前驱。

秦观《郧上谣》

我爱碧霞台,长松一百尺。
夜半吼风雷,涛声喧枕席。
昔闻白兆山,李白读书处。
我欲往从之,山中多雾露。
凤山何嵯峨,春风艳桃李。
花开连理枝,翩翩映罗绮。
昔游采芳洲,泉石多明媚。
钓石今已芜,婆娑只丛桂。

廖世美《烛影摇红·题安陆浮云楼》

霭霭春空,画楼森耸凌云渚。紫微登览最关情,绝妙夸能赋。惆怅相思迟暮。记当日,朱阑共语。塞鸿难问,岸柳何穷,别愁纷絮。

催促年光,旧来流水知何处。断肠何必更残阳,极目伤平楚。晚霁波声带雨。悄无人,舟横野渡。数峰江上,芳草天涯,参差烟树。

陈师道《瀑涢观水》

瀑涢双水绕城隅,高义曾闻季大夫。
九十九冈风俗厚,人人况已握灵珠。

三、元明清及以后

(一)元

虞集《送赵继清令尹之官安陆》

云梦开七泽,陪尾贯连山,
为政烟尘表,吟诗松竹闲。
故人总华要,令尹独清闲,
文学偏宜老,毋愁鬓发斑。

郝经《白兆山》

旗尾拖涧云,鼓行断横谷,
敌人隔林望,坐甲不敢出。
白兆有居民,烟萝蔽乔木,
负担来迎降,马首争蒲伏。
为闻不杀令,又复治安陆,
万死乞余生,焦土觅旧屋。

老人翻白发,南望吞声哭,
松楸却成林,到此死亦足。
载说桃花岩,醉墨苔藓绿,
毋于秋月下,似有飞仙读。
邃今巾其巅,重为赐米肉,
偏裨好护送,纵归不令宿。
喜气动江山,迢遥肆遐瞩,
安得与李白,云窗对修竹。

贯云石《桃花岩》

(自序:白兆山桃花岩,太白有诗,近人建长庚书院。来京师时,同中书平章白云相其成,求诗于词林臣,李秋谷、程雪楼、陈北山、元复初、赵子昂、张希孟,与仆同赋。)

美人一别三十年,思美人兮在我前,
桃花染雨入白兆,信知尘世逃神仙。
空山亭亭倚朝暮,老树悲秋发红雾,
为谁化作神仙区,十丈风烟挂淮浦。
暖翠流香春自活,手捻残霞此细末,
几回云外落清啸,美人天上骑丹鹤。
神游八极栖此山,流水杳然心自闲,
解剑长歌一壶外,知有洞府无人间。
酒酣仰天呼太白,眼空四海无纤物,
明月满山招断魂,春风何处求颜色。

黄溍《闻赵继清调安陆县尹》

慈恩塔上墨犹鲜,一别重来十七年,
相见都门惊判袂,又闻泽国去鸣弦。
素衣久出风尘外,青琐行依雨露边,
跂马望君先数日,县花虽好莫留连。

马祖常《送同年赵继清尹安陆》

席帽文场里,于今十七年,
白须俱满镜,墨绶独行田。
鹈翼知吾刺,鸾栖觉汝贤,
高才多晚达,未可叹迍邅。

(二)明

杨士奇《赠邹谦》

赠尔淇园绿竹竿,临歧浩叹别离难。
郧城风俗从来厚,但守清风到岁寒。

张瓒《樱桃古渡》

郧子城西涢水湄,橹声咿哑浪漪漪。
下舂连石黄昏后,真是归人唤渡时。

王阳明《过虎子崖子文故里》

胜地传於菟,声名爵里存。
神灵腓异物,忠孝锡贤孙。
岩石蔚然古,风流邈不喧。
谁人任刚武,虎乳在方言。

何迁《仲夏望郧野别贺参戎还江陵》

白首谈经知我癖,青山求友似君稀。
诸生几夜褒衣至,老将他年仗剑归。
问道直疑千古近,忘言应识百家非。
却怜李牧终兴汉,不羡郧溪有钓矶。

何迁《吉阳书院成志喜》

青袍招隐风尘隔,白首移家木榻宽。
野寺不妨穿径入,松楸常得卷帘看。
荆河地迥三关出,云梦天高七泽寒。
南国物华谁揽结,濯缨应许老江干。

何迁《秋季晦日泊涢口》

涢水下何处,滩声未尔迟。
沙寒凫雁起,江转斗牛移。
吹笛非仙子,纫兰自楚系。
王孙归未晚,芳草正离离。

刘绍恤《秋日过状元台吊古诗》

涢河水绕状元台,台上祠堂背水开。
门径几年苔自满,庭皋终日鹤空来。
松阴历历谁家物,风色萧萧异代才。
总是浮云容易尽,不缘秋兴亦堪哀。

蔡可教《三月三日同施逯亭长游白兆山》

雨霁红尘远,山回白兆雄。
诸天罗象外,五马度云中。
祓禊临涢水,游观颂禹功。
非君能载酒,乐事与谁同。

李维桢《游大洪山》

步蹑随阳第一山,大开眼界小尘寰。
几家烟火睥睨下,万里乾坤指顾间。
荆郢卧云山势乱,汉涢拖练水光连。
此身恍在青霞上,不羡咸都百二关。

钟惺《归后寄元亭》

郢里遥相望,鄢中喜共谈。
曲赓白雪寡,酒挹碧霞酣。
山水琴音合,雌雄剑气含。
江袁张楚后,谁复并钟谭。

(三)清

王宗孔《车盖名亭》

园榭残如许,兹亭代有名。
只今浕水阔,犹映星宿明。
月影留孤石,渔歌恰数声。
输他诗谤者,犹自付余清。

王宗孔《浕水晴波》

渺渺晴波细,盈盈迭玉来。
柴皇收入览,司马俯为台。
日霁轻帆过,风和远鹜回。
枕流岩上客,青眼若为开。

杨锡亿《田居》

(注:闻高父母祷雨辄应,诗以志喜。时方葺采芳洲。)
郧城背枕大河流,一夕惊涛送箬舟。
官舍晚凉来鹤梦,村庄睡稳暗更筹。
秋成禾黍牛羊夕,春到蘼芜杜若洲。
辋水只今添几尺,东郊云外看泉流。
郊原秋事趋荒畴,乔木阴森望里收。
乌雀既驯田陇静,花根种就晚香柔。
民风似草添新乐,帝得无私到古丘。

村巷欣欣图好语,良农谷贱未全尤。

傅鹤祥《郡西城太白楼捐俸重构厥功告成秋日登眺》

清秋新爽彻高天,杰构崔巍霄汉边。
涢水盈前环玉液,碧山一派响金泉。
关门锁钥南疆固,梦泽汪洋千顷连。
睹面朝晖入座里,桃岩仿佛有青莲。

高联捷《涢水晴波》

泛泛城西水,泱泱日夜流。
波清时见底,风正促行舟。
野旷天容瘦,云空月色遒。
朝光生潋滟,相对一闲鸥。

程正揆《赠安陆寿山僧正令》

西来意在未生前,白马驮经事果然。
大藏五千无一字,阇黎谁赏草鞋钱。
长士塔影自婆娑,诸佛谁能正觑他。
携手同君双解结,鸣鸿早已迅新罗。
涢水湾头百草香,和云带月上绳床。
山僧只一枯藤杖,撑起眉毛丈六长。
眉山古雪畅宗风,匝地风雷到处同。
一滴龙泉鸣毒鼓,胆寒还忆老师翁。

董缃《登西城望白兆山怀古》

谪仙自不死,风月千载心。
涢水泻江汉,梅花无处寻。

杨著《碧霞台》

当年楼阁剩莓苔,弥望晴空面面开。
几片征帆浮远渚,五更潮汛落荒台。
霞从竹坞城头出,云自桃花洞口来。
炼石未能伤往来,梦依灵谶首重回。

王旒《游金泉寺》

涢川藏古寺,视听隔尘寰。
霜叶沉人语,晴云醒佛颜。
渔歌入浦远,帆影过窗闲。
欲赠重来者,清苍满碧山。

周开谟《太白楼新成和前守绣水傅公韵》

谪仙何事谪从天,徙倚飞楼涢水边。
紫嶂风清迎碧巘,金泉韵袅和珠泉。
樯帆隐约云烟渺,户牖高寒星斗连。
记得嵩阳留月处,峰头耸峙几茎莲。

周启运《题樱船渡》

楚豫临要津,迢递沧江路。
衣带瞩盈盈,立马招前渡。
半篙春水生,一桁夕阳驻。
渔歌起遥汀,愁怅樱桃树。

周启运《司马书室》

耆硕仰洛滨,省兄至涢水。
兄旦知安州,来游良有以。
轩然读书台,古苔侵石几。
鸣泉响潺湲,恍逐书声起。

周启运《涢水晴波》

郡在城之东,古为郧子国。
一水隋阳来,曲抱城西北。
极浦扬千帆,轩然升晓日。
我来题涢亭,此水应名德。

舒正载《毓秀阁》

（自注：宋季赵复安陆人,为元所迫,入京师,不仕。主讲于太极书院,称江汉先生。邑人祀于此。）

闻说先生后,曾无著述传。
应由韬晦意,况值乱离年。

槛外浮涢水,沙边附郭田。
碧山霞际峙,夕照下金泉。

孙甡《白兆山桃花岩怀古》

屏开白兆郡城西,三月桃花红欲齐。
醉把一编相对读,照人山色满涢溪。

吴省钦《题白兆山桃花岩》

后石刻宋范,伯纯诗涢川。
云梦地古迹,堪寻求白兆。
桃花岩翰林,栖此丘一统。

李鼐《舟次德安郡城》

涢水溯流舟楫迟,郧城黯黯雨如丝。
我来正值落花候,愁绝当年二宋诗。

阳存愚《登大洪山》

汉东名刹仰洪山,此日登临兴不怪。
地拥郧襄开秀丽,水分涢厥锁潺湲。
洞庭衡岳烟云里,高阁崇轩紫翠间。
我欲观风访遗迹,几回栖息不知还。

郝师亶《洪山》

胜迹奇踪阅古今,危峰积翠远阴阴。

云横古蹬澄秋色，日入龙池沁道心。
涢水清从崖际落，荆门望极树中深。
碧霄鸡犬无消息，芝草琼花尚可寻。

窦欲峻《登大洪山顶游灵峰寺》

千山万壑此称尊，下视群峦尽子孙。
路逼阴岩穿雪窟，寺高云顶出天门。
唐僧自昔夸灵异，涢水于兹见本源，
放眼大欣天地阔，安襄一掌接中原。

周鸣大《登洪山游灵峰寺》

群山环让此峰尊，贤牧来游赋拟孙。
路转崇岩缘马鬣，人从绝顶识龙门。
近寻泉脉搜涢水，远引江流溯汉源。
最是关心劳驻日，下瞻每每尽田原。

储喜珩《咏大洪山》

名山佳气郁重重，横亘西南压万峰。
襟汉带郧蟠伯围，兴云出雨镇侯封。

僧正令《赠僧润堂》

涟漪涢水即曹溪，漾碧流青楚渡迷。

(四)民国

陈宧《调寄渔家傲·郧城西沧浪榭》

一抹斜阳衔白兆,沧浪古榭凌波倒。涢水烟波天际老。淹晚照,孤帆远影飞归鸟。

独立黄昏将到了,东升蟾魄如盘小。万古流辉常不老。歌水调,数声长笛渔家傲。

(五)现当代

陈建平《同林东海登白兆》

南风扇暑气,白兆伴登临。鸟飞连远日,松动迷长吟。
槎枒银杏树,澹荡罗浮云。洞险窥一邃,崖倾逼两岑。
台废丛榛莽,寺荒备耦耕。独此绀珠泉,饮潭肺腑清。
踏遍桃花溪,不见谪仙人。尚思穷碧莎,拂衣向平林。
涉水涢河渡,观书车盖亭。两山衔半日,返驾乃黄昏。
犹饮三百杯,洗耳接纶音。解携赠谢朓,操翰舞公孙。
愚凑打油句,聊答剖珠情。何当云梦泽,再迓三人行。

朱宗尧《登临白兆山感怀》

地接洪山脉,横陈涢水西。
峰巅浮青烟,林层披翠衣。
白兆寺旁卧,桃花岩畔嬉。

秋满钟灵秀,招饮诗仙栖。

佚名《西江月·安陆浮云楼》

雕栋紫微登览,浮云世美曾夸。画楼安陆渚流霞,共语朱阑碧瓦。春水东流何处,秋山西月年华。人生一梦日光斜,惟有断肠情话。

主要参考文献

[1] 左丘明.左传[M].北京:中华书局,2007.

[2] 司马迁.史记[M].北京:中华书局,1999.

[3] 郦道元.水经注[M].长沙:岳麓书社,1995.

[4] 罗泌.路史[M].北京:国家图书馆出版社,2003.

[5] 顾祖禹.读史方舆纪要[M].北京:中华书局,2019.

[6] 陈梦雷.古今图书集成[M].北京:中华书局,1985.

[7] 蒋炯,李廷锡.安陆县志[M].安陆市图书馆馆藏版本.

[8] 德安府志[M].武汉:湖北人民出版社,2015.

[9] 谭其骧.中国历史地图集[M].北京:中国地图出版社,1982.

[10] 张正明.楚史[M].北京:中国人民大学出版社,2010.

[11] 张正明,刘玉堂.湖北通史·先秦卷[M].武汉:华中师范大学出版社,2018.

[12] 何光岳.楚源流史[M].长沙:湖南人民出版社,1988.

[13] 何浩.楚灭国研究[M].武汉:武汉出版社,1989.

[14] 吴成国.孝感文化简史[M].武汉:湖北人民出版社,2018.

[15] 湖北省安陆市地方志编纂委员会.安陆县志[M].武汉:武汉出版社,1993.

[16] 朱绍斌.历史名城话安陆[M].香港:中国文化出版社,2016.

后　记

习近平总书记指出："修史立典，存史启智，以文化人，这是中华民族延续几千年的一个传统。"习近平总书记的谆谆教诲，给予我们修史启智的方向和力量。

安陆，历史悠久，从遥远的郧国走来，在数千年文明的熏陶和濡染下，文化热流奔腾不息，文化传承绵延不绝。传承城市文明、梳理城市文脉、光大城市文化，既是把握当下的钥匙，也是开创未来的动力。为发掘和传承安陆优秀历史文化，赓续安陆历史文脉，促进安陆文化创新发展，安陆市政协文化文史和学习委员会发起"郧国史研究"这一地域文明探源工程，征编出版了《郧国简史》一书，后期将编纂、出版论文集《郧国史研究》，构成"郧国研究丛书"，共同建构郧国史研究体系，以期还原安陆历史原貌，探究安陆文明源头。

编纂《郧国简史》，发轫于安陆市政协党组书记、主席罗旋的长期构想，得益于湖北省社科院原副院长、著名楚史研究学者、华中师范大学特聘教授、博士生导师刘玉堂先生的悉心指导，成就于安陆市委、市政府主要领导的关心支持。以此为动力，市政协文化文史和学习委员会主动作为，担纲领衔，数次召集全市文化文史工作专业人员以及文史爱好者开展研讨活动,组织考察安陆周边地区新石器时代以及商周至春秋战国时期古文化遗址遗迹,深入湖北省图书馆、省内相关大学图书馆搜集史料,并与郧国涉及地域湖北省孝感市云梦县、荆门市京山市、武汉市汉阳区、十堰市郧阳区、天门市等县市区政协文化文史和学习委员会,以及陕西、河南、江苏、湖南等省与郧人有关的县市区共同搜集古郧国历史资料,广泛请益各地文化文史工作者,吸取他们的研究成果和宝贵意见。经过三年的孜孜努力,作家、文化学者、市政协文化文史和学习委员会主任朱绍斌执笔,华中师范大学历史学硕士、市政协文化文史和学习委员会副主任刘琴琴撰写部分章节,形成《郧国简史》一书初稿。经刘玉堂先生严格审稿,华中科技大学出版社精心打磨、精心编辑、精心设计,《郧国简史》一书终于付梓,与读者见面。

本书编纂过程中,安陆市委、市政府、市政协的主要领导和分管领导给予极大鼓励和关怀。市政协党组书记、主席罗旋多次参加研讨会议,听取各方面意见,对本书编纂工作提出明确要求,并亲自带领相关学者赴古郧国涉及县市区考察、交流、探讨,拜访省内外相关大专院校和社科单位,寻求学术支持。市政协党组成员、副主席辛卫东分管文化文史工作,在资料搜集、人员组织、各方协调、经费保障等方面竭力解决具体困难。市政协副主席鲍力、杨伦鉴、刘海波、蔡军和相关单位负责人给予了多方面帮助。

本书得到湖北省政协文化文史和学习委员会、孝感市政协文化文史和学习委员会大力支持,得到湖北大学历史文化学院吴成国教授倾力襄助。华中科技大学出版社党组成员、基础教育分社靳强社长对本书出版鼎力支持。武汉大学历史学院副院长、博士生导师郑威教授提供了专业、精准制作的历史地图,孝感市博物馆馆长张明、安陆市博物馆馆长王宁提供了精当、详实的文物资料。云梦、大悟、应城、孝昌、汉川、孝南、京山、汉阳、郧阳、郧西以及陕西云阳、河南新郑、湖南茶陵、江苏如皋等县市区政协文化文史和学习委员会诸多同仁无私相助。在此，一并致以诚挚谢忱。

《鄖国简史》以古鄖国历史文化发展脉络为纽带，力求从历史演变时间和文化传承空间两个方向，客观反映安陆乃至涢水流域先秦时期的历史与文化发展，传递砥砺数千年的文化律动，奏响继往开来的文明乐章。回顾并梳理鄖国历史文化，可从独特视角了解安陆乃至鄂中地域文明，寻找涢水流域文化之根，延续优秀地域文化之魂，让读者从灿烂的历史文化中汲取强大的精神动力。品读《鄖国简史》，如同行走在沧海桑田的鄖城大地上，感受安陆经久不息的文化脉动，领悟安陆之所以成为安陆的精神密码。

编纂《鄖国简史》，揭开安陆上古时期的重重迷雾，标识安陆先民的拓荒印记，增强安陆人民的文化自信心和文化自豪感，鉴往知来，不忘本来，开创未来，这是我们的初衷。由于史料极其匮乏、时间过于紧迫、内容纷繁庞杂，加之水平有限，书中难免存在舛误之处，一些观点不可避免存在学术争议，敬请读者谅解，并提出批评指正意见。

编　者

2024 年 10 月